金泰吉 대표 에세이집

삶을 어디서 찾을 것인가

철학과현실사

머 리 말

이 책을 처음 출판한 것은 1983년 말경이었다. 따라서 여기 실린 글들은 모두 그보다도 더 먼저 쓰여진 것이다. 그럼에도 불구하고 이 책을 다시 내놓은 까닭은 여기 쓰여진 말들이 이미 지나간 이야기라고 생각되지 않기 때문이다.

그 동안에 세상이 많이 달라지기는 했으나, 우리가 10년 전 또는 20년 전에 안고 있던 문제들이 해결된 것은 극히 일부에 지나지 않는다. 어떤 문제에 대해서는 내가 20년 전에 한 발언이, 그 당시에는 사람들의 관심을 끌지 못하다가, 요즈음에 와서 여러 사람들의 찬동을 얻게 된 것도 있다. 세상이 눈부실 정도의 빠른 속도로 변화해 가고 있음에도 불구하고, 우리 현실의 바닥에 깔린 문제들은 좀처럼 풀리지 않고 있다는 것을 새삼스럽게 느낀다.

이 한 권의 책에 실린 글들은 그 쓰여진 시기와 쓰여진 동기가 다양하다. 처음부터 한 권의 책을 계획하고 쓴 것이 아니라, 그 때 그 때의 요청을 따라서 개별적으로 쓰여진 글들이다. 그렇게 쓰여진 것들인 까닭에 다루어진 문제도 다양하고 내용도 따라서 잡다하다.

내용이 비록 잡다하기는 하나, 모두가 삶의 문제와 직결된다는 한 가지 공통점을 가졌다. 혹은 개인적 삶의 문제에 초점을 맞추기도 하고 혹은 사회와 국가의 문제에 초점을 맞추기도 했으나, 결국은 같은 큰 문제를 서로 다른 각도에서 생각해 본 것에 지나지 않는다.

근본이 같은 문제를 여러 각도에서 다루는 가운데, 더러는 같은 말을 되풀이하는 결과가 되기도 하였다. 중복된 말들은 필자가 가장 힘주어 주장하고 싶었던 지론(持論)에 해당하는 부분이라고 양해하시기 바란다.

전체를 다시 읽어 가며, 여기 저기 마음에 들지 않는 표현 또는 의미의 전달이 어렵다고 걱정되는 부분은 다시 말을 고쳐서 썼다. 다만 내용은 별로 바꾼 것이 없다.

1994. 7.
김 태 길

삶을 어디서 찾을 것인가

차례

1 인간과 삶의 물음

삶의 목표 ·································· 13
삶을 어디서 찾을 것인가 ·································· 24
뜻있는 삶을 위하여 ·································· 35
이기심과 편견의 극복 ·································· 45
인생 단상 ·································· 52
심청전의 한 단면 ·································· 59

삶을 어디서 찾을 것인가

차례

2 젊은 세대에게 주는 글

왜 철학을 공부하는가 ··· 71
대학과 지성 ·· 79
대학과 독서 ·· 91
대학 생활의 윤리 ··· 95
청소년기의 가치관 형성 ··· 99
격동기의 학생들에게 주는 글 ···································· 106
비판의 자유와 그 책임 ·· 114

삶을 어디서 찾을 것인가

차례

3 현대와 인간상

인간은 신이 아니다 ·· 121
전통의 이해 ·· 128
현대 사회와 사랑의 문제 ································· 136
행동의 지도자와 사상의 지도자 ······················ 144
민주 사회의 인간상 ··· 151
새로운 인간상의 모색 ······································ 162
인간상과 사회상 ·· 175
복지 사회와 인간 개발 ···································· 183
청소년상 정립의 이념 ······································ 188
현대 사회와 교양 교육 ···································· 201

삶을 어디서 찾을 것인가

차례

 한국인, 우리들의 의식과 상황

전통 의식과 시민 의식 ……………………………215
현대 한국의 윤리적 상황 …………………………229
개인의 생활 목표와 국가의 공동 목표 ……………253
근대화의 과제와 한국인의 의식 구조 ……………268
국가 발전의 윤리적 방향 …………………………293
문화에 있어서의 생명력과 윤리성 ………………298

삶을 어디서 찾을 것인가

차례

5 편편상(片片想)

죽음의 순간 …………………………………… 311
길 ……………………………………………… 315
현대인과 여가 ………………………………… 318
어려우나 보람 있는 직업 ……………………… 323
여성과 철학 …………………………………… 327
대화 …………………………………………… 330
세대 간의 갈등 ………………………………… 332
교양이란 무엇인가 …………………………… 335
정신 문화와 물질 문명의 조화 ………………… 338
개인의 계발과 문화의 창조 …………………… 343

1
인간과 삶의 물음

삶의 목표
삶을 어디서 찾을 것인가
뜻있는 삶을 위하여
이기심과 편견의 극복
인생 단상
심청전의 한 단면

삶의 목표

1

여기 우리는 이렇게 살아 있고, 앞으로 한동안 살다 가도록 마련이다. 그 한동안을 어떻게 살 것인가? 이것은 우리가 적어도 한 번은, 한 번 뿐 아니라 두고 두고 물어야 할 근본적인 물음이다.

골치 아프게 생각하고 말 것도 없이 아무렇게나 살다 가면 그만이 아니냐는 견해도 있을 수 있다. 어차피 허무하기 짝이 없는 삶이거늘, 굳이 어떤 목표를 세우고 바둥거리는 것이 도리어 부질없을 것 같기도 하다. 그러나 그렇게 생각하는 것 자체도 하나의 생각임에 틀림이 없으니, 인간은 살아 있는 동안 생각하게 마련이다. 기왕에 생각하지 않을 수 없도록 마련이라면, 헛되이 회피하기를 꾀할 것이 아니라 정면 대결의 자세로 차분히 생각해 보는 것이 마땅할 것이다.

한 개인의 생명이 유한(有限)함을 근거로 삼고 삶 전체가 허무하다거나 무의미하다고 속단하는 것은 문제를 보는 시야가 너무 좁은 사람들의 성급한 결론이다. 철학적인 문제를 생각할 경우, 우리는 보다 넓은 관점에서 보아야 할 것이며, 인류의 역사 전체를 안중(眼中)에 두고 무한한 우주 속에서의 인간의 위치를 종합적으로 고찰해야 할 것이다.

그러나 그토록 거창한 문제를 생각하기에는 자기의 지적 기반이 너무나 미약하다고 느끼는 사람들이 많을 것이다. 사실 전문적인 철학자들에게도 우주와 인류의 문제를 총체적으로 다룬다는 것은 매우 벅찬 과제이다. 그렇지만 문제를 근본적으로 다룰 만한 능력이 없다 하여 자기 한 개인의 경우만을 생각하고, 삶의 뜻에 대하여 어떤 부정적인 결론을 서두른다면, 그것은 분수를 모르는 외람됨이라 할 것이다. 우리는 겸허(謙虛)한 자세로 출발해야 할 것이며, 우선 겸허하게 생각하고, 겸허하게 살아야 할 것이다.

맑게 개인 밤하늘을 우러러 보거나, 심산유곡(深山幽谷) 웅대한 대자연 속에 홀로 안겨서 눈을 감아 본 사람은 우주가 얼마나 크고 신비로운 존재인가를 대략 느꼈을 것이다. 이 세상에는 불가사의가 너무나 많아서, 함부로 이렇다 또는 저렇다 하고 단정을 내리기 어려운 일들이 한두 가지가 아니다. 절대자의 존재나 인류 역사의 의미에 관한 문제들도 함부로 말하기 어려운 문제이거니와, 특히 부정적인 단정을 성급하게 내리고 그 불확실한 단정에 입각하여 삶을 이끌어갈 필요는 없을 것으로 생각된다.

여기 우리에게 몇 가지 확실한 사실이 있다. 첫째로 확실한 것은 우리가 이미 살고 있다는 사실이며, 둘째는 살아가는 동안 인간은 보다 나은 것과 그만 못한 것을 구별하는 평가의 심리를 거부할 수 없다는 사실이다. 모든 사람은 평가의 심리를 통하여 보다 나은 길과 그만 못한 길을 구별하게 되고, 각자는 자기 나름대로 보다 낫나고 생각되는 길을 택하는 것이다. "골치 아프게 생각하고 말 것도 없이 아무렇게나 살다 가면 그만"이라는 인생관도 실은 어떤 평가에 입각한 것이며, 그것 자체가 이미 하나의 선택이다.

2

 허무주의(虛無主義)나 회의주의(懷疑主義)에 빠졌거나 또는 그 밖의 어떤 사유(事由)로 말미암아 모든 것을 포기한 상태에 있는 사람은 모르거니와, 하루하루를 열심히 살아가는 일반적인 사람들은 모두 자기의 삶이 보람된 것이 되기를 염원한다. 그리고 대개는 이 염원의 성취를 위하여 자기 나름의 어떤 노력을 많든 적든 바친다. 쉽게 말해서, 우리들은 모두 각자의 행복을 염원하고 또 이를 추구하는 것이다.

 모든 사람들이 '보람된 삶' 또는 '행복'이 무엇인가에 대하여 깊이 생각하거나 투철한 신념을 가지고 있는 것은 아니다. 모든 사람들이 반드시 뚜렷한 인생 설계를 세우고 그 설계를 따라서 삶의 목표를 추구하는 것도 아니다. 많은 경우에 있어서 우리들은 막연한 생각에 이끌려 그날 그날을 살아가고 있거니와, 다만 그 막연한 생각과 습관적인 일상 생활 가운데서도 우리는 부지불식(不知不識) 중 어떤 목표를 향하고 있는 것이다.

 부지불식 중에 추구하는 기본 목표 가운데는 우선 생존이 포함된다. 살아남고자 하는 것은 생물의 본능이기도 하거니와, 우선 살아남지 않고서는 그 위의 어떠한 목표의 추구도 불가능하다. 이리하여 생존이 거의 모든 사람들의 기본 과제가 되는 것인데, 현대 사회에 있어서 생존을 지속하기 위해서는 어느 정도의 경제력이 절대로 필요하다. 가족 단위의 자급자족이 가능하던 옛날과 달라서, 현대에 있어서는 돈을 소유하지 않고서는 하루도 살기가 어려운 형편이다. 여기서 생존을 보장하는 절대적 조건으로서 돈이 소중하게 되었고, 돈의 확보가 곧 삶의 원초적인 목표로서 떠오를 수밖에 없었다.

 자본주의 사회에 있어서 돈은 생존을 위하여 필요한 물건임에 그치지 않는다. 그것은 거의 모든 것을 가능하게 할 수 있다는 인상을 풍길 정도로 강력한 힘의 소유자가 되고 말았다. 이에 돈은 생존을 위해서 필요한 도구적 가치의 위치에 머물지 않고, 많은 사람의 경우 그 자체가 목적으로서의 성격을 띤 절대적인 가치로 승격하기에 이르렀다. 돈이 우리들의 생활 목표 가운데서 막중한 자리를 차지하게 된 것이다.

우리 한국인의 생활 목표 가운데서 돈과 아울러 매우 큰 비중을 차지하는 것은 사회적 지위다. 사회적 지위는 자동적으로 경제력을 보장한다는 점에서도 매력적 대상이 되기에 충분할 뿐 아니라, 특히 우리 한국인의 경우에 있어서는 관존민비(官尊民卑)의 전통적 관념이 아직도 우리들 심리 속에 깊은 영향을 미치고 있는 까닭에, 사회적 지위 특히 권력을 동반하는 지위에 대한 사람들의 관심은 일반적으로 매우 크다.

돈 그 자체가 목적의 위치에까지 상승한 오늘의 가치 체계 속에서 필연적으로 발달하게 마련인 것은 상품 문화와 소비 성향이다. 돈을 벌기에 가장 적합한 것은 상공업이요, 날로 팽창하는 상공업을 지탱하기 위해서는 높은 소비 수준이 필요했던 것이다. 그리고 이 상품 문화와 소비 성향 속에서 형성되었고 또 그것들을 다시 떠받들고 있는 가치관은 중용을 모르는 향락주의의 그것이다.

돈과 지위 그리고 쾌락이 가치 체계 속에서 큰 비중을 차지하게 된 것은 반드시 현대에 이르러 처음 시작된 현상이 아니며, 또 무조건 배격해야 할 것으로서 함부로 비난할 성질의 것도 아니다. 저 세 가지를 탐내는 심리는 인간성의 자연 속에 깊은 뿌리를 가지고 있으며, 그 세 가지가 우리 가치관 속에서 무거운 비중을 차지하게 된 것은 벌써 오랜 옛날부터의 일이다.

가치관에 있어서 어려운 문제가 생기는 것은, 한 가지 대상의 취사(取捨)를 놓고 그 좋고 나쁨을 가려야 할 경우가 아니라, 두 가지 이상의 대상을 놓고 어느 편이 보다 귀중한가를 결정해야 할 경우에 있어서다. 다시 말해서, 가치관에 관해서 중대한 문제가 생기는 것은 나쁜 것을 좋은 것으로 잘못 판단하는 데서 오기보다도 가치의 서열(序列)을 잘못 판단하여 보다 소중한 것을 버리고 그만 못한 것을 취택할 경우에 있어서다.

돈과 지위와 쾌락은 모두 소중한 것임에 틀림이 없으며, 그것들을 추구하는 생활 태도 역시 그 자체로 볼 때는 나무랄 이유가 없다. 다만, 여기서 우리가 깊이 생각해야 할 것은, 우리 인간을 위하여 소중한 것이 돈과 지위 그리고 쾌락뿐이 아니며, 이 세 가지보다도 더욱 소중한 것들이 있다는 사실이다.

인간을 위해서 가장 소중한 것이 무엇이냐는 물음에 대하여 만인이 수긍할 객관적인 대답을 얻기는 어려울 것이다. 그러나 인간의 생명, 건강, 고매(高邁)한 인격, 깊은 우정 등 흔히 '인간적 가치' 또는 '정신적 가치'로 불리우는 것들이 돈이나 권력보다 더욱 소중하다는 의견에 반대할 사람은 별로 없다. 그리고 돈이나 권력 또는 향락을 추구하는 열도(熱度)가 지나치게 되면 그보다 더욱 소중한 인간적 가치 내지 정신적 가치가 결과적으로 위축된다는 것도 명백한 상식이다.

식자(識者)들이 현대 사회의 물질 문명을 비판하고 우리들이 우리들 자신의 가치관을 문제삼는 것도 실은 보다 소중한 것들이 그만 못한 것에 의하여 압도 당하는 불합리한 상황을 걱정하기 때문이다. 우리는 자기도 모르는 사이에 주위 사정에 끌려 이리저리 방황하는 가운데 인간으로서의 본연의 모습을 잃어가는 그러한 상황 속에 지금 살고 있다고 보는 것이다.

보람차고 행복된 삶을 추구하는 우리가 인간으로서의 본연의 모습을 상실한다면 본의 아닌 결과가 아닐 수 없다. 그리고 이러한 본의 아닌 결과로 접근하게 되는 근본 원인의 하나는 우리의 잘못된 가치관에 있다고 보아야 할 것이다. 우리는 그릇된 길에서 행복을 찾아 헤매고 있는지도 모른다. 다시 출발점으로 돌아가 진실로 보람된 삶을 위하여 가장 절실하게 요구되는 것이 무엇인가를 조용히 생각해 보는 시간을 갖는 것도 헛된 일이 아닐 것이다.

3

진실로 보람된 삶 또는 참된 행복이 무엇이냐는 물음도 이론의 여지 없는 객관적인 대답을 거부하는 물음의 하나이다. 많은 사상가들이 이 물음을 다루어 왔으나 하나의 결정적인 대답에 이르지는 못하였다. 그렇게 된 까닭은 그 사상가들이 가진 결함 또는 한계성에 있었던 것이 아니라, 우리들의 물음 자체의 성질에 있다고 보여진다. 이 물음은 본래 주관적 결정을 완전히 배제할 수 없는 성질의 물음인 것이다.

그러나 비록 주관이 작동할 여지가 있고 논리적으로 완벽한 정답은 없다 하더라도, 여러 탁월한 지성들의 견해에는 상당한 공통점이 있으며, 그들의 주장으로부터 우리가 배워야 할 점은 한두 가지가 아니다. 우리가 옛 성현(聖賢)들의 말씀 또는 선철(先哲)들의 저술을 소중히 여기는 것도 바로 그 때문이 아닌가 한다. 보람된 삶을 희구(希求)하는 사람들 사이에서 독서의 문제가 흔히 화제가 되곤 하거니와, 어떠한 책을 어떻게 읽을 것이냐 하는 문제도 위의 고찰과 관련해서 생각할 때 좋은 대답을 얻을 수 있을 것이다.

그러나 이 자리에서 여러 선철들의 행복론을 소개하고 주석(註釋)을 달고 싶은 생각은 없다. 그만한 지면의 여유도 없을 뿐 아니라, 위대한 사람들의 사상은 그들이 남긴 고전을 통하여 직접 받아들이는 편이 나으리라고 보기 때문이다.

어떤 삶이 보람되고 행복되기 위해서 반드시 갖추어야 할 한 가지 조건이 있다. 본인이 그렇게 느껴야 한다는 조건이다. 그 삶의 주인공인 본인이 보람과 행복을 느끼지 못하는 한, 비록 남보기에 부러운 이력을 가진 사람이라 할지라도, 충분히 행복하다고 보기는 어렵다. 행복은 행복감이라는 느낌을 통해서 비로소 실현되는 것이며, 그것은 바로 그 본인의 느낌이 아니고는 무의미하다.

여기서 우리는 하나의 실마리를 찾을 수 있을 것 같다. 즉 "행복이란 무엇이냐?"는 물음을 푸는 출발점으로서 "사람들은 일반적으로 어떤 경우에 행복을 느끼느냐?" 하는 물음을 놓고 고찰해 보는 것이 도움이 될 것 같은 생각이 든다.

산전 수전(山戰水戰) 겪는 가운데 부귀(富貴)와 빈천(貧賤)을 두루 경험한 고령자(高齡者)들을 차례로 방문한다. 그리고 그들 각자에게 "선생께서 겪으신 오랜 생애에 있어 가장 행복했던 때는 언제였습니까?" 하는 질문을 던진다. 실제로 해 보지도 않고 어떠한 대답이 나올 것인지 미리 장담할 수는 없다. 그러나 그들의 대답에 어떤 공통점이 있을 것 같은 생각이 든다. 적어도 '가장 부유했을 때'나 '가장 지위가 높았을 때' 또는 '마음껏 향락에 젖을 수 있었던 시절'이라고 대답하는 사람은 적을 것 같은 믿음이 있다. 그 믿음에 확고한 근거가 있는 것은 아니다. 다만 나 자신의 과거를 돌이켜 보고 그런 유추(類推)를 하게 되는 것이다.

나는 비교적 평탄하고 단조로운 길을 걸어온 편이다. 그러나 그런 가운데도 역시 기복(起伏)이라는 것이 있어서, 사정이 좋았을 때와 나빴을 때의 격차는 그리 적지 않았던 것으로 회고된다. 짧은 기간이기는 했지만, 돈 걱정을 전혀 안 해도 좋을 정도로 여유를 가진 때도 있었고, 연탄을 아끼기 위하여 겨울이면 온 식구가 방 하나만을 사용해야 했던 때도 있었다. 면서기 나으리의 눈치를 살펴가며 조심조심 살아야 하는 구장

삶의 목표 19

(區長)을 맡아 본 일이 있는가 하면, 두 사람의 비서를 두고 전용 승용차를 탈 수 있는 자리에 앉아본 적도 있었다.

꿈결같이 흘러간 내 생애를 돌이켜 보면서, 그 가운데 어느 때가 가장 보람차고 행복했던가를 자문(自問)해 본다. 바로 이 때가 그 때였다고 한 시기를 짚어서 말할 수는 없다. 그러나 여기서 확신을 가지고 말할 수 있는 한 가지 사실이 있다. 돈이나 지위는 행복감과는 별로 관계가 없다는 사실이다. 돈이나 지위만으로 행복을 느끼지는 못하더라도 이 느낌과 저 풍요 사이에 긴밀한 상관 관계가 있을 것이라고 나도 상식적으로 생각해 왔다. 그러나 지금 조용히 돌이켜 보면서, 이 상식은 극히 관념적인 생각에 불과하다는 결론을 얻게 된다.

4

사람은 누구나 자기 자신을 사랑하거니와, 이 자애심(自愛心)은 자아의 성장을 희구하는 마음이기도 하다. 우리는 자기 자신이 보다 크고, 보다 힘찬 존재가 되기를 희망한다. 육체적으로나 정신적으로나 타고난 소질을 충분히 발휘하여 훌륭한 인물이 되기를 염원하는 것이다. 이것은 누구에게나 있는 기본적인 염원이며, 이 기본적인 염원이 순조롭게 풀려갈 때 우리는 보람과 행복을 느낀다.

삶의 목표를 가리키는 표현으로서 '자아의 실현'이라는 말이 많이 사용되었다. 자아(自我)의 개념을 형이상학적(形而上學的)으로 생각하여, 실현되어야 할 자아의 본질 또는 원형(原型)이 미리 정해져 있다고 전제하고, 그것이 삶의 궁극적 목표라고 가르친 철학자도 있었다. 그러나 굳이 어려운 철학설을 개입시키지 않고 상식적 관점에서 생각할 때, 자신의 소질 속에 감추어진 가능성을 충분히 개발하는 것이 곧 자아의 실현이며, 그것이 또 삶의 목표로서 바람직하다는 견해도 성립할 수 있음직하다. 하여간, 성실한 태도로 열심히 살아가는 사람들은 이와 같은 상식적인 의미의 자아의 실현을 위하여 노력하는 사람들이라 하겠으며, 이 노력이 순조롭게 진행될 때 보람과 행복을 느낀다고 볼 수 있을 것이다.

내 몸은 내 자아의 바탕이라는 점에서 매우 소중하다. 우리가 모두 자기의 몸이 아름답게 발달하여 늘 건강하기를 바라는 것도 자아의 실현을 염원하는 마음의 한 부분이라고 볼 수 있을 것이다. 그러나 우리의 육체는 어느 시기에 그 형태나 힘이 절정에 달하고, 그 뒤부터는 점차로 쇠퇴해 가게 마련이다. 그러므로 육체적 측면에 있어서의 자아의 성장은 곧 한계에 부딪치게 되니, '자아 실현'이라는 목표에 있어서 보다 큰 비중은 자연히 정신적 측면으로 옮겨질 수밖에 없다.

육체의 세력이 절정을 지나서 떨어지기 시작한 뒤에도 자아의 정신적 측면은 계속 성장할 수가 있다. 학문과 예술 또는 그 밖의 여러 분야의 기술에 있어서 우리들의 힘과 기량은 오랜 세월을 두고 한걸음 한걸음 발전할 수 있는 것이다. 그러나 그 가운데서도 가장 오래도록 성장을 계속할 수 있는 것은 사람됨의 총결산으로서의 인격이 아닌가 한다.

자아란 본래 의식의 체계이므로 그 한계가 개인의 육체로써 그어지는 것은 아니다. 그리고 '인격' 또한 타인들과의 관계 속에서 성장하는 사회적 산물이다. 그러므로 자아의 성장 내지 실현은 본래 사회 생활을 통하여 이루어지게 마련이며, 원만한 대인 관계의 신장은 자아의 성장을 위한 바탕일 뿐 아니라, 그 자체가 자아 실현의 일부이기도 하다. 쉽게 말해서 나와 더불어 서로 아끼고 사랑하며 존중하는 사람들이 많이 생길수록 그것은 좁은 뜻으로는 내 자아 성장의 바탕이요, 넓은 뜻으로는 그 자체가 나의 성장의 외곽을 형성한다.

자기가 속해 있는 공동체 속에서 필요한 구실을 해가며 사람들의 아낌과 사랑을 받을 때, 우리는 보람과 행복을 느낀다. 이 심리는 '인간은 사회적 존재'라는 말로도 설명할 수 있을 것이나, 더욱 적절하게는 그것이 바로 자아의 성장을 의미하기 때문이라고 해석할 수 있을 것이다. 만약 돈을 많이 벌고 지위가 올라갈수록 공동체를 위하여 공헌하는 바가 커지고 또 사람들의 사랑과 아낌이 늘어간다면, 돈과 지위에 비례해서 우리들의 행복감도 증대할 것이다. 그러나 우리의 현실은 바르고 떳떳한 방법으로 많은 돈을 벌거나 높은 자리에 오르기 어려울 경우가 많은 까닭에 돈과 지위가 반드시 행복감으로 연결된다고 볼 수는 없을 것이다.

정신적 측면에 있어서 성장의 기간이 좀 오래 지속한다고 하더라도 늙음과 죽음이라는 현상이 조만간 찾아오는 것을 막을 도리는 없다. 한 개인을 두고 볼 때, 삶이란 역시 속절없이 짧고 덧없음을 면치 못한다. 아무리 탁월한 능력을 가진 사람이라 할지라도 하고 싶은 일을 모두 마칠 수는 없다. 하다만 일을 중단하고 떠나가거나 늙은 뒤에는 아예 새 계획은 단념하고 미리 은퇴해야 한다.

늙음과 죽음은 우리들의 행복을 심각하게 위협하는 어두운 그림자다. 늙음과 죽음이라는 피치 못할 제한이 석벽(石壁)처럼 앞을 가로막고 있다는 사실을 의식할 때, 우리들의 심기는 허전해지며, 설령 성공적인 생애라 할지라도 여한(餘恨)이 없다고 만족하기는 어렵다. 개인의 죽음이 있은 뒤에도 생명이 연장될 수 있는 어떤 방도에 대한 염원이 절실하지 않을 수 없다.

개인의 수명을 초월하여 생명을 오래 연장할 수 있는 방도로서 고래로 두 가지 길이 있다. 하나는 나의 세포(細胞)를 나눈 분신(分身)으로서의 자녀와 후손을 낳아 기름으로써 생물학적 생명을 연장하는 것이며, 또 하나는 제자 또는 후진을 양성하여 문화 유산을 후세에 전함으로써 문화적 생명을 연장하는 것이다.

옛날에는 혈연 공동체의 의식이 강하여 조상과 자손은 서로를 분신으로서 동일시하는 사고방식이 압도적이었다. 현대는 개인주의적 자아 의식이 극도에 달하여, 부모와 자식도 서로를 타인으로서 의식하는 경향이 우세하다. 그러나 현대인이 지성으로 믿는 자연과학적인 관점에서 본다 하더라도 같은 유전자(遺傳子)를 나누어 가진 조상과 후손은 엄밀하게 말해서 결코 남남끼리가 아닐 것이다.

옛날 사람들은 스승과 제자의 관계를 부모와 자식의 관계와 한가지의 것으로 생각하였다. 고대 희랍의 스승들은 제자를 자식보다도 더욱 소중한 후계자로 여겼을 정도였다. 지금은 개인주의가 극도에 이르러 선생과 학생의 사이는 상인과 고객의 관계와 비슷한 것으로 전락하고 말았다. 그러나 문화에도 정신과 생명이 깃들었다는 사실을 인정하는 한 스승과 제자는 물론, 같은 문화를 떠받들고 있는 모든 앞세대와 뒷세대는 엄밀하게 말해서 남남끼리가 아닌 것이다.

요약컨대, 세 가지 조건이 갖추어졌을 때 우리는 후회 없는 행복감을 느낄 수 있게 된다. 우선 개인적으로는 자기가 인간적인 성장을 계속하고 있음을 자인(自認)할 수 있어야 한다. 둘째로, 사회적으로 자기가 공동체 속에서 떳떳한 구실을 하고 있으며 이웃 사람들로부터 아낌과 사랑을 받고 있어야 한다. 셋째로, 자신의 정신적 유산을 이어받아 더욱 발전시킬 후손 또는 후진이 뒤에 대기하고 있어서, 여한 없이 세상을 떠날 수 있어야 한다.

행복감을 느낄 수 있다는 것은 행복을 얻기 위한 필수의 조건이라고 하였다. 이제까지의 고찰에 큰 잘못이 없다면, 삶의 목표를 어디에 두어야 할 것이냐는 물음에 대한 해답의 윤곽이 들어날 것도 같다.

삶을 어디서 찾을 것인가

1

일에 쫓기며 분주하게 살아가는 동안은 삶의 보람이라든가 삶의 의미라든가 그런 문제를 가지고 이것 저것 생각할 겨를이 없다. 그러나 어쩌다 좀 한가로운 시간이 생겨서 돌이켜 보게 되면 갑자기 허전한 느낌에 사로잡히곤 한다. 정신없이 허둥댄 지난 시간들에 대하여 허무감 비슷한 느낌을 금치 못할 때가 있다.

지식 수준이 높은 가정 주부들에게 특히 허탈감이 찾아오는 경우가 많다는 것을 여자들의 입을 통하여 들은 적이 있다. 고등학교와 대학을 다닐 때까지는 막연하게나마 꿈과 희망을 안고 살아온 젊은 여성이, 막상 결혼을 하고 가정 주부가 되었을 때 그녀가 발견하는 자신의 생활에 환멸과 회의를 느끼는 사례가 많다는 것이다.

직장에 나가는 남편의 뒷바라지를 하고 나면 혼자서 설겆이와 집안 청소를 해야 한다. 찬밥으로 점심을 때우고 나면 오후는 지루한 기다림의 시간이다. 신혼 당시는 일찍 돌아오던 남편도 시일이 지나면 이런 핑계 저런 핑계로 귀가가 늦어진다. 전화통을 붙들고 동창생과 끝없는 잡담을 교환하며 잠시 무료를 달랠 수도 있지만, 그것이 삶의 보람이 될 수는 없다.

아기가 생기면 사정이 달라진다. 본능적인 모성애를 발휘하는 가운데 한동안 골똘한 삶에 몰두하게 된다. 그러나 아이들도 좀 크면 각각 저희들의 세계를 갖는다. 자녀들이 각각 자기들의 세계를 찾아서 나가고 나면, 결국 홀로 남아서 집을 지켜야 하기는 매양 일반이다.

남편을 위해서 시중을 들고 자녀들을 위해서 희생 정신을 발휘하는 가운데 인생이 늙는다. 도대체 나 자신의 생활은 어디에 있는가? 시대가 바뀌어서 이제는 여자가 남자의 단순한 보조자는 아니라고 떠들지만, 실제는 그것이 결국 그것이 아닌가.

오늘날 한국 가정 주부의 생활은 옛날 우리 할머니들의 그것보다도 더 내용이 빈약한 것 같기도 하다. 옛날의 주부들은 그래도 생활의 폭이 오늘의 경우보다 넓었다. 대소가(大小家)와의 교섭이 빈번하였고, 이웃과의 왕래도 잦았다. 농사와 길쌈 등 일이 몸에 고되기는 했지만, 그래도 그것은 생산적 경제 활동이었던 까닭에 장바구니 들고 시장에 다니는 단순한 소비 활동보다는 뜻깊은 일이 아니던가.

2

여자도 직장을 가진 사람들은 가정이라는 구속을 벗어나게 되는 동시에 광활한 사회 안에서 '나의 생활'을 즐기고 있는 듯이 보인다. 여자가 직장 생활을 하는 것을 수치로 여긴 것은 이미 옛날의 이야기며, 오늘은 직장을 얻어서 밖으로 나가는 것이 여자들의 일반적인 소망이다. 그렇다면 직장을 가짐으로써 단순한 가정 주부의 테두리를 벗어난 사람들은 과연 그들이 희구한 「뜻있는 삶」을 찾고 만족하게 되는 것일까?

약 십여 일 전에 한 직장 여성의 방문을 받은 적이 있다. 40대 초반으로 보이는 그는 해외 유학의 경력을 살려서 지금 어느 외국 상사의 직원으로 일하고 있다고 하였다. 말은 하지 않았지만 상당한 대우를 받고 있는 것으로 짐작이 되었고, 한국의 여자라면 누구나 부러워할 만한 지위에 있다고 생각되는 그런 분이었다. 실제로 그분의 동창생 가운데는 그녀의 처지를 부러워하는 사람들이 많다는 말도 하였다.

그러나 그분 자신은 자기의 생활에 공허감을 느낀다고 술회하였다. 첫째로 가정 생활이 안정을 얻지 못하고 있어서 불만이라고 하였다. 남편에 대해서도 미안할 때가 많지만, 특히 아이들에게 어머니 노릇을 제대로 못하는 것이 몹시 죄스럽다고 하였다. 동창생들 가운데 알뜰한 가정 주부로서 오밀조밀하게 살아가는 사람을 볼 때면 여간 부럽지 않다는 말도 하였다. 외국 상사에서 보수는 비교적 많이 받지만, 그 밖에는 별로 얻는 것이나 해놓은 일이 없으니 결국 뜻없는 세월을 보내는 것에 가깝다는 소감이었다.

삶의 보람. 그것은 가정 주부만의 문제가 아니라 모든 여성의 문제요, 여성만의 문제가 아니라 모든 인간의 공통된 문제이다. '나 자신은 과연 얼마나 뜻있는 삶을 살고 있는가?' 여자 손님이 떠난 뒤에 스스로 반성하지 않을 수 없었다.

박완서의 단편 소설 〈카메라와 워커〉에 등장하는 사람들은 큰 기업체에 취직하여 안정을 얻고 휴일 날 가족 동반하여 카메라 메고 야외로 소풍 나가게 되는 것을 출세요 성공이라고 믿었다. 실제로 그 정도의 생활에 보람 내지 행복을 느끼는 사람들도 많을 것이며, 그런 소시민석 사고 방식을 굳이 나무랄 이유도 없을 법하다. 그러나 그 정도의 생활 목표라면 나를 찾아왔던 여자 손님도 이미 벌써 달성하였을 터인데, 그것만으로는 보람된 삶을 살고 있다고 느끼지 못하는 그 심정에 더욱 수긍이 간다. 밍크 목도리 두르고 자가용 타고 다니는 생활에 긍지와 보람을 느끼는 것도 인간적이지만, 그러한 따위의 외면적 생활에 공허를 느끼는 것은 더욱 인간적이다.

3

　산다는 것이 얼마나 힘들고 괴로운 일인가를 우리는 잘 알고 있다. 때로는 흥겨운 일도 생기고 영광스러운 축복에 파묻히기도 하지만, 보다 많은 경우에 우리는 어려움과 싸워야 하고 외로움을 견디어야 한다. 늙음을 면할 수 없고 죽음을 면할 수 없을 뿐 아니라, 사랑하는 사람과의 헤어짐까지 당해야 하는 것이 우리들의 삶이다. 이토록 엄청난 제약을 짊어지고 우리의 삶은 시작되었던 것이며, 이토록 무거운 부담을 안고 있음을 알면서도 우리는 운명을 사랑하며 최선을 다하여 열심히 살아가야 하는 것이다. 길가의 민들레가 행인들의 발길에 밟히면서도 굴하지 않고 일어서며 꽃을 피우듯이, 그렇게 열심히 살아야 한다. 보람을 찾아서 성실하게 살아야 하는 것이다.
　꽃이라고 하였다. 그리고 보람이라고 하였다. 모르는 사이에 우리는 삶의 보람을 식물의 꽃에 비유하였다. 그것은 꽃에 비유할 수도 있을 것이고 열매에 비유할 수도 있을 것이다.
　해바라기나 모란처럼 크고 화려한 꽃만이 아름다운 것은 아니며, 박이나 수박처럼 큰 열매만이 값진 것은 아니다. 작은 꽃에는 작은 꽃 나름의 아름다움이 있고, 작은 열매에는 작은 열매 나름의 값어치가 있다. 삶의 보람도 반드시 크고 화려한 것에만 있는 것이 아니며, 눈이 밝고 관찰력이 뛰어난 사람에게는 산과 들 가는 곳마다 작고 아름다운 꽃이 있듯이, 지혜롭고 노력하는 사람에게는 인간 도처의 일상적인 생활 속에서 보석같은 보람을 창조할 수가 있다.
　작은 꽃 또는 작은 열매는 여럿이 한데 모였을 때 놀랍도록 큰 가치를 갖는다. 코스모스 꽃은 한 송이만 따로 떨어져 있을 때는 크게 아름다울 것이 없으나, 무리를 지어 들판을 메우고 피었을 때는 보는 사람에게 형언하기 어려운 감동을 준다. 한 알의 쌀이나 밀은 그것만으로는 큰 가치를 인정받기 어렵지만, 한 섬 두 섬 모이게 되면 막대한 가치를 획득한다. 삶의 가치의 경우에도 비슷한 논리가 성립할 것이다. 언뜻 보기에 대수롭지 않은 듯이 생각되는 작은 일들이 쌓이고 쌓이면 크나큰 가치를 이룩하는 결과에 이를 수 있을 것이다.

삶의 보람 또는 뜻있는 인생을 염원하는 사람들은 대개 하나의 큰 일을 염두에 두고 생각하는 경향이 있다. 신문에 크게 보도될 정도의 화려한 일 또는 역사에 남을 정도의 위대한 업적을 염두에 두기가 쉽다. 그리고 그러한 큰 업적이 자기의 역량과 처지로는 실현하기 어려운 일임을 예견할 때 우리는 실망과 좌절감에 빠진다. 이는 산과 들에 나간 사람이 연꽃이나 모란 같은 크고 화려한 꽃을 발견할 수 없다는 이유로 실망하는 것과 다를 바가 없다. 산과 들을 사랑하고 이해하는 사람은 산과 들에 적합한 꽃을 찾을 것이며, 또 산과 들에서 찾을 수 있는 것만으로 만족할 것이다.

가정 주부의 자리에 머물러서 세상이 찬양하고 회자하는 일을 해낸다는 것은 특수한 경우가 아니면 어려울 것이다. 그러나 작고 아담한 꽃을 깊은 산 속에서도 피울 수 있듯이, 겉으로 화려하지는 않으나 속으로 뜻깊은 일을 한다는 것은 가정 주부의 일상 생활에서도 가능하다. 그것이 불가능하다고 지레 단념하는 것은, 찾아보지도 않고 산중에는 꽃이나 열매가 없다고 미리 단정하는 것과 나를 바가 없다. 지혜롭게 노력하는 사람에게는 어떠한 역경에도 해볼 만한 뜻있는 일이 있다.

나 자신의 인격을 키우는 일은 어떤 환경에서도 할 수 있는 일이며, 또 그것은 매우 보배로운 일이기도 하다. 끔찍한 일을 당하더라도 당황하지 않는 침착성을 기르는 것도 값진 일이요, 보통 사람 같으면 화를 낼 만한 일에 미소를 머금을 수 있는 여유를 갖도록 수양을 쌓는 것도 귀중한 일이다.

기회 있을 때마다 남을 도와주는 행위를 거듭함으로써 내 인격 안에 인자한 마음을 키우는 것은 컬러 텔레비전을 한 대 들여놓는 것보다 값진 일이며, 가정부나 파출부에 대하여 교만하고 인색하던 사람이 그들의 인격과 권익을 깊이 생각하는 방향으로 태도를 바꾸는 것은 25평짜리 아파트에서 50평짜리 아파트로 이사하는 것보다 훨씬 뜻있는 일이다. 그리고 이러한 자기 수양의 기회는 아무리 단조로운 일상 생활 속에서도 누구에게나 주어지는 것이다.
　좋은 책을 읽는 것은 나의 인간적 성장을 위한 효과적인 방법이 될 뿐 아니라, 그것 자체가 매우 즐거운 일이다. 아름다운 음악을 듣거나 귀여운 꽃을 가꾸는 따위의 취미 생활에 대해서도 우리는 같은 말을 할 수 있을 것이다. 일정한 시간에 보건 체조나 그 밖의 양생법(養生法)을 실천함으로써 몸과 마음의 건강을 증진하는 것도 매우 귀중한 일이다. 그리고 이러한 일들은 가정 주부나 은퇴한 노인들도 뜻만 세우면 능히 할 수 있는 일들이다.

4

　가정 주부나 은퇴한 노인들이 하기에 적합한 일 가운데 가장 크고 뜻있는 일은 자녀 또는 손자 손녀가 훌륭한 인물로 자라도록 도와주는 일이다. 한 개인을 단위로 생각할 때, 인생이란 이루 말할 수 없을 정도로 짧고 허망한 과정이다. 그러나 조상과 자손들이 대를 이어가며 이룩한 인간의 역사와 문화를 하나로 크게 묶어서 생각할 때, 이것도 역시 허무하고 무의미한 것이라고 보기는 어렵다.
　분명히 인류의 역사는 유구하고 그 문화는 위대하다. 한 개인만으로 떨어져서 살다 간다면 나의 인생이란 한갓 물거품에 비길 수 있는 하찮은 사건에 불과할지 모른다. 그러나 조상들의 유업을 이어받고 못다한 일을 후손에게 물려주는 역사적 사업에 참여하고, 동시대인들과의 유대를 통하여 사회적 건설에 협동함으로써 우리는 결코 헛되지 않은 삶을 가질 수 있는 것이다. 그리고 자라나는 세대가 훌륭한 일꾼으로 성장하도록 도와주며 이끄는 것은 저 역사적 참여와 이 사회적 협동의 근간이 되는 것이며, 특별한 지위나 직장이 아니더라도 누구나 할 수 있으며 또 해야 하는 일이다.

우리들의 가장 큰 잘못은 겉으로 크게 드러나는 일만을 값지게 여기고 안으로 여무는 정신 세계의 가치를 소홀히 생각하는 사고 방식에 있다. 수신과 제가를 먼저하고 치국과 평천하를 뒤에 하라는 유교의 가르침은 진부한 듯하나 우리가 깊이 새겨야 할 귀중한 교훈이다. 우선 안으로 마음을 닦음으로써 나 자신의 인격을 키워야 할 것이며, 다음에는 지혜로운 가정 교육을 통하여 자녀들을 훌륭한 일꾼으로 키우는 일에 정열을 기울여야 할 것이다. 누구나 할 수 있고 또 누구나 해야 하는 이 가까운 일들을 외면하고 밖으로 밖으로 화려한 것만을 찾아서 방황하는 것은 진실로 애석하기 짝이 없는 일이다.

5

딸이 딸을 낳았다. 나에게는 외손녀가 된다. 첫 아이의 해산은 친정에서 돌보는 우리 나라의 관례에 따라서 퇴원 직후 우리 집으로 왔다. 덕분에 갓난 아기의 천진한 모습을 근 20년 만에 다시 가까이 보게 되었다. 거의 3개월 동안 하루에도 몇 차례나 들여다 보았다.

신생아의 잠자는 모습 또는 젖 빠는 모양을 지켜보면 생명의 신비로움을 새삼 느낀다. 특히 열심히 젖을 빠는 동작은 삶의 의지 바로 그것이며, 눈길을 맞추고 빙긋 웃으며 사지를 휘휘 젓는 모습은 천진 무구한 삶의 기쁨이다. 나도 처음에는 저렇게 출발을 했겠지. 위대한 인물도 악명 높은 사람도 처음에는 모두 저 모양으로 출발을 했을 것이다.

처음에는 누구나 이와 같은 비슷한 모양으로 출발을 하지만, 기나긴 인생의 여정을 거치는 가운데 사람마다 각각 삶의 질(質)에 크나큰 격차가 생긴다. 인간이 진정 귀중한 존재라면, 일단 세상에 태어난 사람은 누구나 그 뜻을 이루고 행복하게 살다 가야 마땅할 것이나, 현실은 그렇지 못할 경우가 허다하다.

잘 살고 못 사는 것이 모두 본인의 판단과 노력에 달려 있다고도 볼 수 있으나, 실은 부모의 책임도 결코 적지 않다. 개인의 성격 형성이 대부분 어린 시절에 형성된다는 심리학설이 옳다고 한다면, 부모의 책임이 오히려 더 크다 하여도 과언이 아닐 것이다.

굳이 책임의 경중을 따질 문제가 아니다. 남도 아닌 내 자녀의 행복한 앞길을 준비하기 위하여 최선을 다하는 것은 부모된 사람들의 당연한 도리일 것이다. 굳이 핏줄을 강조하여 지난 날의 가족주의를 찬미할 필요도 없을 것이다. 다만, 자라나는 새 세대를 돕는 일에 보람을 인정하고 그들이 누리는 행복 속에서 나 자신의 행복을 발견하는 것은 부모다운 부모의 마음이며 사람다운 사람의 길이다.

아버지가 직장인으로서 밖으로 나다니는 시간이 많은 우리들의 생활 양식 속에서, 자녀를 기르는 일은 주로 어머니가 맡게 되기 쉽다. 이와 같은 우리들의 생활 양식이 가장 바람직한 것인지, 또는 맞벌이를 해가며 자녀의 양육과 교육도 부부가 균등하게 분담하는 편이 바람직한 것인지 일률적으로 말하기는 어려울 것이다. 다만 한 가지 확실한 것은, 자녀가 자라서 훌륭한 일꾼이 될 수 있도록 그들의 어린 시절을 돌보는 일은 보통 우리네가 생각하는 것보다도 훨씬 값지고 뜻있는 일이라는 사실이다.

6

　시간을 맞추어서 젖을 먹이는 일 또는 깨끗한 기저귀를 갈아채우는 일에 있어서 오늘의 어머니들은 옛날의 어머니들보다 월등히 앞서 있다. 좀 더 자란 뒤에도 영양가 있는 음식을 먹이고 깨끗한 의복을 입히는 일에 있어서 옛날 어머니들보다는 훨씬 높은 수준의 물자로써 자녀들을 돌보고 있다. 우리들의 경제 사정이 근래에 많이 좋아졌고, 위생에 관한 지식도 크게 향상된 덕분이다.

　그러나 교육자로서의 어머니상은 도리어 옛날보다도 떨어져 가고 있는 것이 아닌가 하는 인상이 강하다. 옛날이라고 모두가 맹자나 한석봉의 어머니 같지는 않았지만, 그래도 대개는 어느 정도의 신념을 가지고 자녀들의 인간 교육에 임했던 것으로 알고 있다. 그러나 요즈음의 어머니들은 공부 열심히 하라는 잔소리에 열중할 뿐, 도덕적 인간 교육의 스승으로서 하는 일은 별로 없는 것 같다. 이 점은 아버지들의 경우도 마찬가지다.

　옛날에는 가정에 있어서 부모의 권위가 절대적이었고, 사람이 걸어야 할 옳은 길이 무엇이냐에 관해서도 정론(正論)으로 통하는 견해가 있었다. 따라서 자녀들의 행실에 어디가 잘못되었는지를 말하기가 쉬웠고, 또 부모의 훈계는 으레 권위 있는 것으로 받아들여졌다. 그러나 요즈음은 상황이 크게 달라져서 부모가 인간 교육의 스승으로서 구실을 하기가 매우 어려운 사정이다. 오늘의 부모의 무능을 탓하기보다는 시대상의 변천을 감안해야 할 것이다.

　그러나 가치 체계가 혼란에 빠지고 있는 까닭에, 오늘날 자녀의 인간 교육은 과거 어느 때보다도 더 절실하게 요청되고 있는 실정이다. 물론 도덕에 관한 잔소리나 설교를 빈번히 하는 것으로 문제가 해결되지는 않을 것이다. 바로 여기에 오늘의 부모들이 당면한 어려운 문제가 있는 것이며, 어려운 문제에 당면하고 있다는 것은 그만치 일거리가 많다는 것을 의미하는 것이니, '내 생활'이 없다고 허탈감이나 회의에 빠질 여가가 없다고 보아야 한다.

여러 가지 여건을 감안할 때 자녀의 인간 교육을 전적으로 학교에만 의존하기는 어려운 실정이다. 가정 교육의 중요성이 더욱 절실하게 느껴지는 오늘날, 주로 가정을 지키는 어머니의 책임이 더 없이 중대하다. 만약 자녀의 인간 교육에 대한 어머니의 책임을 훌륭하게 완수한다면, 그것 한 가지만으로도 그녀는 매우 크고 보람 있는 일을 한 셈이 될 것이다.

자녀의 인간 교육을 위한 스승으로서의 소임을 다하자면 우선 나 자신의 실천 생활이 남의 거울이 될 수 있을 정도로 떳떳해야 할 것이다. 자녀들의 존경을 받을 만한 기성 세대로서 산다는 것 자체가 크게 뜻있는 일이다. 인간 교육의 유능한 스승이 되기 위해서는 지적 대화를 나눌 수 있는 실력도 갖추어야 할 것이며, 나의 지적 수준을 높이기 위해서는 좋은 책을 읽는 일도 게을리하지 말아야 할 것이다. 결국 자녀의 교육을 위해서는 나 자신을 교육하는 일이 앞서야 하는 것이니, 평생을 두고 노력을 하여도 시간이 부족할 것이다.

7

보람이 있는 '나 자신의 생활'을 추구하는 것은 모든 사람의 당연한 권리이다. 그 보람된 삶을 어디에서 찾아야 하느냐가 우리들의 문제이다. 우리들은 그것을 주로 나 밖에서, 그리고 가정 밖에서 찾으려고 한다. 따라서 가정 밖으로 나갈 기회가 적은 사람은 불만이 쌓이게 된다.

생활 공간을 넓힌다는 것은 중요한 일이다. 견문이 넓으면 얻는 바도 그만치 많을 것이다. 그러나 견문이 중요한 것은 견문을 살려서 내 마음의 세계를 풍요롭게 하기에 도움이 되기 때문이다. 궁극적으로 중요한 것은 안으로 마음의 밭을 깊이 가는 일이다. 그리고 안으로 마음의 밭을 깊이 갈기 위해서 가장 긴요한 조건은 그것을 깊이 갈고자 하는 마음가짐을 갖는 일이다.

뜻이 있는 곳에 길이 있다고 하였다. 지혜로운 사람은 좁은 생활 공간 안에서도 깊고 넓은 내면적 가치 세계를 구축할 수 있을 것이다.

뜻있는 삶을 위하여

1

우리가 지성을 가진 인간으로서 살고 있다는 사실은 우리에게 크고 어려운 문제를 던져 준다. 어떻게 사는 것이 가장 뜻있는 삶의 길이냐 하는 물음이다.

기왕이면 뜻있고 보람찬 삶을 갖고 싶은 것이 우리들의 절실한 소망이다. 되는 대로 아무렇게나 살다 가자는 생각을 품는 사람도 없지 않으나, 이것은 세상일이 뜻대로 되지 않아 좌절을 느꼈을 때에 간혹 일어나는 생각이며, 건강한 의욕을 가지고 성실하게 살아가는 사람들의 정상적인 생각은 아니다. 그리고 뜻있는 삶을 가지고자 할 때 우선 부딪치는 문제가「어떻게 사는 것이 가장 뜻있는 삶의 길이냐?」하는 그것이다.

이 오래된 물음에 대하여 이미 여러 가지의 대답이 나와 있다. 그 가운데서도 가장 대표적인 것은 세계적 종교의 시조가 된 성현들의 가르침이다. 종교의 세계에 있어서도 교리를 둘러싼 이론적 대립과 세력의 팽창을 꾀하는 현실적 갈등이 없지 않았으나, 대체로 말해서 일정한 종교사상이 지배한 국가나 사회에 있어서는 그 종교의 가르침이 사람들의 삶을 인도하는 지도 원리로서의 구실을 수행하였다. 옛날 대부분의 국가에는 나라마다 국교에 해당하는 강력한 종교가 있었고, 그 국교의 교리는 국민의 도덕생활까지도 지도하는 원리로서 작용하였다.

그러나 현대에 와서는 사정이 매우 달라졌다. 현대에 있어서도 여러 나라에 종교의 세력이 깔려 있기는 하나, 옛날과 같은 절대적인 힘을 가지고 우리들의 삶을 이끌어 주지는 못하는 실정이다. 과학적 세계관이 널리 퍼지고 신앙의 자유를 당연한 것으로 알고 있는 오늘날에 있어서, 종교의 가르침이 사람들의 정신 세계를 지배할 수 있는 힘에 뚜렷한 한계가 생긴 것이다.

현대에 있어서도 독실한 신앙심을 가지고 종교의 가르침을 따라서 살아가는 사람들이 있을 것이다. 아무런 내적 갈등도 없이 그렇게 살아갈 수 있는 사람들의 경우는 여기서 우리가 구태여 문제삼지 않아도 좋을 것이다. 그러나 많은 사람들은 「어떻게 살아야 할 것이냐?」는 물음에 대하여 아직 확고한 대답을 얻지 못하고 있는 상태이며, 여기서 우리가 문제삼고자 하는 것은 아직 삶의 갈림길에서 방황하는 우리들 속인(俗人)의 경우이다.

종교는 선천적으로 주어져 있는 길을 우리에게 제시한다. 그러나 대부분의 현대인은 그 선천적인 길에 대한 절대적 신심(信心)이 부족한 것이다. 그리고 우리들 속인의 문제는 저 주어진 길에 대한 믿음이 부족한 사람들은 무엇을 지표로 삼고 인생을 살아갈 것이냐 하는 그것이나. 만약 밖으로부터 종교가 지시하는 길에 대한 믿음이 생기지 않는다면, 자기 스스로 하나의 길을 찾아서라도 뜻있는 삶을 힘써야 할 것이다. 인간을 초월하는 절대자에 대한 믿음이 부족하다면, 안으로 인간 자신의 내적 요구에 근거를 두고서라도 하나의 길을 선택해야 할 것이다. 인간 자신의 내적 요구와 우리들을 에워싼 역사적 현실을 근거로 삼을 때, 우리는 우리들 자신을 위하여 어떠한 목표 또는 어떠한 길을 제시할 수 있을 것인가?

2

　옛 사람들은 흔히 인생을 여로(旅路)에 비유했다. 여행이 공간을 통한 움직임이라면 인생은 시간을 통한 움직임이라는 사실에서, 그리고 여행에 목적지가 있듯이 인생에도 목적의식이 있다는 사실에서 이것과 저것 사이에 공통점을 발견한 것이다. 만약 인생과 여행의 비유를 받아들인다면, 인생의 여로는 일정한 장소를 목적지로 삼는 일반 여행보다도 여로의 전 과정을 중요시하는 관광여행의 그것에 더 가깝다고 보아야 할 것이다. 인생에 있어서 중요한 것은 종점에 이르기까지에 겪는 전 과정이다.

　인생의 종점은 죽음일 따름이다. 죽음으로서의 종점을 여행에 있어서의 목적지와 같은 비중의 것으로 보기는 어려울 것이다. 우리들의 삶에 있어서 중요한 것은, 마지막 시점에 어떻게 되느냐가 아니라, 마지막 시점에 이르기까지의 일정한 시간을 어떻게 보내느냐 하는 전 과정이다. 바꾸어 말하면, 삶의 목적은 어떤 시점에서 어떤 위치에 도달함에 있는 것이 아니라, 이미 시작된 삶이 죽음에 이르는 사이에 실현하는 가치에 있다. 한 개인의 견지에서 볼 때 가장 뜻있는 삶이란, 그가 살아 있는 동안에 그에게 가능한 최대의 가치를 실현하는 그러한 삶이다. 여기서 우리의 문제는 "어떠한 삶이 최대의 가치를 실현하는 삶이냐?"라는 물음으로 귀착하게 된다.

　앞에서 우리는 인생을 관광 여행에 비유할 수 있다고 보았거니와, 대부분의 관광 여행자들은 무엇보다도 자기네의 여행이 즐거운 여행이 되기를 소망한다. 많은 즐거움 그리고 즐거운 추억이 따르는 여행이 관광 여행으로서 바람직한 것이다. 그렇다면 인생의 경우도 마찬가지라고 말할 수 있는 것일까?

죽는 날까지 되도록 많은 즐거움을 누리는 삶이 가장 값진 삶이라고 말할 수 있는 것일까?

쾌락주의자로 불리는 철학자들은 되도록 많은 쾌락을 누리며 사는 것이 가장 값진 삶이라고 단언하였다. 사람은 누구나 쾌락을 좋아하고 고통을 싫어한다는 심리적 사실에 근거를 두고, 그렇게 단순한 결론을 내렸던 것이다. 육체적 쾌락이 중요하냐 또는 정신적 쾌락이 중요하냐로 의견이 갈라지기도 하고, 나 개인의 쾌락을 추구할 것이냐 또는 사회 전체의 쾌락을 추구할 것이냐로 학설이 나누어지기도 했으나, 필경 쾌락을 가치의 으뜸으로 본 점에 있어서 그들의 견해는 일치하였다.

쾌락주의의 세력은 학자들 사이에 있어서보다도 일반 생활인들 사이에 있어서 더욱 크게 떨쳤다. 쾌락을 가장 궁극적인 가치로 보는 학설을 이론적으로 받아들이기를 꺼려한 사람들도 실제로 실천적 생활에 임하는 마당에서는 이 학설의 충실한 추종자처럼 행동하는 경우가 많았다. 쾌락주의라는 철학설을 전혀 모르는 사람들까지도 대부분 이 학설이 가리키는 길을 따라서 살고 있다는 인상을 줄 정도로, 이 사상은 우리들의 일상 생활 속에 깊은 뿌리를 내리고 있다.

특히 현대는 쾌락을 추구하는 생활 태도가 도처에 우세한 시대이다. 산업화에 따르는 물질 문명과 소비 문화의 발달 및 과학적 세계관에 따르는 물질주의적 사고방식의 보편화로 말미암아, 쾌락을 삶의 목표로서 추구하는 경향이 각별히 현저하게 된 것이다.

산업화와 자본주의의 결합은 금전의 위력을 자연히 높였고, 금전에 대한 숭상이 주도하는 문화풍토 속에서 쾌락의 도구들이 가장 인기 높은 상품으로서 각광을 받게 되었다. 이리하여 금전 문화와 쾌락주의는 불가분의 관계를 가지고 서로가 서로를 조장하는 결과를 초래하였다.

우리 한국의 경우도 예외는 아니다. 예외가 아닐 뿐 아니라 그 심한 경우라 하겠다. 8·15 이후의 우리 나라의 특수한 사정은 허영과 외화(外華)를 조장하기에 충분하였고, 땀 흘려 착실하게 일함으로써 돈을 번 사람도 있지만 사회 질서가 혼란한 틈을 타서 크게 힘들이지 않고 거금을 얻은 사람들도 많았다. 쉽게 번 돈은 헤프게 쓰이기 마련이어서, 이들 일확 천금한 사람들이 사치와 낭비의 풍조를 일으켰고, 가난한 서민들까지 덩달아 분수에 넘는 소비 생활에 취하는 경향을 보였다.
　사치스러운 행락 생활을 계속하기 위해서는 많은 돈이 있어야 하는 것이 현대의 사회 실정이다. 따라서 쾌락을 좇는 사람들은 동시에 돈도 좇게 마련이다. 이리하여 우리 나라에 있어서도 쾌락주의와 배금사상은 서로가 서로의 원인이 되며 서로 조장하였다. 이러한 경향은 향락에 한번 심취하면 그것이 습관이 되기 쉽다는 심리에 의하여 더욱 심하게 되었다.

3

　쾌락은 누구나 좋아하는 바이며 고통스럽게 사는 것보다는 즐겁게 사는 편이 바람직하다는 점에는 의심의 여지가 없다. 금욕주의자들은 쾌락 그 자체를 좋지 못한 것으로 여기는 듯한 태도를 취하기도 하나, 공연히 고통을 자초하는 것은 별로 찬양할 수 없는 일이라고 생각된다.
　그러나 쾌락이 바람직한 것이라는 사실만으로 쾌락주의라는 사상 내지 생활 태도가 정당화되는 것은 아니다. 쾌락주의가 정당화되기 위해서는 이 세상에서 쾌락보다 더 소중한 것은 없다는 것이 명백해야 한다. 비록 쾌락이 바람직한 것이라 하더라도, 쾌락보다 더욱 소중한 것이 있다면 그 더욱 소중한 것을 위하여 쾌락을 단념해야 할 경우도 있을 것이다. 그런데 쾌락주의는 어떠한 경우에도 쾌락 이외의 것을 위하여 쾌락을 포기하기를 거부하는 것이다.
　이 세상에는 분명히 쾌락보다도 더욱 소중한 것이 있다. 예컨대 변함 없는 사랑과 우정, 높은 경지의 학문과 예술, 고매한 인격과 건강, 세계의 평화 등은 쾌락이라는 느낌보다도 더욱 소중하다. 이 쾌락보다도 더욱 소중한 것들과 쾌락 가운데서 하나를 선택해야 할 경우가 있다. 이러한 경우에는 쾌락을 포기하는 한이 있더라도 그보다 더욱 소중한 쪽을 택해야 할 것이다. 그렇게 하는 것이 가장 큰 가치를 실현하는 길이기 때문이다.
　쾌락보다도 더욱 소중한 것들이라는 것도 따지고 보면 쾌락의 범주 안에 들어가는 것이 아니냐고 반문할 사람들이 있을지도 모른다. 우정과 사랑, 학문과 예술 등은 모두 정신적 쾌락을 동반하는 것이니, 그것들 즉 '쾌락보다도 더욱 소중한 것들'을 추구하는 것도 결국은 쾌락을 추구하는 것과 같은 결과를 가져오지 않느냐고 반문할 사람이 있을지도 모른다. 쾌락보다도 더욱 소중한 것이 있다고 볼 것이 아니라, 쾌락 가운데 육체적 쾌락과 정신적 쾌락의 구별이 있음을 인정하고, 전자보다도 후자를 우선적으로 추구해야 한다고 보는 편이 옳지 않느냐는 주장이다.
　쾌락 가운데 육체적인 것과 정신적인 것의 구별이 있음을 인정하고 우리가 추구해야 할 것은 주로 후자라고 주장한 쾌락주의자들이 있었다. 그리고 생활의 지혜로서 실천에 옮길 때, 이 주장이 육체의 쾌락을 강조하는 사상보다 낫다는 것도 사실이다. 그러나 엄밀하게 말해서, 사랑과 우정 또는 학문과 예술 등 정신적 가치를 추구하는 것과 정신적 쾌락을 얻는 수단으로서 그것들을 추구하는 것은 결코 같은 태도가 아니다. 사랑과 우정 또는 학문과 예술 그리고 인격과 건강 등을 정신적 쾌락을 얻는 수단으로서 추구한다면, 그것은 이미 정신적 가치를 추구하는 참된 길이 아니며, 또 그렇게 해서는 진정한 우정이나 사랑 또는 학문이나 예술 그리고 인격과 건강을 얻지 못할 것이다. 건강을 위해서 음식을 먹는 것과 식도락을 위해서 음식을 먹는 것이 같지 않는 것과 마찬가지다.

쾌락이란 삶의 궁극적 목적이 아니라 건전하고 뜻있는 삶을 추구하는 가운데 저절로 수반하는 부산물에 해당하는 것이다. 쾌락이라는 것을 염두에 두지 않고 열심히 지혜롭게 살아 가는 가운데 쾌락은 저절로 찾아온다. 그러나 쾌락 그 자체를 목표로 삼고 좇을 때에는 도리어 쾌락을 놓칠 경우가 많다. '쾌락주의의 역리(逆理)'라는 심리 현상이다.

오늘날 쾌락을 추구하는 사람들은 대개 관능의 쾌락을 추구하는 경향이 강하다. 따라서 정신적 쾌락의 문제는 이론적으로는 문제삼을 수 있을 것이나 현실적으로는 별로 문제가 되지 않는다. 그리고 쾌락주의적 생활 태도가 현실적인 폐단을 크게 동반하는 것도 관능적 쾌락에 탐닉할 경우에 있어서이며, 정신적 쾌락을 추구하는 사람들이 많다 하더라도 그것이 실제로 어려운 문제를 야기하지는 않을 것이다. 오늘날 우리가 쾌락주의적 생활 태도에 대하여 염려를 하는 것은 관능적 쾌락주의가 지나치다고 보기 때문이다.

관능적 쾌락에 대한 지나친 추구의 폐단은 크게 두 가지로 나타난다. 그 하나는 현대 사회에 있어서 관능의 쾌락을 누리자면 많은 돈이 필요한 까닭에 쾌락의 추구는 필연적으로 높은 소비 성향과 연결된다는 사실이다. 더욱이 쾌락주의의 역리의 심리로 말미암아 점점 더 높은 자극이 필요하게 되므로, 관능적 쾌락이 추구하는 소비 성향에는 거의 끝이 없다. 그런데 천연 자원의 절대적인 부족으로 고민하고 있는 우리에게 지나친 소비는 가장 큰 악덕의 하나라 하여도 과언이 아닐 것이다.

관능적 쾌락 추구의 둘째 폐단은 그것이 정력과 시간의 낭비를 강요한다는 사실에서 온다. 관능의 쾌락은 매우 강렬한 욕구의 대상인 까닭에 일단 그 길로 빠지게 되면 많은 정력을 그리로 쏟게 되기 쉽다. 그리고 우리가 가지고 있는 정력과 시간에는 한도가 있는 까닭에 관능적 쾌락 추구에 관심을 쏟게 되면 사회와 문화를 위하여 보다 값진 일을 할 여력이 없게 된다.

4

 우리가 걸어야 할 구체적인 길은 개인에 따라서 다를 것이다. 우리 모두가 똑같은 삶의 목표를 향하여 같은 길을 걸을 필요도 없고 또 그렇게 할 수도 없는 일이다. 사람마다 소질이 다르고 취향이 다르며 또 사회적 배경도 다르다. 각자는 자기의 개인적 특수성에 적합한 인생에 설계를 세우고 그 설계에 따라서 살아가야 할 것이다. 자기가 놓인 처지의 여건과 자기가 타고난 소질을 충분히 살려서 각자가 가지고 있는 가능성을 충분히 발휘하는 것이 우리들 모두의 소망이 아닐 수 없다.
 그러나 우리는 각 개인이 단독으로 떨어져서 각자의 삶의 길을 추구하는 것이 아니라 여러 사람이 서로 어울려서 상호 작용을 해가면서 각각 자기의 목표를 추구하게 마련이다. 흔히 말하듯이 사람은 날 때부터 사회적 존재이며 사회 안에서 타인과의 관계를 통하여 살아간다. 여기서 필연적으로 생각하지 않을 수 없는 것은 여러 사람들이 각각 추구하는 삶의 길이 어떻게 서로에게 작용 내지 영향을 미치느냐 하는 문제이다.
 여러 개인들이 각각 추구하는 목표가 모두 달성되는 것이 가장 바람직한 일이거니와, 그렇게 되기 위해서는 먼저 몇 가지 조건이 만족되어야 한다. 첫째로, 서로 영향을 주고 받아가며 사는 여러 사람들에 의하여 형성된 집단 또는 공동체가 질서 있는 존속을 유지해야 한다. 쉽게 말해서, 개인이 삶의 발판으로 삼고 있는 사회가 질서와 번영을 누려야 한다. 그리고 둘째로, 같은 사회를 구성하는 여러 개인들의 목표가 어느 정도 조화를 이루어야 한다. 다시 말해서, 같은 사회 안에 사는 사람들 각자가 추구하는 길이 크게 서로 충돌할 경우에는 서로가 서로를 방해하게 될 것이므로, 다같이 각자의 소망을 달성하기가 매우 어렵게 된다.

위에 말한 두 가지 기본 조건은 내면적으로 깊이 연관되고 있다. 사회가 질서와 번영을 누리는 것과 여러 개인들의 목표가 조화를 이루는 것은 불가분의 관계를 가지고 서로 엉켜있다. 사회가 질서와 번영을 누리기 위해서는 개인들의 목표가 조화를 이루어야 하고, 개인들의 목표가 조화를 이룰 수 있기 위해서는 사회의 질서가 유지되어야 한다. 그러나 이것과 저것이 똑같은 것은 아니다. 개인들의 목표가 조화를 이루는 것은 사회의 번영을 위한 필요 조건이기는 하나 충분 조건은 아니다.

개인들이 추구하는 목표가 배타적일 경우는 조화를 이루기가 어렵다. 지나치게 경쟁성이 강한 목표를 가운데 두고 여러 사람들이 그것을 얻으려고 꾀한다면, 개인들의 목표는 서로 충돌할 수밖에 없다. 따라서 배타성 또는 경쟁성이 약한 가치를 삶의 가장 절실한 목표로 삼을 경우에 사람들의 개인적 목표는 조화를 이루기 쉽다.

건강, 생명, 인격, 진리 탐구, 예술 창조 그리고 우정 등 인간적 가치는 배타성 또는 경쟁성이 미약하다. 그러나 요즈음 우리 주변에서 개인들이 가장 강렬하게 추구하는 삶의 목표는 금전과 지위 또는 관능적 쾌락 따위의 경쟁성이 가장 강한 것들이다. 바로 이 점이 우리가 깊이 생각해야 할 문제의 하나이다.

사람들의 개인적 목표가 크게 충돌하지 않는 것만으로는 불충분하다. 개인들이 모두 뜻을 이룰 수 있기 위해서는 사회 전체의 번영이 바탕을 이루어야 하거니와, 사회의 번영을 위해서는 개인들 각자의 목표가 충돌하지 않을 뿐 아니라, 여러 사람들이 함께 추구하는 공동의 목표가 뚜렷해야 한다. 정의로운 사회의 건설, 국가의 안보, 국민 경제의 성장과 안정, 그리고 민족 문화의 창달 등은 뚜렷한 공동 목표로서 적합한 것들의 대표적인 예라고 볼 수 있다.

공동 목표의 달성을 위하여 헌신적으로 이바지하는 일을 개인의 인생 목표로 삼을 수도 있을 것이며, 자기 스스로의 결단과 선택에 의하여 그 길을 걷는 사람들을 우리는 위대한 인물로서 존경한다. 그러나 공동체를 위해서 개인의 희생을 강요하는 전체주의는 개인의 존엄성을 믿는 우리의 견해와 일치하지 않는다. 삶의 길은 어디까지나 본인의 자유 의사로 선택할 사항이며, 스스로의 결단으로 선택한 목표가 달성되는 곳에 자유의 주체로서의 개인의 행복이 실현된다. 그리고 개인의 행복과 공동체의 번영이 함께 이루어진다면 그 이상 더 바랄 것이 없다.

이기심과 편견의 극복

　통 속의 철인(哲人)으로 알려진 옛날 그리스의 디오게네스는 헌 옷 한 벌과 지팡이 한 자루와 깨진 독 하나만으로도 행복되게 살았다 하지만, 우리네 평범한 사람들의 경우는 역시 물질적인 기본 생활의 안정이 사람다운 삶을 위한 필수 조건이다. 굶주림과 추위로 고생하는 생활을 '인간다운 삶'이라고 말하기는 거북할 뿐 아니라, 극심한 가난 속에서는 인간다운 마음가짐을 유지하기가 자못 어렵다.
　그러나 삶의 인간다움이 물질의 풍요에 비례하지는 않는다. 지나치게 풍요로운 물질과 지나치게 편리한 이기(利器)는 도리어 많은 사람으로부터 인간다움을 앗아 갔다. 물질이나 이기에 잘못이 있었던 것은 아니나, 그것들에 대한 지나친 욕심이 사람들을 타락시킨 것이다.
　황금과 금강석과 고급 가구들을 아무리 많이 소유하고 살아도 그것만으로는 인간다운 삶이 실현되지는 않는다. 비록 넉넉하지는 못하더라도 기본 생활의 안정만 얻으면, 그 토대 위에서 능히 인간다운 삶을 가질 수가 있다. 인간다운 삶의 본령은 물질 생활이 아니라 정신 생활이다. 인간으로서 타고난 소질을 개발하고 발휘할 때, 우리는 인간다운 삶의 소유자가 된다.
　개인이 세상에 태어나서 죽을 때까지의 전 과정은 하나의 작품이다. 내가 사람답게 산다는 것과 내 생애를 아름답고 멋있는 작품으로 만든다는 것은 거의 같은 뜻이다. 내 생애를 하나의 작품으로 키우고 다듬어 감에 있어서 나는 부모를 비롯하여 여러 사람들의 도움을 받는다. 그러나 나의 생애라는 '작품'에 대한 책임 작가는 나 자신이며, 어린 시절을 제외한 생애는 대부분 나 자신이 하기에 따라서 좌우된다.

예술에 천재적 소질을 가진 사람은 큰 예술가가 되도록 최선의 노력을 해야 할 것이며, 학자의 소질이 뛰어난 사람은 위대한 학자가 되도록 최선을 다해야 할 것이다. 또 그 밖에 다른 분야의 소질을 크게 타고난 사람들은 각각 그 소질을 따라서 자신의 인생을 설계하고 노력해야 할 것이다. 그러나 반드시 거대한 작품이 되어 세상에 명성을 떨쳐야 보람 있고 인간다운 삶이 되는 것은 아니다.

지구상의 모든 사람들이 세계적인 인물이 될 수는 없으며, 또 그렇게 될 필요도 없다. 욕심이 지나치면 도리어 작품을 버린다. 각자 자기에게 주어진 소재를 잘 살려서 분수대로의 작품을 만드는 데 성공하면 그것으로 충분하다.

규모만 거대하고 질적으로는 조잡한 그림이나 조각이 있다. 사람의 일생도 겉으로 거창하고 화려한 것보다는 안으로 착실하게 여문 것이 더 보배롭다. 규모가 작고 별로 화려하지는 않지만 깔끔하고 깨끗하며 아름다운 삶을 사는 데 성공한다면, 그것만으로도 충분히 만족스러운 생애가 될 것이다.

비록 큰 예술가는 못되더라도 예술을 즐기는 생활은 인간다운 삶의 한 토막이다. 스스로 그림을 그리거나 악기를 다루는 것은 말할 것도 없거니와, 음악이나 미술을 감상하는 시간을 갖는 것도 즐거운 일이다.

비록 큰 학자는 못 되더라도, 깊은 진리나 사상이 담긴 책을 읽으며 사는 시간적 여유를 갖는 것은 보람된 일이다. 직업적인 문학가가 되지는 못하더라도, 자신의 체험이나 생각을 기록으로 남겨 보는 마음의 여유를 갖는 것 또한 뜻있는 일이다.

도덕적 인격의 향상을 도모하는 것은 누구에게나 가능한 일이며, 노력에 비례하는 성과를 거둘 수 있는 일이기도 하다. 용기, 유머, 근면, 침착성 등의 덕을 지니고 산다는 것은 총과 칼로 무장을 하고 사는 것보다도 든든한 일이다.

단란하고 행복된 가정을 꾸미는 것도 화려한 업적은 아니나 뜻있고 보람찬 일이다. 아들이나 딸을 자신들보다 훌륭한 인물로 키우는 것은, 그 가정을 위해서 경사스러울 뿐 아니라 나라 전체를 위해서도 뜻깊은 일이다.

서로 믿고 사랑할 수 있는 친구를 갖는 것도 인간다운 삶의 한 부분이다. 취미가 같고 뜻이 맞는 친구끼리 모여서 공동의 작업을 하거나 담소를 나누는 것은 즐거운 일이며, 필요에 따라서 서로 도움을 주고 받는 것도 뜻있는 일이다.

직장 또는 지역 사회를 위해서 유능하고 봉사적인 일꾼이 되는 것도 보람된 일이다. 이웃 사람들의 인간다운 삶을 위하여 도움이 된다는 것은 그 자체가 인간다운 삶의 근간이다. 우리는 이런저런 인연을 따라서 어떤 집단의 성원이 되게 마련이거니와, 자기가 속해 있는 공동체를 위해서 꼭 필요한 사람이 된다는 것은, 공동체의 번영을 위해서 뿐 아니라 개인의 행복을 위해서도 매우 중요한 일이다.

국가의 중앙 무대로 진출하여 나라 전체에 알려진 큰 일꾼이 될 수 있다면, 그것은 더욱 다행스러운 일이다. 그러나 중앙 무대에서 활약하는 것만이 국가와 민족에 이바지하는 길은 아니다. 가정에서 좋은 부모 또는 자녀가 되거나 작은 직장에서 부지런한 일꾼이 되는 것만으로도 우리는 나라를 위해서 큰 일을 하게 된다. 도시와 농촌으로 흩어져 사는 무수한 사람들이 각각 자기가 놓여 있는 자리에서 자기가 맡은 일을 착실하게 하면, 그것으로 그들은 모두 국가와 민족을 위해서 중요한 일을 하는 결과에 이른다.
 "나라를 위해서!" "겨레를 위해서!" 하고 외치는 사람들이 반드시 애국자는 아니다. 숨은 곳에서 묵묵히 일하는 사람들 가운데 도리어 착실한 애국자들이 많다. 개인의 행복을 희생해야만 나라를 위해서 이바지하게 되는 것도 아니다. 개개인이 자기의 인생 설계를 충실하게 실천에 옮기는 것만으로도 나라를 위해서 크게 공헌할 수 있다. 개인의 행복과 사회의 번영을 아울러 달성하는 것이 민주국가의 이상이다.
 아무리 잘난 사람도 혼자만이 떨어져 있을 때는 매우 무력한 존재에 불과하다. 지극히 진부한 표현이기는 하나, 인간은 꼼짝없이 "사회적 존재"인 것이다.
 질서가 정연하고 공정한 사회에서만 개인들은 각자의 생활 설계에 따라서 뜻을 이룰 수가 있다. 그러므로 그러한 사회를 건설하는 일은 개인들이 인간답게 살기 위해서 우선적으로 노력해야 할 공동의 목표다. 질서 정연하고 공정한 사회 내지 국가는 저절로 주어지는 것이 아닌 까닭에, 우리들 자신의 힘으로 그것을 만들어야 하는 것이다.
 우리 모두가 사람답게 살기 위해서는 우선, 질서 정연하고 공정한 사회가 건설되어야 한다는 것을 모르는 사람은 드물다. 따라서 모두들 그러한 나라를 세우자고 외치며 앞을 다투어 나라 사랑에 헌신할 것 같은 기세를 보인다. 그러나 진정으로 질서 정연하고 공정한 나라는 동서 고금을 통해서 그리 많지 않다. 세계 각국의 정치가와 군인들이 거의 모두 평화 애호가로 자처하면서 전쟁을 방지하자고 역설함에도 불구하고, 진정한 평화가 오래 지속된 경우는 드문 것과 비슷한 역설적 현상이다.
 모두가 질서 정연하고 공정한 사회의 건설을 염원한다고 공언함에도 불구하고 실제에 있어서 그러한 사회의 실현을 보기 어려운 것은, 아마 우리들의 이기심과 편견 때문일 것이다.

이기심과 편견으로 말미암아, 우리는 흔히 공정한 사회의 건설을 위해서 요구되는 행위를 외면하는 위선에 빠지기 쉽다.

질서 정연하고 공정한 사회를 건설하기 위해서는 시민 모두의 협력이 필요하거니와, 그 협력을 게을리함으로써 우리는 일시적으로는 개인적 이익을 취할 수가 있다. 뿐만 아니라 사회의 질서가 어지럽고 정의가 파괴될 때 바로 그 무질서와 불공정으로 말미암아 이득을 보는 사람들이 생긴다. 따라서 그러한 사람들에게는 무질서와 불공정한 현실 그대로가 바람직한 상태일 수 있으며, 무질서하고 불공정한 현상을 유지하는 쪽으로 행동하고 싶은 유혹이 발동하게 된다. 이 유혹의 힘은 몹시 강한 것이어서 평범한 사람의 의지력으로는 물리치기 어렵다.

이기심 때문에 생기기 쉬운 편견도 공정한 사회의 건설에 큰 저해 요인이 된다. 어떠한 상태가 진실로 올바른 질서이며 어떠한 사회가 진실로 공정한 사회냐에 대해서는 서로 다른 주관적 견해가 대립할 수 있으며, 이 주관적 견해를 에워싸고 편견이 발동하는 사례가 많다. 각각 자기에게 유리한 편으로 문제를 보기가 쉬운 것이다. 이러한 편견의 대립은 상대편에 대한 불신을 낳게 마련이며, 서로의 불신은 공정한 사회를 위한 대국적 협동을 어렵게 한다.

이기심과 편견을 자신의 도덕적 의지력만으로는 억제하지 못하는 것이 우리들 평범한 사람들의 인간성이다. 따라서, 우리들 평범한 사람들은 자제력만으로는 공정한 사회를 건설하기 어려우며, 강제적 규범의 힘으로써 사람들의 이기심과 편견을 규제할 필요가 생긴다. 그러한 필요에 따라서 생긴 것이 다름 아닌 정치 권력이요, 국가의 법이다.

국가의 법을 제정하는 사람들과 그 법을 운영하는 사람들은, 질서의 유지와 공정한 사회 실현의 책임을 제일선에서 지는 동시에 그 권한이 막강하다. 여기서 국민과 국가를 위하여 가장 중요한 것은, 나라의 살림을 맡은 사람들 자신이 이기심과 편견으로 인하여 그릇된 판단에 빠지는 일이 없어야 한다는 사실이다. 막대한 권한을 장악한 사람들이 이기심과 편견에 의해서 움직일 경우에는 그 피해가 더욱 심할 것이 명백하다.

일찍이 플라톤은 이기심과 편견을 완전히 초월할 수 있을 정도로 탁월한 인물들이 절대적 권력을 쥐고 다스리는 나라를 이상적인 국가라고 주장하면서, 그토록 탁월한 인물을 길러내는 방법까지도 제시한 바 있다. 그러나 플라톤의 철인왕(哲人王)이 실제로 탄생한 역사는 없으며, 아무리 착하고 현명한 통치자라 할지라도 추호의 오류도 범하지 않을 정도로 완전 무결할 수는 없었다.

국가의 대권을 잡은 사람들도 인간인 까닭에 역시 이기심과 편견의 영향을 받을 가능성은 있다고 보아야 한다. 특히 권력이 오래 같은 사람에게 머물 경우, 그러한 가능성은 더욱 높아지기 쉽다. 여기서 필요하게 되는 것이 입법 또는 행정의 권한을 잡은 사람들의 이기심과 편견을 견제하는 방안을 강구하는 일이다.

입법 기관인 국회 의원을 국민의 일반 투표로 선출하고 행정부의 수반인 대통령 또는 수상을 국민의 직접 또는 간접 선거로 추대하되, 그들의 임기를 일정한 기간으로 제한하는 민주주의의 방식은, 나라의 살림을 맡은 사람들의 이기심과 편견을 견제하는 장치 가운데서 가장 적절한 것으로 알려진 방안이다. 이 민주주의의 방안도 막상 실천에 옮겨 보면 이론과 같은 결과를 가져오지 않을 경우가 많으나, 아직까지는 그보다 더 좋은 방도가 알려져 있지 않은 까닭에, 우리 나라도 이 방안을 따르고 있다.

현재 지구상에서 민주주의의 정치 체제를 채택하고 있는 많은 국가들 가운데는, 민주주의의 이념을 실현함에 있어서 비교적 성공한 나라들도 있고 그렇지 못한 나라들도 있다. 성공한 나라들을 정치적 선진국이라 부르고 그렇지 못한 나라들을 정치적 후진국이라 부를 수 있을 것이다.

다같이 민주주의의 체제를 따르면서도, 정치적 선진국과 후진국의 격차가 생기는 것은 여러 가지 여건의 차이에 유래하는 것으로 여겨진다. 그 나라의 정치적 전통, 국제적 역학 관계, 경제 사정 등의 차이에 따라서 민주 정치의 발전 단계에도 차이가 생기는 것으로 보인다. 그러나 민주주의의 이상을 어느 정도까지 실현하느냐 하는 문제는 결국 그 국민의 전반적 의식구조와 민도에 달려 있다고 보아야 할 것이다.

우리 한국인이 우리 현실에 적합한 가치관을 정립하여 민도를 높임으로써 민주주의의 선진국으로 접근하는 것은 우리들의 기본적 공동 과제이며, 우리들의 뜨거운 염원이다. 우리들 모두가 애써 이기심과 편견을 극복하여 민주 사회를 실현하는 것은, 그 자체가 사람답게 사는 과정이며, 우리들 모두가 각자의 뜻을 이루며 사람답게 살 수 있는 터전을 마련하는 일이 될 것이다.

인 생 단 상

1

 사람이면 누구나 그것을 지켜야 할 의무를 지는 도덕의 원리가 선천적으로 주어져 있다면 매우 편리하고 다행했을 것이다. 아무런 주저도 불안도 없이 우리는 그 주어진 길을 그저 매진하기만 하면 그만일 것이기 때문이다. 그러나 아직 나는 그러한 선천적 도덕의 원리가 주어져 있다는 증거를 모른다. 있다는 증거를 모르는 까닭에 아직은 그런 것이 없다는 가정 아래 살고 있다. 그것이 있다는 증거를 밝혀 주는 사람이 있다면, 지체 없이 나의 불행한 가설을 버릴 마음의 준비만을 가지고서 그렇게 살고 있다.

 인생에는 보편적인 목적 또는 절대적인 행위의 법칙이 선천적으로 주어져 있다는 것을 굳게 믿고, 바로 이것이 인생의 목적이요, 저것이 인간의 도리요 하고 내세운 사람들도 많이 있었다. 그러나 그들의 주장은 내가 보기에는 한갓 낭만적인 신앙 이상의 것이 아닌 듯하다. 물론 그 신학 또는 형이상학에 기대어 인생의 길을 찾아냈다고 믿는 사람들은, 자기네 나름의 '증거'를──선천적이요 객관적인 도덕의 원리가 있다는 '증거'를──제시하였다. 그러나 그 증거라는 것은 모두 확실성이 없는 것들뿐이다. 비유컨대, 태평양 어느 깊은 곳에 만 관 넘는 큰 거북이 있다는 증거로서 그 바다의 넓고 깊음을 지적하는 따위의 '증거'들이다.

"절대 보편적인 원리가 있다는 증거가 불충분하다면 그것이 없다는 증거도 불충분하지 않느냐?" 이러한 반문이 있을지도 모른다. 그러나 이러한 반문은 "태평양의 물을 속속들이 완전히 탐색해보지 못한 이상, 만 관 넘는 거북이 없다고 생각할 증거도 불충분하지 않느냐?" 하는 반문 이상의 논리의 힘을 갖지 못했다. 긍정과 부정의 두 주장이 대립할 때는 긍정하는 측에서 져야 할 입증의 책임이 항상 더 무거울 것으로 믿는다.

2

만약 선천적으로 주어진 객관적인 도덕의 원리가 없다면 우리는 필경 도덕적 무정부주의에 빠지고 말 것이라는 추리는 반드시 옳지 않다. 만약 밖으로부터 주어진 것이 없다면, 우리는 스스로의 힘으로 도덕의 원리를 세워야 하며, 따라서 우리의 도덕적 책임은 더 한층 무거워진다. 밖으로부터 주어진 것이 아니라 스스로 세운 법칙이라면, 그것을 지켜야 할 이유가 더욱 명백할 것이며, 법을 이행할 책임뿐 아니라 입법의 책임까지 져야 하니 책임이 더욱 무겁다는 것이다.

"주어진 규범이 없다면 구태여 도덕의 원리를 스스로 지어낼 필요가 없지 않느냐?" 이렇게 반박할 사람도 있을 것이다. 그러나 이러한 반박은 도덕적 무정부주의에 빠질 것을 두려워 하던 당신의 먼저 걱정과 일치하지 않는다. 사실인즉 아무런 규범도 없이는 살 수 없도록 마련된 것이 인간인 것이다. 우리는 어떤 규범을 선택할 자유가 있다. 그러나 아무런 규범도 갖지 않을 자유는 허락되지 않았다.

우리에게 허락된 것은 이 길 또는 저 길을 선택하는 일이요, 아무 길도 선택하지 않을 자유는 허락되어 있지 않다. 살고 있다는 사실 자체가 행위를 강요한다. 우리는 무엇인가 해야 하며, 아무 것도 하지 않을 수는 없다. 무엇인가 해야 할 우리 눈앞에 오직 한 가지의 길만이 놓여 있는 것이 아니라, 몇 갈래의 길이 전개되고 있다. 그런데 우리는 이 몇 갈래 중에서 아무 길이나 닥치는 대로 골라 잡지는 못한다. 우리는 반드시 그 가운데서 어느 길이 낫고 어느 길이 못하다는 가치 판단을 한다. 가치 판단이란 욕구와 지성을 아울러 가진 인간이 회피할 수 없는 사고의 제약이다. 요컨대 우리 인간은 반드시 어느 길인가 하나를 택하여 걷지 않을 수 없는 동시에, 그 행로의 선택을 앞에 두고 반드시 가치 판단을 하도록 마련되어 있다. 이것은 생명 내지 욕구와 지성을 아울러 가진 인간에게 주어진 생존 양식의 제약이다. 그리고 가치 판단에 의거하여 갈 길을 택해야 한다는 이 제약이 인간으로 하여금 아무런 규범도 갖지 않을 자유를 거부하는 것이다. 가치 판단이 논리의 모순을 범함이 없이 내려지기 위해서는 평가의 기준이 있어야 할 것이며, 평가의 기준을 갖는다는 것은 바로 규범의 원리를 갖는다는 말과 같기 때문이다.

인간은 지성을 가진 평가적인 동물인 까닭에 규범의 원리를 갖지 않을 수 없다. 그러나 그 규범의 원리가 밖으로부터 선천적으로 주어져 있지는 않다. 여기서 인간 스스로가 스스로의 갈 길을 골라 잡기 위하여 규범의 원리를 세워야 한다는 결론이 생긴다.

여기 사막 한복판에 한 나그네가 서 있다. 그에게 주어진 지상 명령은 그 자리를 떠나 살 수 있는 곳으로 옮겨 가라는 것이다. 그러나 어느 길로 가라는 지시는 없다. 어느 길로 가든지 그것은 그의 자유다. 그러나 그 선택에 대한 책임은 나그네 자신이 져야 한다. 스스로 택한 길인 까닭에 그 길을 걸음으로써 생긴 결과에 대해서도 책임을――자기 자신의 생명에 대한 책임을――그가 져야 한다.

3

 선천적으로 주어진 목적 대신 내 스스로의 주관으로 하나의 목적을 세우고자 한다. 어떠한 목적을 세우는가는 보기에 따라서는 내 자유이다.
 그러나 논리의 자기 모순을 용납할 수 없는 까닭에, 나는 몇 가지 조건의 제약을 고려하여 내 목적을 작정해야 할 것으로 보인다. 고려해야 할 첫째 조건은 내 마음의 심오(深奧)가 열망하는 바를 목표로 삼아야 하리라는 점이다. 도대체 어떤 목적을 세운다는 것은 내 생명의 심오가 그것을 요청하기 때문이다. 그렇다면 선택되는 목적 역시 내 심오가 원하는 바와 조화되어야 할 것이다. 생명의 깊은 바닥이 요청하는 바를 제쳐놓고 딴 곳을 지향한다는 것은 생의 논리에 어긋나는 것이 아니고 무엇이랴. 고려해야 할 둘째 조건은, 실현의 가능성이 없는 목표는 진정한 의미의 목적, 즉 이상이 아니라 한갓 공상에 불과하다는 사실이다. 실현성이 없는 목표를 실현을 위한 노력의 대상으로 삼는다면, 그것 역시 논리의 모순이 아닐 수 없을 것이다.
 인간이 타고난 힘 특히 정신력을 발휘하는 것은 어떤 경우에 있어서나 값진 일이라고 생각한다. 예리한 판단력, 폭과 깊이가 있는 정서, 그리고 강철 같이 굳은 의지, 그 어느 것의 발휘도 아름답고 값진 일이라고 믿는다. 나는 나에게 주어진 소질 가운데 숨은 조그마한 재질과 하찮은 정서 그리고 갈대 같은 의지나마 가능한 범위 안에서 어떤 형태로 발전시키고 싶은 충동을 느낀다.

아름답고 위대한 정신이 발휘되는 여러 가지 형태 가운데서 가장 부러운 것은, 소크라테스가 모범을 보여준 저 가장 직접적인 실천이다. 예술 작품이나 학술 논문을 통하여 간접적으로 발휘되는 아름다운 정신보다도, 직접적인 행동을 통해 발휘되는 위대한 정신력에 나는 더 많은 존경을 느낀다. 그러나 나는 나의 행동력을 그리 높이 평가하지 않는다. 성선설(性善說)이라는 학설에 대하여 깊은 회의를 느끼는 나는 많은 사람들과의 복잡한 관계를 요청하는 행동의 광장에 나서기에 항상 주저와 불안을 금치 못한다. 정치를 '필요한 악'이라고 보는 견해에 깊은 동감을 느끼는 나는 필경 정치와의 접근에로 이끌려 가기로 마련인 행동의 세계에 대하여 그다지 매력을 느끼지 않는다.

소극적이요 미온적인 정열로 나는 내 주위 사람들을 사랑한다. 그러나 그런대로 거짓 없고 성실한 친구가 되기를 염원한다. 물론 모든 사람과 똑같은 거리를 두고 친구가 될 수 있다고는 생각하지 않으며 그렇게 돼야 한다고도 생각하지 않는다. 미워하는 것은 위선자가 되지 않기 위해서 필요한 조건의 하나일지도 모른다. 참된 우정이 흔하다고는 결코 믿지 않는다. 그러나 때로는 그것에 가까운 것이 맺어지기도 한다고 생각한다. 비록 수효는 많지 않으나 몇몇 흉금을 열고 얘기할 수 있는 벗들이 있다는 사실은 인생의 큰 보람의 하나이다.

예술은 직접적인 행동으로서 발휘되지 못한 아름다운 정신의 대상적 결정(代償的結晶)의 한 형태라고 본다. 그러한 뜻에서 나는 예술을 본질적인 가치로 보고, 예술가를 부러운 직업이라고 생각한다. 내 자신이 큰 예술가가 될 수 있는 소질도 훈련도 없음을 아는 까닭에, 그것을 바라보고 좋아하는 이상의 길을 감히 희망하지 못하는 것은 슬픈 일이다. 각자는 운명이 허락한 범위 안에서 실현이 가능한 길을 택해야 된다는 생각에로 돌아가, 예술은 부럽기는 하나 나의 갈 길은 아닌 것으로 체념한다.

학문 또는 넓은 의미의 사상도 어느 단계에 도달하면 아름답고 위대한 정신의 결정이라고 보아야 할 것이다. 좋든 싫든 인연이 있어 이미 학문의 길로 들어서 있는 나로서는 그저 이 길을 가는 곳까지 가다가 쓰러질 수밖에 도리가 없는 것으로 안다.

학문을 함에 있어서도 역시 내가 서 있는 자리를 고려하지 않을 수 없다. 한국이라는 특수한 사정을 가진 땅에 서 있다는 사정을 깊이 살펴야 할 것으로 믿는다. 학문의 전통이 약한 나라의 백성이라는 처지는 큰 약점이 아닐 수 없다. 그러나 후진국인 까닭에 도리어 일거리도 많고 일의 보람도 크지 않을까 생각해 보기도 한다.

후진국의 백성인 까닭에 선진국의 학문이나 사상을 공부하는 과정이 더욱 중요하지 않을 수 없다. 그러나 남의 것을 소개함으로써 학자가 학자로서의 구실을 다 한다고는 생각하지 않는다. 결국은 남의 말이 아닌 제 소리가 한 마디쯤 있어야 할 것이 아니냐. 직접적인 행동의 세계에 뛰어들어 나라의 걱정을 해결하지 못하는 대신, 이 나라의 학문 내지 사상의 발전을 위하여 자그마치나마 보탬이 되기를 시도(試圖)함은 이 나라 학계에 몸을 던진 사람들의 공통된 사명일 것이다.

글줄과 씨름을 하는 학구의 순간은 어느 편이냐 하면 괴로운 시간이다. 긴장만의 연속보다는 때로는 즐거움과 망각이 섞인 인생이 더욱 바람직하다고 생각한다. 나는 때때로 산에 오르고 테니스를 즐긴다. 또 때로는 수필을 쓰며 음악을 듣는다. 그 밖에도 조그마한 취미의 시간을 가져보려고 한다. 긴장을 풀고 취미에 몰두하는 시간도 나에게 있어서는 매우 귀중한 인생의 일부이다.

심청전의 한 단면

유교의 집안에 태어나서 유교의 가정 교육을 받아 가며 자랐다. 효(孝)는 유교 윤리의 기본개념, 따라서 효도에 관한 설교도 들을 만큼 들었다.
"효는 모든 덕(德)의 근본이다."
"옛날의 자식들은 부모를 하늘처럼 섬겼는데, 요즈음의 젊은 놈들은 아비 어미를 마치 남의 집 늙은이 같이 대접한다."
"까마귀 같은 미물조차도 어미의 노후를 보살핀다. 사람의 자식이 되어 어찌 그럴 수가 있느냐."
"부모에게 불효한 자식 치고 성공한 사람의 이야기 들어본 적 없다. 또 그런 놈이 성공한들 무슨 소용이 있겠느냐."
이러한 말씀들을 거듭 들었고, 또 그 비슷한 다른 말들도 수 없이 들었다.
효도를 강조하는 설교를 베풀어 주신 분들은 대개 아버지의 위치에 있는 어른들이었으며, 아들 또는 딸의 자리에 있는 젊은이들로부터 그런 말을 들은 적은 매우 적다. 나는 효도를 역설하는 아버지들을 치사스럽다고 생각했으며, 때로는 미움마저 느끼곤 했다. 효도란 자식들이 강조해야 할 덕이지 부모들이 들고 나설 것은 못 된다는 생각이 앞섰던 것이다. 국민학교에 다니던 시절의 철모르는 어린이의(불효막심한 소질이 농후한 어린이의) 당돌한 생각에 불과했을지 모르나, 지금도 마음의 바탕에는 그러한 사고방식이 적지 않게 깔려 있다.
 효뿐이 아니라 다른 미덕(美德)에 대해서도 비슷한 반발을 느꼈다. '군신유의(君臣有義)'를 들먹이면서 충(忠)을 역설한 것은 신하들이 아니라 군주 또는 그의 대변인들이었다는 생각이 들었다. '장유유서(長幼有序)'를 들먹이면서 경로 사상을 고취한 것은 주로 늙은 세대였다는 생각에 화가 치밀었다. 도대체 도덕이라는 것은 주는 사람의 자각과 자의를 통해서 자발적으로 주어질 때 참되게 실현되는 가치라 하겠는데, 유교에서는 주로 받는 사람 측에서 극성을 부리며 야단법석을 떠는 것이 아닌가 하는 상념이 자주 어린 마음에 떠올랐다. 그래서 나는 유교를 싫어했다. 기독교에 반발하는 목사의 아들처럼.
 그 뒤 40여 년의 세월이 흘렀고, 유교에 대한 생각도 많이 달라졌다. 이제는 옛날 글방 선생님의 따분한 설교가 유교사상의 전부가 아님을 알고 있으며, 인(仁), 성(誠), 중용(中庸) 등의 덕목을 강조한 유교사상 근저에 깊은 지혜가 깔렸음을 인정한다. 그러나 지금도, 효도를 역설하는 아버지나 경로(敬老)를 강조하는 노인들에 대해서 크게 공감을 느끼지 못하며, 유교의 실천윤리를 절대화하기 위하여 서투른 형이상학을 횡설수설하는 학자에 대해서도 깊은 감명을 느끼지 못함에는 다를 바가 없다.
『심청전』에 관한 이야기도 어릴 때부터 귀에 익었다. 출천(出天)의 효녀 심청이가 동냥젖을 먹으며 자란 과정에서부터 공양미 3백 석을 위하여 인당수에 몸을 던지는 대목을 거쳐, 다시 옥황상제의 구원을 받고 살아나서 황후의 자리에 오르기까지의 줄거리는 어느 사이엔가 잘 아는 상식이 되었다. 그러나 『심청전』을 내 눈으로 읽은 것은 아니었다. 어렸을 때, 울긋불긋한 표지의 '이야기 책'을 꽤 여러 권 읽었으나 『심청전』을 읽은 기억은 없다. 효도를 찬양한 그 저자가 딸이 아닌 아버지일 것이라는 추측 때문에 흥미를 잃은 것인지, 또는 다른 이유 때문에 읽지 못한 것인지 그것은 알 수가 없다.

『심청전』을 내 눈으로 읽은 것은 불과 몇 해 전의 일이다. 「낡은 윤리의식을 토대로 삼은 전근대적 도덕소설에 불과할 것」이라는 선입견을 버리지 못한 채 책을 열었고, 그 저자가 아버지일까 딸일까 하는 호기심이 앞을 가렸다. 그러나 이제 냉정한 마음으로 다시 『심청전』을 살펴볼 때, 그 속에 담긴 도덕관념이 의외로 성숙함을 발견하고 은근히 자랑스러움을 느낀다.

『심청전』은 저자가 알려져 있지 않은 조선조 소설의 하나이다. 본래 구전설화에 기원을 둔 판소리의 극본을 토대로 삼고 엮어진 것이라 하니, 엄밀한 의미의 저자를 따지기가 어려울지도 모른다. 그러나 누가 쓴 것이든 간에, 『심청전』을 가리켜 가부장적 아버지의 욕심을 파렴치하게 반영시킨 작품이라고 꼬집기는 어려울 것으로 보인다.

첫째, 심청은 그 성장과정에 있어서 아버지의 은혜를 특별히 무겁게 입고 있다. 심청의 어머니 곽씨는 심청을 낳은 지 7일 만에 세상을 떠났고, 홀아비가 된 그의 아버지는 앞 못 보는 불구의 몸으로 동냥젖을 먹이는 등 이루 말할 수 없는 고생을 겪어가며 심청을 훌륭하게 키웠다. 즉 심청은 단순한 부녀의 혈연관계를 넘어서는 막중한 은혜를 인간 심학규에게 지고 있으며, 다른 가정의 딸보다도 특히 아버지에게 효도해야 할 이유를 가졌다. 이 점은 작자도 깊이 의식하고 있는 듯, 심청이로 하여금 다음과 같은 말을 하게 하였다.

"앞 못 보는 늙은 부친이 나를 싸안고 다니면서 동냥젖을 얻어 먹여 겨우 길러내어……길러내신 부모 은덕 사람마다 있거니와, 이몸은 더욱 부모 은혜 견줄 바 없사오니 잠시라도 슬하를 떠날 수는 없습니다."

이것은 장승상 부인이 심청에게 수양딸이 되기를 청했을 때 그것을 사양하며 한 말이거니와, 이것으로 보더라도 심청의 효성은 부친의 은혜에 대한 감사의 뜻에 가득찬 자각적 행위이며, 가부장적 낡은 도덕관념의 단순한 산물이라고는 보기 어렵다.

심청의 효성이 아버지의 요청에 밀린 피동적 소행이 아니며 본인 스스로의 신념에 입각한 능동적 행위라는 것은 다음과 같은 발언에도 역력히 나타나고 있다.

"아버님 들으시옵소서. 말 못 하는 까마귀도 겨울 숲에 해가 지면 먹을 것을 물어다가 어미를 먹일 줄 알고……눈 어두우신 아버지가 험한 길 큰 길을 다니시면 다치기 쉬우며, 비바람을 무릅쓰고 나다니시면 병환 나실까 염려되오니, 오늘부터…… 소년 혼자 밥을 얻어 조석 걱정 덜으오리라."

이와 같은 딸의 기특한 말을 들었을 때 심봉사가 대답한 말은 그가 효도를 요구하는 가부장적 엄친이 아니라, 매우 인자한 아버지임을 더욱 뚜렷하게 알려 준다. 그는 딸의 제언을 일단 물리치며 다음과 같이 말했던 것이다.

"네 말이 정녕 효녀로다! 인정은 그러하나, 어린 너를 내돌리고 앉아서 받아 먹는 내 마음이 그 어찌 편켔느냐. 그러한 말 아예 다시 하지 마라."

『심청전』의 바탕을 이루는 저류에 효도는 자식의 도리라는 유교적 전통 관념이 깔려 있음을 부인할 생각은 없다. 그러나 심청의 효성은 "사람의 자식된 몸은 마땅히 효도를 해야 하는 법이니라!" 하는 따위의 타율적 도덕관념의 중압에 오로지 기인한 것이 아니며, 자식을 자기의 소유물처럼 생각하는 전근대적 부친의 이기심을 단순히 투영한 것도 아니다. 그것은 아버지의 큰 은혜와 깊은 사랑에 대한 딸의 자연스러운 반응이요 자발적인 보답이다. 이러한 관점에서 볼 때, 『심청전』에 담긴 효를 '가부장적' 또는 '봉건적' 따위의 형용사로 비난하기 어렵다는 결론에 이른다.

심청의 이야기를 귀동냥으로 들었을 때 또 한 가지 '좋지 않다'고 느낀 것은, 늙은 사람의 시력을 살리기 위해서 꽃같은 젊은이의 생명을 죽이는 그 불합리성과 비인도성이었다. 그러나 이제『심청전』을 조심스럽게 읽은 사람은 그와 같은 비난도 함부로 하기가 어렵다는 것을 깨닫고, 이 고전을 만들어낸 사람들의 생각이 의외로 치밀함에 놀란다.

첫째로, 심청이가 쌀 3백 석과 생명을 바꾸기로 결심을 하지 않을 수 없도록 일이 꼬여 돌아가고 있다. 우선 심봉사가 개천에 빠져 죽을 뻔한 것을 몽운사(夢雲寺)의 주지승이 살려 낸다. 그 생명의 은인으로부터 "공양미 삼백 석을 시주로 올리고 지성으로 빌면 눈을 뜨게 된다"는 말을 들은 심봉사는 감사한 마음과 눈 뜨고 싶은 욕심에, 가난한 처지도 생각지 않고 권선문(勸善文)에 서명을 했다. 중이 떠난 뒤에 심봉사는 자기의 경솔을 뉘우치고 부처님을 속이는 결과가 될 것을 걱정하여 신세한탄을 한다. 이러한 궁지에 몰린 아버지를 구하고자 효녀 심청은 하늘을 향하여 밤낮으로 기도를 올린다. 그 기도에 대한 반응인 양 나타난 것이 15세 처녀를 제수로 사려고 온 뱃사람들이다. 바로 이러한 경위로 궁지에 몰린 끝에 심청은 아버지를 위하여 한 몸을 희생하기로 결심한 것이며, 장사를 위해서 인명을 제물로 바치는 것이 부당하다는 생각은 유모 귀덕어미의 말에도 나타나 있고 뱃사람들의 변명에도 나타나 있다.

둘째로, 늙은이의 눈을 뜨게 하기 위하여 젊은 목숨을 희생시킴이 천만 부당하다는 것은, 심봉사 자신의 입을 통하여 매우 명확하게 선언되고 있다. 쌀 3백 석에 목숨을 팔기로 했다는 딸의 고백을 들었을 때, 극도의 놀라움과 슬픔 속에서 그 아버지가 외친 말은 매우 인상적이다. 좀 길지만 여기 그 일부를 인용한다.

"애고 이게 웬일이냐. 응? 청아! 참말이냐, 농담이냐. 말 같지도 않구나. 묻지도 않고 마음대로 한단 말이냐. 네가 살고 내 눈 뜨면 응당 그는 좋으려니와, 네가 죽고 내 눈 뜨면 그게 무슨 말이 되랴.…… 네 이 뱃놈들아! 장사도 좋거니와, 사람 사다 제수를 넣는 것을 어디서 보았느냐? 네 이놈들! 하느님의 어지심과 귀신의 밝은 마음이 명명백백하거늘 너희에게 앙화가 어찌 없을가 보냐. 철모르는 어린 것을 나 모르게 유인하여 사간다니 웬 말이냐. 쌀도 싫고 돈도 싫고 눈 뜨기 내 다 싫다! 네 이 인정 없는 상놈들아!……"

셋째로, 심청은 그의 지극한 효성이 하늘을 움직여 결국은 다시 살아났을 뿐 아니라 황후의 고귀한 몸이 되어 아버지를 만나게 되고, 심봉사는 평생 소원인 시력회복의 기쁨을 갖는다. 비록 과학을 등진 기적담에 불과하기는 하나, 늙은이의 눈을 위해서 젊은 딸이 목숨을 희생시켰다는 비난을 면할 수 있는 길을 마련했다고 보아도 무방할 것이다.

『심청전』의 종말과 같은 기적이 가능하다고 생각하는 것은 물론 아니며, 아버지의 눈을 뜨도록 하기 위해서 목숨을 던지기로 결심한 심청의 처사를 결론적으로 찬성하는 것은 더욱 아니다. 그러나 『심청전』을 만든 사람들이 그토록 맹목적인 효도의 관념에 사로잡힌 사람들이 아니었으며, 도리어 『심청전』속에 가부장적 '효'의 관념을 극복할 수 있는 예지의 싹이 숨어 있음을 발견하고 기쁘게 생각하는 것이다.

세상에는 어버이 노릇을 제대로 못 하는 사람들도 적지 않을 것이나, 대체로 말해서 부모가 자식을 위해서 바치는 사랑과 노고는 이루 말할 수가 없다. 이 헌신적인 사랑과 노고에 대하여 자식된 처지에서 은혜를 느끼고 성심으로써 보답하고자 하는 것은 인간으로서 자연스럽고 또 마땅한 노릇이다. 이러한 견지에서 볼 때, '효'를 인류의 근본이라고 단정한 우리들의 조상에 대하여 깊은 공감을 느낀다. 그러나 앞에서도 말했듯이, 부모의 은혜를 감사하게 느끼고 이에 보답하는 태도는 자식 측에서 알아서 할 일이며 부모의 위치에 놓인 사람들이 엎드려 절 받는 격으로 역설할 성질의 것이 아니다.

이러한 나의 견해에 대해서 반대의견을 가진 사람들도 많을 것이다. 그들은 반대하는 이유로서 아마 두 가지 이론을 전개할 것이다. 첫째로, 자식이 부모에게 효도할 의무는 부모와 자식의 관계 속에 선천적으로 들어 있는 도리이며, 양육의 과정에서 부모가 베푼 은혜에 대한 보답으로서 설명할 성질의 것이 아니라고 주장할 것이다. 둘째로, 부모를 효도로써 섬기는 것이 자식된 도리로서 바람직한 것임에 틀림이 없다면, 그 바른 도리를 자식에게 가르치는 것은 부모 또는 교육자의 처지에 놓인 기성세대의 중요한 의무이며, 젊은이들의 자각에만 맡길 일이 아니라고 반박할 것이다.

첫째 이론은 백 년을 두고 싸워도 끝이 나지 않을 형이상학적 신념에 속한다. 처음부터 수필을 쓰는 기분으로 시작한 이 글에 있어서, 나는 한두 가지 암시적 사실을 지적하는 것으로 그치고자 한다. 우선 내가 지적하고자 하는 것은, 어떤 객관적 사실 또는 관계 속에 도덕적 법칙 또는 의무가 선천적으로 들어 있다는 주장이 논자들이 믿고 있듯이 그토록 자명한 것이 못 된다는 사실이다. 도덕적 가치 또는 의무가 객관적 사실 또는 관계 속에 선천적으로 실재한다는 생각이 과거에는 압도적으로 우세한 때도 있었다. 그러나 지금은 오히려 사람들의 욕구와 감정 또는 의지에 근거를 두고 도덕적 가치 내지 의무가 생긴다는 견해가 폭 넓은 지지를 받고 있다. 다음에 지적해 두고자 하는 것은, 부모의 길러 주신 은공을 떠나서 단순히 낳아 주었다는 사실만으로도 부모의 은혜는 막중하다는 견해가 오늘날 설득력을 크게 잃었다는 점이다. '낳아 주신 은혜'라는 것은, 이 세상에 나온 것이 크게 다행한 일이라는 것을 전제로 삼고 말할 수 있거니와, 이 전제를 천진난만하게 받아들이기에는 현대의 상황이 너무나 많은 어려움에 가득 차 있다.

둘째 주장, 즉 효도가 인간의 도리임을 인정한다면 그것을 젊은이에게 적극적으로 가르쳐야 한다는 주장에 일리가 있음을 부인하지 않는다. 다만 내가 말하고 싶은 요점은 "효도해라, 효도해라" 하고 외치는 따위의 직선적 설교의 방법은, 교육의 효과라는 측면에서 볼 때 너무나 졸렬한 방법이라는 사실을 지적하고자 함이다. 자식에게 효도를 가르치기를 원한다면 우선 자기 자신이 부모에게 효성을 다하는 솔선수범을 보여야 할 것이다. 그리고 배은망덕하는 일이 없이 감사하고 보답하는 생활을 몸소 실천해 보이는 것이 효과적이다. 아버지가 할아버지에게 하는 좋지 못한 태도를 거듭 목격한 아들에게 아무리 『효경(孝經)』을 웅변으로 강의한다 해도 큰 감명을 주진 못할 것이다.

나도 이제는 부모님을 여읜 지 오래인 아버지가 되었다. 그분들이 생존해 계실 때 좀더 잘 해 드리지 못한 것을 뼈아프게 후회한다. 그리고 내 자식들은 우리 내외에게 효도로 대해 주기를 바라는 염치 없는 생각도 전혀 없지는 않을 것이다. 그러나 그 아이들에게 효도를 재촉하거나 요구할 생각은 없다. 다른 교훈은 모르겠으나, 효에 관한 설교만은 입 밖에 내고 싶지 않다. 어버이가 되어 자식들에게 정성을 다한 것은 어버이로서의 할 일을 그리고 그것이 하고 싶어서 했을 뿐이요, 어떤 보답을 바라고 한 일은 아니다. 그렇다면 뒤에라도 공치사를 하고 보답을 바라는 듯한 태도를 보이는 것은 그리 권장할 만한 일이 아니라고 생각된다. 자식들이 스스로 깨달아 효성스럽게 행위한다면, 그 이상 더 고맙고 대견스러울 데가 없을 것이다. 그러나 별로 효성스럽지 못한 자식이 생긴다 하더라도 크게 실망하거나 원망하지 않는 마음의 여유를 가지는 것이 현대와 같이 어려운 세상을 살아가는 어버이들에게 바람직한 지혜일 것이다.

　부모에게 별로 효성스럽지 못한 젊은이들도 자기네의 자녀에 대해서는 극진한 사랑으로 대하는 수가 많다. 부모에게서 받은 은혜를 자식들에게 갚는 결과가 된다. 이리하여 세상은 앞으로 향해서 발전하게 되고, 또 그것으로써 만족하는 것도 늙은 세대의 지혜로운 자세가 아닐까 한다.

2
젊은 세대에게 주는 글

왜 철학을 공부하는가
대학과 지성
대학과 독서
대학 생활의 윤리
청소년기의 가치관 형성
격동기의 학생들에게 주는 글
비판의 자유와 그 책임

왜 철학을 공부하는가

1

 일전에 고등학생 두 사람이 찾아왔다. 학교의 과제물을 처리하는데 도움말이 필요해서 왔다고 하면서 몇 가지 질문을 연달아 던졌다.
 첫째 질문은, "철학이라는 것이 도대체 무엇입니까?" 하는 것이었고, 둘째 물음은 "왜 선생님은 철학을 하게 됐습니까?"라는 것이었다. 이 두 물음에 대한 나의 대답은 동문 서답에 가까울 수밖에 없었거니와, 그 학생들과의 대화를 통해서 내가 발견한 것은, 오늘의 고등학생들이 '철학'이라는 것에 대하여 막연한 관심을 가지고 있으나, 그것이 무엇인가에 대해서는 전혀 모르는 경우가 많다는 사실이었다. 비단 고등학생뿐 아니라 대학생이나 일반 사회인 가운데도 철학이라는 것을 자기와는 별로 관계가 없는 것으로 만들어 버린 사람들이 아마 적지 않을 것이다.
 철학이란 본래 인간의 본성과 불가분의 관계를 가지고 있는 것이며 아주 넓은 의미에 있어서 인간은 철학적 동물이라고 말한다 하더라도 전혀 근거 없는 주장은 아닐 것이다. 어쨌든 넓은 의미의 철학은 만인의 관심사가 되어야 마땅한 것이며, 결코 소수 전문가들의 독점물이 되어서는 안 될 성질의 것이다. 그러나 오늘의 현실은 대중이 철학을 떠나서 사는 가운데 전문적 철학자들은 대중을 외면한 철학 속에 묻혀 버리는 경향을 보인다.

30년 내지 40년 전과 오늘을 비교할 때, 한국인과 철학의 관계에 큰 변화가 생겼음을 직감으로 느낀다. 30년 또는 40년 전만 해도 우리 한국에는 전문적 철학자의 수는 불과 몇 사람 되지 않았고, 그들의 학문적 수준도 대체로 낮은 편이었다. 그러나 그 당시에는 철학 전문가 아닌 사람들 가운데 교양으로서의 철학을 공부한 사람들이 비교적 많았고, 그 철학 공부가 비록 통속성을 벗어나지 못한 단계의 것이었다 하더라도, 그것이 일상생활의 사고와 행동 속에 섞여 들어갔다. 한편 오늘의 한국에는 상당한 수의 철학 전문가들이 있고, 그들의 전문적 지식은 30년 전에 비하여 현저히 높은 수준에 올랐다고 보아야 할 것이다. 그러나 오늘의 철학은 철학 전문가들만의 직업적 관심사에 불과한 것으로 되어 일반 생활인과는 별로 관계가 없는 것이 되어 버린 듯한 느낌이 강하다. 철학은 전문가들의 연구실과 책 속에만 살아 있고, 일반인의 생활 속에는 그 그림자도 찾아보기 힘든 실정이 아닌가 한다.

70년대 초반까지는 대학에서 철학개론을 교양 필수과목으로 가르쳤다. 50년대 초에는 고등학교 가운데도 철학의 기초를 가르친 학교들이 있었다. 그러나 지금은 고등학교에서 철학을 가르치는 곳은 전혀 없다 해도 과언이 아니며, 대학에서도 오지 일부만이 철학 강의를 듣게 마련이다. 한두 학기 철학 강의를 듣는다 해서 제법 철학을 이해하게 되기는 어려울 것이다. 그러나 철학의 기초개념을 익힘으로써 철학적인 서적을 독해하는 데 도움이 될 것이며, 나아가서 철학적으로 생각하는 태도를 배우게 된다면 더욱 큰 보탬이 될 수도 있을 것이다. 철학을 공부하는 보람은 많은 지식을 얻는 데 있는 것이 아니라, 보다 깊고 넓게 그리고 보다 바르게 생각하는 태도를 배우는 데 있는 것이다.

2

철학을 공부하는 사람들에게 "왜 철학을 공부하느냐?"고 묻는다면, 대답은 사람에 따라서 다양하게 나올 것이다. 그 가운데서도 약간 현학적인 대답으로서는 "나는 철학을 공부하지 않을 수 없어서 그것을 공부한다"는 따위의 것이 있다. 왜 산에 오르느냐고 묻는 사람에게 "산이 거기 있기 때문에 오르지 않을 수 없어서"라고 대답하는 것과 비슷하다.

반드시 다른 어떤 목적을 위한 수단으로서가 아니라 철학 그 자체를 위해서 철학을 하는 사람은, 가장 순수한 철학자로서 존경을 받아도 좋을 것이다. 그러나 모든 사람들이 철학만을 위한 철학에 종사할 수는 없는 노릇이며, 전체로서의 삶을 더욱 풍부하고 바르게 하기 위해서 철학을 공부한다 하더라도 그 동기가 불순하다고 나무랄 이유는 없을 것이다. 우리 모두가 공통으로 부딪치는 문제는 삶의 문제이며, 삶의 문제를 진지하게 추구하는 가운데 철학적인 문제들이 필연적으로 끼어들게 마련이고, 그 철학적인 문제들을 회피하지 않는 한, 자연히 철학을 하게 된다는 결과에 이르는 것이 보통이다.

'철학'이라는 말을 넓게 사용하여 "바르게 생각하고 참되게 살고자 애쓰는 과정이 바로 철학하는 길이다"라고 말하는 사람도 있을지 모른다. 이토록 넓은 의미로 '철학'을 이해한다면, 철학을 위해서 철학을 한다는 말과 전체로서의 삶을 바르고 풍부하게 하기 위하여 철학을 한다는 말은 결국 같은 주장이 되고 말 것이다. 그러나 오늘날 우리는 '철학'이라는 말을 그보다는 좁은 의미로 사용하는 것이 보통이며 "왜 철학을 공부하는가?"라고 물을 때의 철학도 그렇게 막연한 의미의 것은 아닐 것이다. 대학에서 가르치기도 하고 책을 통해서 배울 수도 있는 좁은 의미의 철학이 전체로서의 삶과 어떠한 관계를 갖는 것인가를 묻는 것으로 보아야 할 것이다.

철학이 좋아서 철학을 공부하는 사람에게 철학이 소중하리라는 점에는 의심의 여지가 없다. 그러나 철학의 의의가 고작 사치스러운 취미의 그것에 그쳐서는 안 될 것같은 생각이 든다. 많은 사람들이 그 이상의 것을 철학에 대하여 기대해 왔고, 또 전문적 철학자들도 그 기대에 부응할 수 있는 것처럼 자부심을 갖는 경우가 많았다. 하지만 저 추상적인 언어로 엮어지는 철학이 과연 우리의 실생활을 위해서 보탬을 줄 수 있는 것일까? 있다면 그것은 어떠한 것일까?

우리가 철학을 공부함으로써 얻을 수 있는 것에 크게 두 가지 종류가 있다. 하나는 선철(先哲)들이 찾아낸 지식 또는 피력한 사상을 습득하는 일이요, 또 하나는 철학하는 태도 속에 담긴 정신을 배우는 동시에 바르게 생각하는 능력을 기르는 일이다. 이 두 가지가 모두 우리의 삶을 풍부하게 하는 데 도움을 줄 수 있을 것이나, 그 가운데서 더욱 중요한 것은 철학하는 정신을 배우고 생각하는 능력을 기르는 일이라고 필자는 믿는다. 과거와 현재의 철학자들이 발표한 학설은 무수히 많으며, 그 주장하는 내용이 서로 다르다. 그들의 모든 저술을 독파하여 그 내용을 제대로 이해한다는 것은 전문가에게도 몹시 어려운 일이며, 그 가운데 일부를 선택하여 내 것으로 만든다 하더라도 그것이 바로 우리의 현실에 적용되어 그대로 잘 들어맞을 지는 의심스럽다. 그러나 철학하는 태도의 바닥에 깔린 정신을 이해하기에 반드시 만 권의 서적을 읽을 필요는 없으며, 철학 공부를 통하여 다소라도 향상된 사고의 능력은 생각이 요청되는 모든 상황에 있어서 그만큼 도움이 되리라고 믿는다.

3

 옛날부터 철학이라는 학문이 기본적 목표로 삼아온 것의 하나는, 여러 특수 과학이 하듯이 자연 현상이나 사회 현상의 어떤 특정한 부분이나 측면만을 선택적으로 문제삼지 않고, 세계와 인생의 문제를 하나의 전체로서 파악하는 동시에, 여러 사상(事象)을 그들 상호간의 관계 속에서 이해하는 일이었다. 철학의 궁극적 목표는 대상을 여러 부분 또는 측면으로 떼어서 그것을 미시적(微視的)으로 이해하기보다는 그것을 하나의 전체로서 거시적(巨視的)으로 파악하는 데 있다. 그리고 철학은 어떤 대상을 그것에만 관심을 국한하여 하나의 독립된 사상으로 이해하기에 그치지 않고, 그 대상과 다른 대상들과의 관계에까지 고찰의 범위를 넓힌다. 이와 같이 관계에 대한 고찰이 차례로 진행될 때, 마침내 철학자의 안목은 주어진 대상을 우주 또는 인생 전체의 일환(一環)으로서 고찰하기에까지 이르게 된다. 철학을 흔히 '전일(全一)의 학(學)'이라고 일컫는 이유도 바로 여기에 있다.
 그러나 사물을 전체의 맥락 속에서 파악하고자 하는 종합의 경향은 철학이 가진 특색의 전부는 아니다. 철학은 한편으로 예리한 분석을 통하여 사물의 깊은 바닥과 어두운 구석까지를 뚫어보고자 하는 또 하나의 측면을 가졌다. 전체를 종합적으로 고찰하는 일에만 골몰하게 되면 부분의 세밀한 내막을 잘못 보기 쉬우며, 근거 없는 가정(假定)을 비판 없이 받아들일 염려가 있을 뿐 아니라, 이상과 현실을 혼동하는 오류를 범하는 예도 적지 않다. 그러므로 철학자가 전체를 종합적으로 고찰하는 가운데 정확성을 잃고 미궁(迷宮)에 빠지는 어리석음을 범하지 않기 위해서는 항상 날카로운 논리로써 제시된 견해에 대하여 비판적 분석을 가할 필요가 있다. 이에 철학자들은 분석과 비판을 아울러 숭상하거니와, 철학을 왕왕 '비판의 학'이라고 부르는 것은 바로 이 때문이다.

전일의 학으로서의 철학은 세계와 인생의 문제를 하나의 전체적인 안목으로써 고찰하는 까닭에, 그것을 공부하는 사람으로 하여금 사물을 여러 각도에서 총체적으로 고찰하는 태도를 습득케 하여 그의 시야를 넓혀 준다. 한편 비판의 학으로서의 철학은 안일하고 상식적인 해결에 만족하지 아니하고, 그것을 배우는 사람으로 하여금 날카로운 비판과 빈틈 없는 분석의 힘을 습득케 하여 그의 사고력을 키워 준다.

사태를 총계적으로 바라보는 넓은 시야와 논리를 따라서 빈틈 없이 분석하는 날카로운 사고력은 인간이 부딪치는 온갖 문제들을 바르게 처리하기에 귀중한 연장의 구실을 한다. 이론의 문제를 다루는 마당에 있어서 또는 현실의 문제를 다루는 마당에 있어서, 판단이 빗나가지 않기 위해서는 넓은 시야와 날카로운 사고력을 필요로 하거니와, 철학은 이 두 가지 역량을 기르기에 적합한 학문인 것이다. 철학은 못 하나 박을 수 있는 기술도 가르치지 않는다는 점에서는 전혀 실용성이 없는 학문이다. 그러나 문제를 바로 보고 바르게 생각하는 통찰력과 사고력을 길러 준다는 점으로 볼 때에는 매우 쓸모가 있는 학문이다. 철학의 쓸모는 눈에 띄지 않는 곳에서 은밀히 작용할 경우가 많다.

$$\boxed{4}$$

오늘날 우리는 여러 가지 면으로 어려운 상황에 놓여 있다. 어려운 상황을 슬기롭게 극복하기 위해서는 문제를 종합적이며 거시적 관점에서 보는 넓은 시야와 문제의 핵심을 뚫어보는 비판적 안목을 아울러 가져야 할 것이다. 그러나 현재 우리 나라에는 이 두 가지 안목을 아울러 가지고 있는 사람들이 많지 않은 것으로 보인다. 문제를 여러 각도에서 종합적으로 파악하기 위해서는 우선 편견이 없어야 하거니와, 흑백 논리가 압도적인 우리 한국 사회에서는 반대편의 주장에 귀를 기울이고 반대편의 입장에서 바꾸어 생각해 보는 마음의 여유를 찾아보기가 힘들다. 그리고 사태의 정확한 분석과 공정한 비판을 위해서는 냉철한 사고로써 일관해야 하는데, 우리의 사고는 감정에 의하여 좌우되는 경향이 크다.

개인 또는 사회의 발전을 위해서 건전한 비판이 기여하는 바는 매우 크다. 인간이란 실수를 저지르기 쉬운 존재이며, 비판을 받아들여 스스로 고쳐가는 가운데 발전을 이룩하게 마련이다. 다만 비판이 개선의 약으로서 기여하기 위해서는 그것이 우선 공정해야 하고, 또 그것이 상대편에게 받아들여져야 한다. 그러나 우리들의 정신 풍토에서는 비판을 가하는 측과 비판을 당하는 측이 모두 감정과 편견에 사로잡히는 경우가 많으며, 따라서 비판이 비판으로서의 제구실을 못 하고 도리어 사태를 악화시키는 결과를 부르기 일쑤다.

비판은 날카로워야 빛이 나는 것이지만, 날카로우면서도 공정성을 잃지 않기 위해서는 문제를 여러 각도에서 고찰하는 가운데 처지를 바꾸어 상대편의 관점에서도 생각해 보는 마음의 여유를 가져야 한다. 그리고 비판을 당하는 편에서도 처음부터 방어의 태세를 취하지 말고 허심탄회하게 남의 소리에 귀를 기울이는 마음의 여유를 가져야 한다. 그러나 분위기가 경직된 우리들의 정신적 상황에서는 이 마음의 여유를 찾아보기가 매우 어려운 것이다.

철학을 좀 공부한다고 해서 사물을 여러 각도에서 바라보는 넓은 시야와 마음의 여유, 그리고 날카로우면서도 공정성을 잃지 않는 비판의 능력이 쉽게 길러지지는 않을 것이다. 뿐만 아니라, 섣불리 조금 공부한 철학으로 말미암아 도리어 햄리트적인 딜레머에 빠져 도리어 방황하는 불행을 자초할 염려도 전혀 없다고 말하기 어렵다.

그러나 조용한 생각을 거치지 않고 서둘러 행동을 일으키기 쉬운 우리들의 정신 풍토 전체를 염두에 두고 볼 때, 넓고 깊게 생각하는 태도와 능력을 기르는 일이 우리 모두가 시간을 기울여 시도해야 할 과제임을 부인할 수 없으며, 그러한 시도의 일환으로서 철학 공부를 생각하게 되는 것이다.

대학과 지성

1

 우리는 아직도 대학에 관해서 낭만 섞인 꿈을 버릴 수가 없다. 그 꿈이 살아 있기에, 우리는 햇볕이 사라진 지 오래여서 썰렁한 연구실을 오늘도 은근한 긍지를 가지고 지킬 수가 있다.
 대학은 민족의 선두에서 역사의 방향을 밝히는 횃불의 구실을 해야 한다는 것이 전통적인 생각이었다. 그 막중한 구실을 할 수 있기 위해서는 세속의 혼탁과 오염을 벗어나서 청렴하고 고고(高孤)해야 한다고 하였다.
 그리고 또 진리 탐구의 자유와 비판의 자유를 응당 누려야 한다고도 하였다. 진실로 낭만적인 생각이다.
 오늘의 우리 대학의 현실은 저 이상적인 대학의 모습〔像〕을 멀리 벗어나 있다. 오늘의 우리 대학은 청렴할 것도 고고할 것도 없는 평범한 집단으로서 시정(市井) 한 복판에 자리잡고 있다. '대학의 자유'는 한갓 공허한 구호에 불과한 것이 되었고, 역사의 방향을 밝히는 횃불이 되기에는 그 빛이 너무나 초라하다.
 면학 분위기가 강조되고 있기는 하나, 연구에 대한 열기가 무쇠라도 녹일 정도로 뜨거운 것은 아니다. 물론 개중에는 불철주야하고 연구에 몰두하는 교수와 학생들이 있다. 그러나 세계의 이름 있는 대학들과 비교할 때, 우리들의 면학은 대체로 안이하기 짝이 없는 수준을 벗어나지 못하고 있는 실정이다.

학문의 연구는 그 자체로 볼 때 괴롭고 힘드는 작업이다. 힘들고 괴로움에도 불구하고 그것에 열중할 수 있게 하는 것은, 미래에 대한 희망이요, 엘리트로서의 사명감이다. 그러나 오늘의 우리 대학에는 내일을 밝게 전망하는 희망도 부족하고, 민족의 선두에서 횃불을 들고 있다는 긍지와 자신감도 부족하다. 대학 밖으로부터 대학을 바라보는 시선의 각도도 옛날보다는 크게 처져 있다. 대학을 지성의 전당으로서 일반이 우러러 보던 황금 시대는 멀리 달아난 느낌이다.

특히 아쉬운 것은 교수와 학생들이 스스로를 존경하는 자신감을 잃고 있다는 사실이다. 자존(自尊)보다는 자조(自嘲)의 빛이 강하다. 알기 쉽게 말해서 기가 꺾여 있는 것이다. 젊은 활기에 가득차야 할 대학이 힘을 잃고 비실비실한다.

활기를 잃은 대학에는 학설을 에워싸고 전개되는 뜨거운 논쟁도 없고 사회 현실에 관하여 여론을 주도할 만한 정론(正論)도 없다. 감정의 대립이 아닌 이론적인 대화를 통하여 변증법적으로 성장하는 것이 학문의 세계거니와, 오늘의 한국 학계에는 활발한 가운데도 유연성을 잃지 않는 학문적 논쟁이 부족하다. 민주주의가 허명 무실한 속임수가 되지 않기 위해서는 수준 높은 여론이 지배해야 하고, 여론을 높은 수순에로 끌어올릴 권위 있는 정론을 펼 책임이 대학 사회에 있거니와, 오늘의 우리 상황에서는 오직 침묵만이 금이요 옥이다.

대학생들 사회에는 현실 문제에 관해서 거의 획일화된 여론이 형성되고 있는 듯한 인상을 받는다. 어느 대학의 어느 대학생과 이야기를 나누어 보아도 대체로 비슷한 의견을 들을 경우가 많다. 대학생들만이라도 의견의 일치가 있다는 것은 일단 바람직한 현상으로서 긍정적으로 받아들여야 할 일면을 가졌다. 그러나 대학생들이 문제삼는 '현실'이 대학생들만의 관심사가 아니며, 대학생들만이 고립된 사회를 형성하고 있는 것이 아니라는 사실에 주목할 때, 대학생들의 여론과 대학 밖의 여론과의 조화의 문제를 생각하지 않을 수 없다. 우리들에게 궁극적으로 요구되고 있는 것은 국민 대다수가 호응할 수 있는 폭넓은 여론의 형성이다. 따라서 어떤 특수 집단 내부에 국한된 여론의 일치는, 그것이 전국적 여론의 일치를 위한 효소(酵素)의 구실을 할 때, 비로소 빛이 나는 것이며, 그 집단 외부의 여론과의 통로를 잃고 고립할 경우에는 도리어 심각한 문제를 내포할 가능성이 크다.

이러한 맥락에서 필연적으로 얻게 되는 결론으로서, 우리는 대학생 사회와 그 밖의 사회 사이에 대화의 문이 크게 열려야 한다는 당연한 상식을 다시 확인하게 된다. 그리고 대학생들 내부의 견해에 있어서나, 이와 대립하는 다른 계열의 견해에 있어서나, 독단 내지 독선을 지양한 유연성이 생명이라는 또 하나의 상식을 상기하게 된다.

우리는 지금까지 저 상식을 입으로만 거듭 강조해 왔다. 허심탄회한 대화를 해야 한다고 모두들 말하였다. 그러나 과연 허심탄회한 지성의 대화가 몇 번이나 이루어졌는지 자못 의심스럽다. 무릇 허심탄회한 대화란 서로 상대편의 말에 귀를 기울이겠다는 의지가 확고할 때 비로소 가능하다. 그리고 상대편의 주장 가운데 옳은 점은 솔직하게 받아들이고자 하는 마음의 유연성이 전제될 때, 비로소 뜻있는 대화의 성과를 기대할 수가 있다. 그러나 우리의 대화는 그러한 마음의 바탕이 없었던 까닭에 흔히 공연한 말씨름으로 그치곤 하였다.

설득은 지성적 대화의 올바른 동기가 될 수 없다. 대화의 목표는 상호간의 이해 증진과 협동을 통한 한 차원 높은 합의에 두어야 마땅하다. 그러나 우리들의 대화는 대체로 상대편을 설득하고자 하는 동기와 설득 당하지 않겠다는 경계심을 앞세우고 시작되었다. 따라서 공연한 시간의 낭비에 불과한 모임이 되곤 하였지만, 막연하게 '성과가 컸다'며 자위하기도 하고, 또 그렇게 보고서를 꾸미기도 하였다. 우리의 문제는 겉으로 나타난 정치와 경제의 어려움에만 있는 것이 아니라, 보이지 않는 마음의 세계에 오히려 더 근본적인 문제가 있는 것으로 보인다.

2

오늘의 우리 대학이 이토록 침체의 늪에 빠지게 된 근본 원인이 도대체 어디에 있을까? 우선 머리에 떠오르는 것은 정치와 경제에 중심을 둔 이른바 '우리의 현실'이다. 만약에 우리의 국토가 분단되지 않았고 따라서 분계선을 중간에 두고 두 이데올로기가 날카롭게 대립하지 않았더라면, 우리 대학은 현재와 같은 시련을 받지 않아도 좋았을 것이다.

또 우리 나라의 경제가 안정되고 빈부의 격차가 심하지 않았더라면, 우리 대학이 그동안 경험한 바와 같은 태풍은 겪지 않았을 것이다. 이러한 관점에서 볼 때, 우리 대학이 겪고 있는 불행의 원인을 한국의 정치와 경제의 현실에서 찾는 일반적 상식에는 충분한 근거가 있다고 하겠다.

그러나 우리 한국의 정치와 경제가 현재와 같은 실정에 놓이게 된 근본 원인은 무엇일까? 모든 책임을 국토의 분단에만 돌릴 수는 없을 것으로 보인다. 책임의 많은 부분을 우리 한국인 스스로가 져야 할 것이다. 8·15 이래 우리에게 주어진 조건들이 몹시 어렵고 불리했던 것은 명백한 사실이다. 그리고 그토록 어려운 여건에도 불구하고 우리가 이 정도의 안정을 누릴 수 있게 된 것은 우리 한국인이 비교적 우수했기 때문이라는 평가도 불가능한 것은 아니다. 그러나 인심 후한 자기 평가로써 위안을 삼는 것보다는 엄격한 비판으로 우리 자신을 반성하는 편이, 내일을 위해서 더 큰 도움을 줄 것이다.

우리가 경험하고 있는 상황이 매우 복잡하고 다난하다는 사실에 비추어 볼 때, 우리들의 의식 구조에 문제가 있다는 생각이 든다. 다시 말해서 우리가 당면하고 있는 복잡하고 다난한 상황을 이겨내기에는 우리들의 의식 구조에 적합하지 않은 일면이 있는 것이 아닐까 하는 의아심을 금하기 어렵다. 한국의 현실을 현재와 같은 상황으로 몰고 간 원인의 큰 부분이 한국인의 행위에 있었고, 한국인으로 하여금 그러한 행동 방식을 취하도록 한 것은 한국인의 의식 구조였다고 보아야 한다면, 우리들의 의식 구조에 문제점이 있다는 가설을 잠정적 결론으로 얻게 된다.

그러나 한국인의 의식 구조를 전반에 걸쳐서 검토하는 일은 이 소론이 다루기에는 너무나 방대한 과제이다. 다만, 필자는 이 자리에서 한국인의 의식구조의 한 가지 측면에 조명을 비춤으로써, 한국의 정신적 상황과 대학의 관계의 일단을 고찰하는 것으로 만족하고자 한다.

필자는 한국의 정신적 상황의 가장 현저한 특색의 하나로서 지성에 대한 감정의 우세를 지적하고 싶다. 인간은 누구나 이지의 측면과 감정의 측면을 아울러 가지고 있거니와, 한국인은 대체로 말해서 감정이 우세한 경향을 가졌다. 개인의 사고와 행동을 결정함에 있어서도 감정의 영향이 크고, 사회가 움직여가는 전체의 방향을 결정함에 있어서도 감정의 작용이 차지하는 비중이 크다. 단적으로 말하면 한국의 정신 풍토에 있어서 우세한 세력을 가진 것은 이지나 지성이 아니라, 감정 또는 감성이다.

우리 한국 사회에는 오래된 가족주의 전통이 있다. 가족주의의 전통이 오랜 한국에 있어서는 가족 윤리가 사회 윤리 전반의 핵심을 이루어 왔다. 즉 가족 내부의 질서 유지를 위하여 동원된 사고방식이 가족 밖의 대인 관계에 있어서도 적용되었다.

다시 말하면, 가족 윤리의 미덕을 확대 해석하여 그 적용 범위를 넓혔을 때, 그것이 곧 일반적 사회 윤리를 위한 미덕이 될 수도 있었다. 부모에 대한 효도의 정신을 군주에 대해서 발휘하면 군신의 윤리로서의 충이 되고, 같은 정신을 이웃 노인에 대해서 발휘하면 장유의 윤리로서의 경로가 된다는 식이다.

가정 윤리의 바탕을 이루는 것은 논리나 사리를 따지는 이지가 아니라 사랑과 존경 따위의 감정이다. 잘잘못을 따져서 시비나 흑백을 가리는 것은 가족 윤리의 근본 정신이 아니다. 사랑 또는 존경의 감정으로써 서로 감싸주고 용서하며, 이해 관계를 초월하는 것이 가족 윤리의 근본 정신이다. 가족 윤리의 연장이 곧 일반적 사회 윤리의 규범이 되는 사회에 있어서는, 윤리 의식 전체를 떠받드는 것도 지(知)가 아니라 정(情)이다.

한국에 있어서 전통 윤리의 핵심을 이룬 것은 가족 윤리였던 까닭에 한국인의 전통적 윤리 의식의 바탕을 이룬 것은 이지가 아니라 넓은 의미의 사랑, 즉 인정이다.

윤리 의식 내지 가치 의식은 의식 구조 전체에 있어서 근간을 이룬다. 정서에 바탕을 둔 가족의 윤리 의식을 윤리 의식 일반의 핵심으로 삼은 한국인의 경우에 있어서도, 의식 구조의 근간을 이룬 것은 역시 정서 내지 감정이다.

한 민족의 의식 구조를 결정하는 것은 물론 도덕만이 아니며, 지리와 풍토 그리고 경제 등 여러 가지 여건들이 종합적으로 작용한다. 그 유래야 여하튼간에 한국인의 의식 구조에 있어서 감정이 우세하다는 것은 대체로 인정할 수 있을 것이다. 일일이 따지는 것을 탐탁하게 생각하지 않고, 될 수 있으면 인정적으로 처리하는 태도를 숭상하는 한국인은 분명히 이지보다도 정서가 우세한 민족이다.

　가족과 같은 작은 집단의 협동 생활을 위해서는 감정이 우세한 정신 풍토에 유리한 점이 많을 것이다. 농경 사회와 같이 단순하고 정온(靜穩)한 집단을 위해서는 감정이 우세한 정신 풍토가 적합할 것이다. 범위가 작고 구조가 단순한 집단에 있어서는 어지간한 문제는 인정과 후덕(厚德) 또는 가부장적 권위만으로도 원만하게 해결할 수 있을 것이기 때문이다.

　그러나 현대의 산업 국가와 같이 방대하고 복잡한 구조를 가진 사회에 있어서는 인정과 후덕 또는 가부장적 권위만으로 질서와 협동을 보장하기가 어렵다. 사리를 따라서 판단하고 사리를 따라서 행동하는 이지적 태도가 더욱 절실하게 요청된다. 이지에 바탕을 둔 민주적 시민 의식이 인정에 바탕을 둔 가족적 윤리 의식보다도 더욱 요긴할 경우가 많은 것이다.

　그런데 오늘의 한국은 이미 방대하고 복잡한 구조를 가진 사회로 발전하고 있음에도 불구하고, 우리는 아직도 이에 적합한 시민 의식을 갖추지 못한 채, 여전히 감정이 우세한 사고방식을 벗어나지 못하고 있는 것이다.

　뿐만 아니라, 현대의 한국인에게는 가족주의적 공동체 의식과 전통적 인정조차도 매우 미약하다. 서구적 개인주의와 산업 사회의 물질주의에 밀려서 옛날과 같은 소박한 공동체 의식과 농경 시대의 후덕한 인정은 파괴되었다. 결국 우세한 감정이 야박한 금전 문화와 결합함으로써 근시안적 이기주의를 형성한 것이다. 이리하여 지성이 격정과 폭력에 의하여 압도를 당하는 불건전한 정신 풍토를 빚어내게 되었다.

　지성이 결핍한 정신 풍토는 우리의 정치와 경제를 혼란에 빠뜨렸고, 이 혼란이 학원에까지 밀어닥침으로써 오늘과 같은 대학의 침체를 초래했다고 볼 수 있는 것이다.

3

그러나 우리는 아직도 전통적 대학의 이념을 단념할 수가 없다. 대학사회는 역시 세속의 오염을 초월한 고고(孤高)의 일면이 있어야 한다고 생각한다. 대학은 역시 진리 탐구와 비판의 자유를 누려야 하며, 민족의 선두에서 역사의 방향을 밝히는 횃불의 구실을 해야 한다고 생각한다.

그러나 근시안적 이기주의가 판을 치고 지성이 격정과 폭력에 압도되는 일반적 정신풍토를 그대로 놔둔 상태에서는, 대학이 그 본연의 모습을 실현한다는 것은 현실적으로 불가능할 것이다.

민주주의는 민주주의에 적합한 인식구조를 가진 국민에 의해서만 실현될 수 있고, 대학이 대학다운 모습을 찾기 위해서는 어느 정도 민주적 사회 기반이 받들어 주어야 한다. 그리고 민주주의에 적합한 의식구조란 사고와 행동에 있어서 지성이 주도권을 갖는 그것일 수밖에 없다. 요컨대, 우리들의 당면과제는 한국에 지성적 풍토를 조성함으로써 민주주의와 대학의 자유를 위한 지반을 조성하는 일이라는 결론이 된다.

지성적 풍토의 조성을 위하여 과연 어떠한 방도를 강구할 수 있는 것일까? 전국의 정신 풍토를 일거에 고칠 수 있는 묘방이 있을 것 같지 않다. 그렇다면, 현실적으로 할 수 있는 일로써 어떠한 것이 있을까?

전국의 정신 풍토를 일거에 개혁할 수 있는 길이 없다면, 하나의 대안으로서, 우선 어떤 작은 집단을 표본으로 삼고 그 작은 집단의 정신 풍토를 지성적인 것으로 조성한 다음에, 그 집단의 지성적 풍토를 그 집단 밖으로 점차 확산시켜 가는 방안을 생각할 수 있을 것이다. 이를테면 하나의 성공적인 시범 소집단을 우선 육성하고, 그 소집단의 정신풍토를 점차 밖으로 확산시켜 가는 길을 생각할 수 있을 것이다.

그 시범적 소집단의 표본으로서 우리는 여러 가지 종류의 집단을 생각할 수 있을 것이다. 그러나 그 가운데서 가장 적합한 집단은 단연 대학 사회라고 생각된다. 대학인들의 높은 지적 수준과 세속적 이해관계와 비교적 거리가 먼 대학의 특수성을 고려할 때, 그리고 대학이라는 사회가 어떤 정서적 유대를 통하여 뭉쳐진 집단이 아니므로 각 개인이 독립성을 견지하기가 쉬운 집단이라는 사실을 고려할 때, 우리들의 목적을 위한 소집단의 표본으로서는 대학이 가장 적합할 것으로 보인다.

대학의 정신풍토를 우선 지성적인 것으로 조성하고, 그 지성적 태도를 대학 밖에까지 점차 확산시켜 가야 할 것이라고 하였다. 그러나 지성적 태도란 도대체 어떠한 마음가짐 내지 행동 양식을 가리키는 것일까?

첫째로, 논리적 일관성을 들 수 있을 것이다. 언어와 행동에 있어서 논리적으로 일관된 태도를 견지하는 것은 지성인의 기본적 특색이다. 어제 한 말과 오늘 하는 말 사이에 일관성이 없는 것은 지성인의 태도가 아니다. 여당이 모인 자리에서 취하는 태도와 야당이 모인 자리에서 취하는 태도가 다른 것도 지성인의 태도가 아니다. 말 다르고 행동 달라서, 말과 실천에 현저한 모순이 있는 것도 지성인의 태도가 아니다

물론 인간인 까닭에, 모든 경우에 추호의 모순도 없는 태도로 시종 일관한다는 것은 기대하기 어렵다. 그리고 때로는 신념이 바뀔 수도 있으며, 전일과 다른 태도를 취하는 것이 도리어 인간적 성장을 의미할 경우도 있다. 그러나 특수한 경우가 아니면, 항상 일관된 태도를 견지하는 것이 지성인다운 생활태도라 할 것이다.

둘째로, 참된 지성인은 자기의 신념에 충실하다. 이해타산이나 남의 의견에 좌우되어 흔들리는 것은 지성인의 태도가

아니다. 다만, 여기서 말하는 '자기의 신념'이란 많은 사색과 체험의 오랜 진통을 겪고 얻은 확신을 가리키는 것이며, 남의 생각을 빌려온 값싼 경신(輕信)이 아님은 물론이다.

선배의 그럴듯한 말을 들은 감격이나 책 한 권 읽은 감명이 계기가 되어 갑자기 생긴 믿음은 진정한 신념이 될 수 없을 경우가 많다. 설익은 신념에 집착하는 것은 성장을 저해하는 큰 요인이 된다. 많은 체험과 깊은 탐구에 토대를 두고 서서히 신념을 굳혀야 할 것이며 일단 굳은 신념에 도달하면 그 신념에 끝까지 충실해야 할 것이다.

셋째로, 지성인은 공정성을 잃지 않는다. 팔이 안으로 굽는 것은 지성인의 논리가 아니다. 지성인은 상대편의 처지에서 입장을 바꾸어 생각하는 마음의 여유를 갖는다.

지성인은 반대 의견에도 귀를 기울이는 성실성을 가지며, 반대 의견 가운데서도 옳은 점은 옳다고 시인하고, 자기의 주장에 잘못이 발견되면 이를 솔직하게 인정하고 수정한다. 편견이나 흑백 논리로 밀어붙이는 것은 지성인의 태도가 아니다.

넷째로, 지성인은 넓은 시야와 거시적 안목으로 문제를 고찰한다. 그는 여러 각도에서 상황 전체를 고찰하며, 바둑의 명수가 하듯이 먼 장래에 올 결과까지도 고려에 넣는다. 목전의 사태만을 생각하거나 자기중심적 사고에만 집착하는 것은 지성인의 태도가 아니다.

다섯째로, 지성인은 객관적 사실에 대한 정확한 파악을 존중하며, 정확한 인식과 세밀한 분석을 토대로 삼고 결론으로 접근한다. 그는 미신적 사고나 떠도는 낭설에 현혹되지 않으며, 근거 없는 억측과 확인된 사실을 혼동하지 않는다.

여섯째로, 지성인은 항상 정당한 편에 서고자 하는 도덕적 의지를 견지한다. 어느 편이 유리할까를 계산하고 유리한 편으로 가담하는 것은 지성인의 태도가 아니다.

지성인에게 가장 중요한 물음은 "어느 편이 유리할까?"가 아니라, "어느 편이 옳은가?"이다. 지성인은 대의를 위해서는 언제나 타협하고자 하는 태도의 유연성을 가지나, 개인적 이익을 위해서 불의와 타협하기를 원치 않는다.

일곱째로, 지성인은 사회가 보편적으로 요구하는 기본적 도덕률을 존중한다. 동서고금을 통하여 어느 사회에서나 타당성이 인정되는 도덕률이 있거니와, 지성인은 그러한 기본적 도덕률을 애써 실천한다.

예컨대, 그는 약속을 지키며, 책임을 져야 할 일에는 회피하지 않고 책임을 진다. 그는 사리(私利)를 위하여 공동체나 타인을 해치지 않으며, 남의 은혜를 마음 속 깊이 간직한다.

위에 열거한 지성적 태도는 이상적 지성인을 상상하고 그가 취하리라고 생각되는 태도를 기술해 본 것이다. 누구나 그토록 투철한 지성인이 될 수 있다는 뜻은 물론 아니며, 노력을 위한 목표를 설정해 보았을 따름이다. 항상 완벽한 지성인으로 일관하기는 어려울 것이다.

그러나 노력하면, 노력을 아끼지 않는 사람에게는, 상당한 수준의 지성인으로서 생활한다는 것은 불가능한 목표가 아닐 것이다. 특히 지성을 생명으로 삼는 대학인의 목표로서 그것은 결코 무리한 공상이 아닐 것이다.

물론, 정신 풍토의 큰 변화가 일조일석에 생길 수 있다는 뜻은 아니며, 대학인들 전원이 탁월한 지성인이 되리라고 기대하는 것도 아니다.

다만, 대학 사회를 주도할 수 있을 정도로 지성의 힘을 키워가는 일은, 비록 시간은 걸릴지 모르나, 불가능한 목표가 아니며, 우선 대학만이라도 지성이 통하는 사회로 성장한다면, 대학이 이룩한 지성의 풍토는 한국 전체의 정신 풍토를 위하여 값진 활력소가 될 수 있으리라고 기대하는 것이다.

그러나 그것은 너무나 요원한 길이 아니냐는 반론이 있을 수 있다. 더 빨리 목표에 도달할 수 있는 묘안이 있다면, 물론 그 길을 따라야 할 것이다. 다만, 필자가 강조하고 싶은 것은 외형적 제도의 개혁만으로는 올바른 사회를 건설하기 어렵다는 사실이다. 하나의 이상이 실현되기 위해서는 제도도 개선해야 하겠지만 그 제도를 살릴 수 있는 인간도 길러내야 한다.

명실이 상부한 민주 사회가 실현되기 위해서는, 민주적 제도와 함께 민주적인 국민이 존재해야 한다. 그리고 민주적 국민이 갖추어야 할 가장 근본적인 덕목으로서 필자는 지성을 생각하는 것이다. 그리고 사회주의의 이상을 실현하기 위해서 요청되는 인간상은 민주주의가 요청하는 그것보다도 한층 더 높다는 사실도 지적해 두고자 한다.

대학과 독서

단순히 '대학생'이라는 이름을 얻기 위해서 대학에 다니는 것이라면, 책은 별로 읽지 않아도 될 것이다. 굳이 책을 읽지 않더라도, 학점을 따고 낙제를 면할 길은 있다. 그러나 그 이상의 어떤 목적이 있어서 어려운 등록금을 낸 것이라면, 어차피 책은 읽어야 한다. '대학은 책 읽기를 배우는 곳'이라고 말한다면 좀 지나친 주장이 될 것이다. 그러나 그렇게 말하고 싶은 사람이 있을 정도로, 대학과 독서는 가까운 거리에 있다.

그저 책을 읽기 위해서라면, 즉 '책을 안 읽는 사람'이라는 칭호를 면하기 위해서라면, 책을 선택하기 위해서 신경을 쓸 필요는 없을 것이다. 베스트셀러도 좋고, 주간 잡지도 무방할 것이다. 그러나 그 이상의 어떤 뜻이 있어서 책을 읽는 것이라면, 양서(良書)의 선택은 독서의 필수 조건이다.

'양서'의 기준을 어디에 둘 것이냐는 물음에 대해서는 적지 않은 논쟁이 있을 것이다. 그러나 한 가지만은 안심하고 말할 수가 있다. 그것은, 개인에 따라서 그 사람에게 적합한 음식이 다를 수 있듯이, 책의 경우에 있어서도 사람이 다르면 그에게 적합한 책이 다를 수 있다는 사실이다. 사람에 따라서 그에게 필요한 책이 다르며, 나에게 가장 필요한 책이 나에겐 가장 좋은 책이기도 하다. 그리고 각자에게 가장 필요하고 가장 적합한 책이 무엇인가를 가르쳐 주는 것은, 대학에 있어서 교수가 할 중요한 일의 하나이다.

'좋은 책'으로서 이름이 아무리 높다 하더라도, 읽어서 그 뜻을 이해하지 못하겠거든, 그 책은 당분간 덮어두는 것이 좋다. 기름진 음식이 위장병 환자에게 좋지 않듯이, 어려운 책은 독해력이 약한 독자에게 해를 끼친다. 읽어도 모를 책은 좋은 책이 아니다.

"빨리 많이 읽는 편이 좋으냐, 또는 천천히 정확하게 읽는 편이 좋으냐?" 이것은 매우 어리석은 물음의 하나이다. 책을 읽는 목적이 뚜렷한 사람은, 자기를 위해서 옳은 독서의 방법이 어느 것인지 저절로 알게 된다. 그 목적이 뚜렷하게 서지 못하고, 한갓 모방의 본능을 따라서 책을 읽는 사람들이, 흔히 그런 어리석은 질문을 하곤 심각한 표정을 짓는다.

좋은 책은 두 번째 읽을 때 첫번째보다도 오히려 더욱 깊은 감명을 주는 수가 많거니와, 두 번 세 번 거듭 읽을 만한 좋은 책은, 적어도 그것이 학술적 저술인 경우에는, 반드시 거기 저자가 풀고자 하는 문제가 있다. 독자는 첫째로 그 문제가 무엇인지를 파악해야 한다. 저자가 풀고자 하는 문제를 모르고 책을 읽는 것은 경기의 규칙을 모르고 스포츠를 구경하는 것처럼 싱거운 일이다.

문제가 뚜렷한 저술을 읽는 독자가 해야 할 두 번째 일은, 그 필자가 매달리고 있는 문제와 독자 자신이 가진 문제 사이에 어떠한 관계가 있는가를 명확하게 살피는 일이다. 우리가 책을 읽는 것은 단순한 오락을 위해서거나, 그렇지 않으면 자기가 풀고자 하는 문제의 해결을 위한 도움을 얻기 위해서거나, 또는 허영을 위해서일 것이다. 그리고 여기서 우리가 문제로 삼고 있는 것은 단순한 오락이나 허영을 위한 독서가 아니라, 우리 스스로의 문제를 풀기에 도움을 얻기 위한 독서의 경우이다. 그러나 저자가 책 속에서 다룬 문제가 바로 우리 자신의 문제와 일치할 경우는 매우 드물다. 따라서 우리는 저자의 문제와 우리 자신의 문제가 어떠한 공통점과 차이점을 가지고 있는지 면밀하게 살펴야 하는 것이다.

외국 사람 또는 옛날 사람이 쓴 책을 읽을 경우에 있어서 그들이 다룬 문제와 우리 자신의 문제를 명확하게 견주어 보는 일은 더욱 중요하다. 먼 나라 또는 옛날의 문제가 오늘 우리의 문제와 엄밀하게 같을 확률은 적으며, 그들의 문제와 우리 문제와의 관계를 명확하게 인식함이 없이 남의 책을 읽을 경우에는 오직 그것이 고전이요 명저인 까닭에 읽는 결과가 되고 말 것이다.

문제가 뚜렷한 저술을 읽는 독자가 해야할 셋째 일은, 문제의 해결을 위해서 거기에 사용된 방법이 무엇인가를 명확하게 파악하는 일이다. 특히 학문적 연구에 있어서는 방법의 중요성은 거의 절대적이다. 사용하는 방법 여하에 따라서 학문 또는 학설의 전체가 좌우되며 그 체계의 타당성도 그것에 의하여 결정되는 경우가 적지 않다. 학문에 종사하는 사람이 다른 사람들의 연구를 통해서 배울 수 있는 것 가운데서 가장 중요한 것은 연구의 결론이기보다도 연구의 방법인 경우가 더욱 많다.

문제를 가진 저술을 읽는 사람이 넷째로 해야 할 일은, 그 결론이 무엇인가를 정확하게 이해하는 일이다. 저자가 도달한 결론이 무엇인가를 살필 것은 물론이고, 그것이 과연 옳은 것인가 아닌가를 비판적으로 고찰해야 할 것이며, 그 결론 속에 제시된 문제 해결의 방안 내지 해답이 우리 자신의 문제에도 적용될 수 있는가를 견주어 살펴보아야 할 것이다.

학문과 예술에 있어서 뒤떨어진 나라의 학도가 독서를 충분히 하기 위해서는 외국어의 공부가 절대로 필요하다는 것은 다툴 수 없는 상식이다. 전쟁을 하는 사람들에게 무기의 성능이 중요하듯이, 학문을 하는 사람에게는 외국어의 실력이 결정적 중요성을 갖는다.

그러나 외국어가 중요하다 함은 그것이 가장 중요하다는 뜻은 아니다. 체험, 사고력, 학식, 사상, 사람됨 등은 모두 외국어의 습득보다도 더 중요하다. 외국어에 대한 지식을 최고의 명예처럼 자랑하는 사람이 많은 것은 후진국에서나 볼 수 있는 특별한 현상이다.

"도대체 외국어는 몇 가지나 배워야 되느냐?" 이것도 곤란한 질문의 일종이다. 필요한 것만큼 배우는 것이 좋을 것이며 필요는 사람에 따라서 다르기 때문이다. 여기서 한 가지 확실한 것은 여러 종류의 외국어를 조금씩 아는 것보다는 자기의 전문 분야와 가장 관계가 깊은 외국어를 다만 한 가지라도 충분하게 배워 두는 것이 더 요긴하리라는 사실이다. 세상에는 영어, 독일어, 불란서어, 라틴어, 희랍어, 이태리어, 스페인어 등 한문을 빼놓고는 모든 외국어를 잘 안다고 자랑하면서, 사실은 한 가지 외국어도 충분히 알지 못하는 사람들이 적지 않다.

외국어의 지식이 중요하다면 우리 나라 말에 대한 지식은 더욱 중요할 것이다. 그러나 영어 또는 독일어를 모른다고 걱정하면서, 우리 나라 말을 제대로 모르고 있다는 사실에 대해서는 조금도 수치감을 느끼지 않는 '지식인'이 의외로 많다. 외국어에 대한 지식이 넓어진 대신 우리 말로 편지 한장 제대로 못 쓰는 학사와 석사 그리고 박사까지 많이 배출하고 있는 것은 8·15의 이후 우리 나라 학교 교육의 한 특색이다.

대학 생활의 윤리

'윤리'란 알기 쉽게 말해서, 원만하고 발전성 있는 사회 생활을 위해서 요청되는 행위의 처방이다. 사회의 발전과 원만한 인간관계 그리고 사회의 성원 각자의 행복을 위해서 요청되는 행위의 대강은 어떠한 유형의 사회에 있어서나 거의 공통적이다. 예컨대, 약속의 이행, 정직, 협동, 공정 등은 어떠한 사회에 있어서나 도움을 주는 반면에, 도적질, 배신, 거짓말, 속임수, 약속 위반 따위의 행동은 어떠한 사회에 있어서나 파괴적 결과를 가져오는 경향이 있다. 이러한 점에 있어서 대학사회도 예외가 될 수는 없으므로, 다른 일반 사회에 있어서 공통적으로 요청되는 윤리는 대학 사회에 있어서도 역시 타당성을 갖는다고 보아서 틀림이 없을 것이다.

특별히 '대학 사회의 윤리'라는 것을 따로 논할 수 있는 근거는, 대학 사회가 고유한 목적과 사명을 가지고 있다는 사실과, 대학 안에 사는 사람들 사이의 특수한 인간 관계에서 찾아야 할 것이다. 그리고 대학 사회가 요구하는 윤리의 내용이 무엇인가를 알기 위해서 우리가 의거할 수 있는 디딤돌도 대학의 고유한 사명과 대학 사회의 특수한 인간 관계를 떠나서 달리 찾아볼 길이 없다.

대학은 연구와 교육이라는 두 가지의 목표를 가졌거니와, 그 연구와 교육이 실질적으로 추구하는 내용은 편의상 크게 두 가지로 나누어 볼 수가 있다. 그 하나는 각자의 전공분야를 따라서 전문적인 지식과 기술을 연구 내지 습득하는 일이요, 또 하나는 전체로서의 인격의 성장을 도모하는 일이다. 그리고 대학이 추구하는 전문적 지식과 성장된 인격이 그 개인의 행복을 위해서 요청되는 따위의 것일 뿐 아니라, 사회나 국가의 발전을 위해서도 크게 이바지할 수 있는 성질의 것임은 두말할 필요도 없다.

위에 말한 대학의 목적이 달성되기 위해서 첫째로 요구되는 것은 지성의 자유가 아닐 수 없다. 지성의 자유로운 활동이 없이는 전문 분야의 지식 내지 기술에 있어서 높은 경지를 개척할 수 없을 뿐 아니라, 지성의 자유로운 신장이 없이는 개인의 행복과 국가의 번영을 위해서 요청되는 슬기로운 인격의 실현을 바라볼 수 없기 때문이다.

지성의 자유는 연구의 자유와 발표의 자유를 당연히 포함하는 것이나, 그러나 그것만으로 그치는 것은 아니다. 감정으로부터의 자유와 금전이나 권력의 유혹으로부터의 자유도 지성의 자유의 중요한 부분을 차지한다고 보아야 할 것이다.

격한 감정에 휘말려 냉철한 지성이 제 구실을 하지 못할 때, 대학인의 행동은 그 특색을 상실한다. 금전이나 재력의 유혹에 현혹되어 지성이 빛을 잃을 경우에도 사정은 마찬가지다. 그것은 지성을 보배로 삼는 대학인 자신을 배반하는 것이 아닐 수 없기 때문이다.

진리의 탐구와 인격의 함양을 중요한 목적으로 삼는 대학에 있어서 특히 강조되어야 할 또 하나의 덕목은 정직이다. 기만은 어떠한 사회에 있어서도 용납될 수 없는 악덕이지만 특히 대학 사회에 있어서 그것이 더욱 철저하게 배척되어야 할 이유가 있다. 그것은 진리를 정면에서 파괴하는 것이기 때문이다. 조금 알면서 많이 아는 것처럼 보이고자 애쓰는 현학은 대학에서 경계해야 할 기만의 가장 대표적인 것이다. 남의 학설을 표절하여 자기의 독창처럼 속이는 수작도 가볍게 묵과하기 어려운 대학가의 죄악이다.

대학은 지성인을 대표하며 지성인은 민주주의 국가의 감사역이라고 말할 수 있을 것이다. 그렇다면 현실에 대한 비판은 대학인의 중요한 책임의 일부라고 보아야 한다. 지성인의 비판은 객관적 사실에 기초해야 하며 감정이나 억측에 좌우되어서는 아니 된다. 지성인의 비판은 엄격하고 공정해야 하며, 어떤 당파나 기관 또는 개인의 이익을 위해서 한편으로 기울어지는 일이 있어서도 아니 된다.

현실에 대한 비판의 소임은 대학생도 응당 나누어야 할 것이다. 그런 뜻에서 대학생들의 건실한 비판을 통한 사회 참여는 권장하여도 좋을 것이다. 그러나 대학생들의 더욱 중요한 임무는 학생 시절에 있어서의 비판적 참여보다도, 졸업 후에 사회 제1선에 나섰을 때에 한 시민 또는 국민으로서 자기가 맡은 일을 훌륭하게 감당하는 일이다. 자기네가 기성 세대로서 나라의 일을 맡았을 때 새로운 젊은세대로부터 되풀이하여 같은 비판을 받지 않도록 실력을 쌓는 일은 지금 미숙한 지식과 판단에 입각한 시론적 비판으로 열을 올리는 일보다도 더욱 중요하다. 알기 쉽게 말해서, 재학 시절의 현실 참여에 지나치게 열중한 나머지 학생의 본직인 학문 자체가 소홀히 되는 본말의 전도가 있어서는 아니 된다.

대학인으로서 지성적 비판의 책임을 일선에서 져야 할 것은 학생들이 아니라 교수들이다. 교수들이 해야 할 말을 하지 않고 책임을 회피하는 까닭에 보다 못해 학생들이 지나친 사회 참여를 하게 될 때 그 책임의 절반은 교수들이 나누어야 할 것이다. 문제는 민주주의다운 언론의 자유가 어느 정도 보장되느냐 하는 근본 문제에로 연결된다.

학원에 있어서의 인간 관계 가운데서 가장 특색이 있고 중요한 것은 교수와 학생의 관계라고 생각된다. 교수와 교수의 관계 또는 학생과 학생의 관계는 다른 사회에 있어서의 평교(平交)간의 관계와 대동소이한데 비하여, 교수와 학생의 관계는 학원 밖에서는 찾아보기 어려운 특수성을 가졌다.

종래는 스승과 제자의 관계를 오로지 종적인 것으로 믿어 왔다. 요즈음도 선생들은 여전히 그렇게 생각하는 경향이 있는 것으로 보인다. 그러나 우리가 만약 현대적 감각으로 사물을 이해한다면, 모든 인간은 일단 같은 지평선에 서 있는 것으로 보아야 할 것이다.

인간사회에 종적 관계가 존재함을 부인할 수는 없으나 그것은 오히려 부차적 관계로 보아야 할 것이다. 스승과 제자의 사이도 횡적 관계를 기조로 삼고 그 위에 종적 관계가 보태지는 것으로 이해하는 것이 현대에 적합한 관찰일 것이다. 사제의 관계에 있어서도 가장 근본이 되는 것은 우정이요, 스승에 대한 존경이나 예절은 그 다음의 것으로 보아야 할 것이다. 우정에 바탕을 두지 않은 존경이나 예절은 한갓 가면 내지 거짓에 불과할 것이기 때문이다. 스승에 대한 존경과 예절을 강조할 필요가 간혹 생긴다 하더라도, 대부분의 경우에 있어서, 그것은 대학생들이 알아서 할 일이요 교수들 측에서 거론하는 것은 어리석고 쑥스러운 짓이다.

청소년기의 가치관 형성

1. 삶의 설계와 가치관

인간이 귀중한 존재임을 믿는 우리는 모든 사람들의 삶이 행복에 이르기를 염원한다. 그러나 단순한 염원이나 기도만으로는 행복이 실현되지 않으며, 우리는 우리들 자신의 노력으로써 저 인간적인 목표에로 접근해야 한다. 따라서 국가는 국민 모두가 각자의 능력을 충분히 발휘할 수 있는 사회적 여건을 마련할 책임을 지고 있으며, 개인은 주어진 상황을 살려서 자신과 주위 사람들의 행복을 위하여 최선의 노력을 다할 책무를 가졌다. 물론, 국가 또는 그 밖의 사회의 책임을 수행하는 것은 결국 개인들이며, 개인의 생활태도는 다시 사회적 환경의 영향을 크게 받으므로, 국가의 책임과 개인의 책무는 다같이 인간이 져야 할 책임의 두 측면일 따름이다.

행복이란 스스로의 노력으로써 달성해야 할 삶의 목표이며, 이 노력이 좋은 성과를 거두기 위하여 매우 중요한 조건의 하나는 청소년기에 삶의 설계를 슬기롭게 세우는 일이다. 짧은 기간에 걸친 여행도 그것이 만족스럽게 이루어지기 위해서는 현명하고 치밀한 계획이 선행해야 한다. 삶의 과정도 일종의 여행에 비유할 수 있는 것이라면, 이 길고 험난한 여로를 성공적으로 밟을 수 있기 위해서는 의당 슬기롭고 착실한 설계가 선행해야 할 것이다.

 건축을 위한 설계도는 전문가에게 맡겨서 그릴 수도 있으나, 삶을 위한 설계는 각자가 스스로의 판단으로 작성해야 한다. 건축의 경우는 내가 살 집도 남에게 맡겨서 짓는 것이 보통이나 삶의 길은 반드시 내 자신의 발로 걸어야 한다. 삶을 설계하고 그 설계를 따라서 살아감에 있어서도 우리는 많은 사람들의 도움을 필요로 한다. 그러나 이 길에 있어서 우리가 타인에게 기대할 수 있는 것은 도움을 얻는 일에 그치며, 결국은 스스로의 판단으로 설계를 세워야 하고 스스로의 책임으로 그것을 실천에 옮겨야 한다.

 스스로 삶의 설계를 궁리하고 또 그 길을 실천함에 있어서 가장 결정적인 구실을 하는 것은 본인의 가치관이다. 삶의 설계에 있어서 가장 근본이 되는 것은 생애의 멀고 가까운 목표들을 어떻게 선정하고 그들 목표로 접근하는 방법을 어느 길로 택하느냐 하는 문제이거니와, 이 문제에 대답하는 마지막 관건은 그 사람 자신의 가치관에 달렸기 때문이다.

 우리 모두의 절실한 소망인 행복을 실현하기 위해서는 우선 슬기로운 삶의 설계가 앞서야 하고 슬기로운 삶의 설계를 얻기 위해서는 올바른 가치관의 바탕이 전제되어야 한다. 그리고 올바른 가치관이 형성될 수 있기 위해서는, 어떠한 가치관이 올바른 가치관인가를 우선 헤아려야 할 것이며, 바르다고 믿는 가치관의 체득을 위한 공동의 노력이 따라야 할 것이다.

2. 올바른 가치관

 "어떠한 가치관이 올바른 가치관이냐?" 하는 물음을 근본적으로 다루고자 하면, 우선 이 물음에 객관적인 해답이 가능하냐는 철학적 문제에 부딪친다. 지금 우리는 철학적 논구(論究)를 전개하자는 것이 아니므로 아주 상식적인 전제로부터 출발하는 것이 좋을 듯하다. 즉 건전한 민주사회가 요청하는 가치관이 우리의 견지에서 볼 때 올바른 가치관이라는 전제로부터 출발하고자 하는 것이다. 이러한 전제를 받아들일 때, 우리의 문제는 "건전한 민주사회를 위하여 요청되는 올바른 가치관은 어떠한 것이냐?"로 그 범위가 축소될 것이다.

민주주의는 인간의 존엄성에 대한 믿음으로부터 출발한다. 그러므로 민주 사회에 있어서의 올바른 가치관은 인간을 귀중히 여기는 마음가짐을 기본으로 삼게 마련이다. 다시 말해서, 인간을 귀중히 여기는 마음가짐에 입각하지 않은 가치관은 민주사회가 요청하는 올바른 가치관이 될 수 없다.

인간을 존중히 여기는 마음가짐의 가장 자연스러운 발단은 자애심(自愛心)에서 구할 수 있을 것이다. 인간도 생물인 까닭에 본능적으로 자기를 아끼게 마련이며, 이 자애의 본능은 곧 인간존중의 출발점이 될 수 있을 것이다. 그러나 본능적 자애심이 참된 인간 존중의 정신에 이르자면 두 차례의 탈피 과정을 겪어야 한다. 우선 자기에 대한 동물적인 사랑을 자신의 인격에 대한 사랑으로 승화시켜야 하며, 다음에는 나에 대한 이기(利己)의 사랑을 인간 평등의 이념을 매개로 삼고 공동체에 대한 사랑으로 접근시켜야 한다.

우리 나라에는 현재 문제를 안고 있는 청소년이 많다고 한다. 이른바 문제아들의 문제의 근원은 대부분의 경우에 있어서 진정한 자애심의 부족에서 찾을 수 있을 것이다. 우리는 성격 또는 인격에 파탄을 일으킨 청소년을 문제아라고 부른다. 그리고 인격의 파탄은 불우한 환경에서의 자포자기에서 오기도 하고, 자신의 인격보다도 말단적인 것을 사랑하는 삐뚤어진 자애심에 유래하기도 한다. 자기의 인격을 소중히 여기는 정신을 굳건히 간직하는 동안, 사람은 자기를 포기하지 않을 것이며, 타락의 길로 떨어지지도 않을 것이다. 청소년의 복된 삶을 위한 바탕으로서 심어주어야 할 가치관의 하나는 어떠한 어려움 속에서도 자신의 인격을 지키고자 하는 인생 긍정의 의욕과 용기라 하겠다.

동물적인 자애(自愛)를 넘어서서 인격으로서의 자아를 사랑하게 될 때, 그것은 이미 사회적 존재로서의 자아에 대한 사랑이며, 단순한 이기심을 넘어서는 타아(他我) 지향의 계기를 포함하고 있다. 이 타아 지향의 마음가짐이 민주사회를 위한 가치관으로 성숙하기 위해서는 평등의 이념과 결합해야 한다. 즉 인격의 주체로서의 인간을 아끼고 사랑하되 나 자신만이 아니라 모든 사람들의 인격과 권익을 평등하게 소중히 여기는 정신이 투철할 때, 비로소 우리는 한 민주시민으로서의 덕성을 갖추게 된다. 모든 사람들의 인격과 권익을 한결같이 소중히 여기는 평등의 이념을 체득하는 일은 민주사회를 지향하는 청소년들을 위한 가치관의 또 하나의 기본이다.

모든 사람들의 인격과 권익을 존중히 여기는 평등의 이념은 모든 사람들의 자아 실현에 대한 염원을 포함한다. 그리고 이 염원의 성취는 공동체의 번영을 통해서만 가능하므로, 인간을 존중히 여기는 민주주의의 정신은 공동체에 대한 사랑으로 발전한다. 자아와 타아를 위한 삶의 광장으로서의 공동체에 대한 사랑도 민주사회를 위하여 청소년들에게 요청되는 가치관의 한 측면이다.

우리가 인간을 귀중하다고 믿는 근거의 일부는 인간이 정신적 탁월성을 가졌다는 사실에 있다. 내가 인간인 까닭에 인간을 중요시하는 자기 중심적 사상의 작용도 없지 않을 것이나, 이성적 존재로서의 인간에게 막대한 정신적 가능성이 잠재해 있다는 사실은 우리로 하여금 인간에 대한 높은 평가를 타당성 있는 것으로 믿게 하는 객관적 근거이다. 그러므로, 우리들의 인생 설계는 마땅히 인간 안에 잠재한 정신적 가능성을 유감 없이 발휘하도록 마련되어야 할 것이며, 우리들의 가치관은 그러한 인생 설계를 뒷받침하기에 적합하도록 형성되어야 할 것이다. 인간의 정신적 탁월성은 학문, 예술, 종교, 윤리 등 문화적 가치의 형태로서 구현되거니와, 이들 문화적 가치를 가치 체계의 정상에 자리매김하는 가치관은 저 정신적 가능성의 발휘를 위한 인생 설계의 바탕으로서 적합한 가치관이라 할 것이다.

3. 가치관의 형성

 모든 사람이 민주사회가 요청하는 건전한 가치관을 체득하는 일은 매우 바람직한 일이며, 올바른 가치관을 청소년기에 확고히 형성함에 성공한다면, 그 바탕 위에 슬기로운 삶의 설계를 마련하고 그 설계를 따라서 보람된 삶을 영위하는 일은 비교적 순조롭게 진행될 수 있을 것이다. 그러나 건전한 가치관의 형성은 단순한 염원이나 청소년 각자의 노력만으로 달성할 수 있는 목표가 아니며, 그 형성에 적합한 사회적 조건을 형성하고 청소년을 이끌어 건전한 가치관의 형성을 돕는 교육의 책임은 일단 기성 세대가 져야 한다.
 가치관 형성에 있어서 결정적 영향을 미치는 것은 어린이 시절부터 청년기에 이르는 동안에 받는 교육과 그 기간에 체험한 온갖 사회 조건이다. 우선 성장기의 가정 생활이 가치관 형성에 지대한 영향을 미치는 것인데, 우리 나라의 부모들은 이 점을 충분히 의식하지 않는 경우가 많다. 전통적 생활 양식 속에 포함된 도덕 관념을 심어 주는 일도 중요하지만, 건전한 민주 시민에게 요구되는 사고 방식과 행동 양식을 가르치는 일은 그보다도 더욱 중요한 일이다. 가정에서부터 그러한 교육을 실시할 수 있기 위해서는 부모가 실천으로써 그 모범을 보여야 하므로, 이는 오랜 세월을 요구하는 교육의 과제이기는 하나, 각 가정에 있어서의 꾸준한 노력이 요청되는 관심사가 아닐 수 없다.

사정은 학교교육에 있어서도 대동소이하다. 우리 나라의 각급 학교는 도덕 교육 내지 국민윤리 교육에 상당한 비중을 두고 있기는 하나, 민주 사회에 적합한 올바른 가치관의 형성을 위해서는 개선의 여지가 많이 남아 있다고 생각된다. 지금까지의 국민윤리 교육은 전통성이 강한 개별적 덕목을 가르치는 일과 정치적 태도 교육에 치중해 왔으나, 앞으로는 인간 존중의 사상, 공정한 사고, 자유와 책임 등 민주시민에게 요청되는 가치관을 심는 일에 더욱 큰 비중을 두는 편이 바람직할 것으로 보인다.

가치관 교육에 있어서 언어를 통한 방법이 거둘 수 있는 실효는 어느 한계 이상을 넘어서지 못한다. 가치관이란 이론이 아니라 정의적(情意的) 태도인 까닭에, 교과서나 설교 등의 언어의 영향을 받고 형성되기보다는 사회 현실의 흐름과 기성 세대의 행실에 대한 모방을 통하여 형성되는 측면이 압도적으로 크다. 그러므로, 가치관 형성에 관한 학교 교육이 소기의 성과를 거두기 위해서는, 교사들의 가치관이 모범으로서 손색이 없도록 미리 형성되어야 한다. 교사들이 실천 생활에 있어서 스승으로서의 귀감의 구실을 해야 하는 것이다. 그리고 교사가 단순한 지식의 전달자에 그치지 않는 인간 교육의 스승으로서 존경을 받는 일이 일반적 현상이 될 수 있기 위해서는, 교사들 각자의 노력은 물론이요, 우수한 교사들의 양성과 확보를 위한 정책적 뒷받침이 필수적이다.

그러나 가장 근본적인 것은 사회현실의 여러 양상이다. 부모도 교사도 다같이 사회 현실의 큰 흐름의 영향을 받아가며 여러 환경 조건에 적응해야 하는 까닭에, 전체로서의 사회 현실이 크게 비인간적이거나 불합리할 경우에는, 일부의 개인들이 전체의 흐름을 부정하고 훌륭한 스승으로서의 모범을 보인다는 것은 사실상 매우 어렵다. 그러므로 청소년의 올바른 가치관 교육의 문제는 사회전체의 개조를 위한 운동의 일환으로서 다루어져야 할 성질의 것이다.

　현대 산업사회의 일반적 경향은 인간의 비인간화를 초래하는 폐단을 수반하는 것으로 나타나고 있다. 산업화를 통하지 않고는 경제적으로 지탱하기 어려운 우리 한국이 인간 존중의 정신 풍토를 조성하기 위해서는 정치, 경제, 교육 등 여러 측면에 있어서의 종합적이며 조직적인 노력을 계속해야 할 것이다.

격동기의 학생들에게 주는 글

1

안으로 자기 자신의 과거와 현재를 반성했을 때 추호의 부끄러움도 없는 사람들만이 밖으로 향하여 말을 내보낼 자격이 있다면, 현재 우리 상황에서 공개적인 글을 쓸 수 있는 사람은 아마 극히 소수일 것입니다. 그러나 부끄러움 속에 몸을 움츠리고 아무도 말을 하지 않는다면, 우리들의 대화는 두절될 것이고, 그나마 과거의 실패를 거울로 삼는 길마저 잃게 될 것입니다.

보잘것 없는 삶을 살아온 부모들도 흔히 자식들 앞에서는 충고나 교훈의 언어를 사용합니다. 이와 같은 부모의 말씀을 가소롭게 생각하는 자녀들도 있고, 자기들을 위한 사랑과 정성의 표현으로 받아들이는 자녀들도 있습니다. 날카로운 비판과 부정의 정신을 통해서든, 너그립고 순박한 수용의 정신을 통해서든, 부모의 세대보다 나은 자녀의 세대가 탄생하기를 바라는 것이 우리 모두의 간절한 소망입니다.

선배와 후배의 관계를 부모와 자녀의 관계에 비유해도 좋을지 망설여지는 바 없지 않습니다. 부모와 자녀 사이에는 뜨거운 애정이 있다고 전제할 수 있지만, 선배와 후배의 경우에도 그렇다고 볼 수 있을는지 의심스럽기 때문입니다. 다만 한 가지 분명한 것은 선배와 후배 사이에도 넓은 의미의 애정이 요구되고 있으며 그것이 있어야 건전한 사회라고 볼 수 있다는 사실입니다. 특히 오늘의 우리 나라와 같이 격동기를 맞이한 사회에 있어서 지식 사회의 선배와 후배들이 우정과 자성(自省)의 대화를 나누는 일은 매우 중요한 일이라고 생각됩니다.

 그렇지 않아도 말 많은 세상에 말 없이 조용히 있는 것이 무난한 처세라고 생각하면서도, 가끔 무슨 말을 해야 할 것 같은 느낌을 갖는 것은 우리 모두에게 사회 참여의 책임이 있다고 믿기 때문일 것입니다. 대학 사회에 몸을 담은 사람들이 침묵만을 지킨다면, 그것은 겸손이기에 앞서서 무책임이 될 염려가 있다는 생각에 쫓기곤 합니다.

2

 우리 한국인은 해방 이후 줄곧 격동하는 정세 속에서 살아왔으며, 앞으로도 파란과 격동의 시기는 상당히 오래 계속될 것으로 전망됩니다. 격동하는 정세는 항상 많은 과제를 우리 앞에 주었고 지성의 전당임을 자처하는 대학의 교수와 학생들은 저 민족적 과제를 선봉으로서 맞이해야 할 책임과 권리가 있다고 은연중 믿어 왔습니다. 이러한 자부심이 객관적 타당성을 어느 정도 갖느냐 하는 것은 별도의 문제라 하더라도, 사회나 국가의 운명에 대하여 지식인이 무관심할 수 없는 것은 당연한 일이며, 특히 후진국에 있어서 대학인이 사회의 지도 세력으로서 자처하는 것은 일반적인 현상이라 하겠습니다.

 한 국가의 장래는 국민 전체의 결심과 노력에 달려 있는 것이며, 특별히 어떤 계층에서만 더 많은 권한이나 책임이 있다는 생각을 함부로 가져서는 안 될 것입니다. 그러나 국가의 발전 방향을 결정함에 있어서 지성인에게 각별한 책임이 있다는 것을 부인하지는 못할 것이며, 오늘의 대학생들의 기풍 내지 생활 태도가 국가의 장래에 결정적 요인으로서 작용하리라는 것을 의심하는 사람은 적을 것입니다. 개발도상국으로서는 수준 높은 대학을 비교적 많이 가지고 있는 우리 한국의 경우는 특히 그렇다고 단언해도 무방하리라고 믿습니다.

비판적 지성의 눈으로 볼 때 사회 현실은 모순과 부조리에 가득차 있는 것이 동서와 고금을 통한 일반적 현상입니다. 특히 이상주의의 경향이 강한 젊은 지성인의 안목에 비친 현실은 용서할 수 없는 죄악의 수라장일지도 모릅니다. 그러기에 우리 나라의 경우에 있어서도 지성인은 대체로 현실에 대하여 비판적이었고, 특히 젊은 대학생들의 사회 참여는 우선 부정에서부터 출발하는 것이 상례였습니다.

현실에 대한 비판과 부정은 기존 질서 및 정부에 대한 도전으로서의 의미를 갖기가 쉽습니다. 그러므로, 지성인들의 비판과 부정적 태도는 권력층의 환영을 받기가 어렵습니다. 특히 우리 나라의 역대 정부는 지성인들의 비판에 대하여 지나칠 정도로 민감한 반응을 보였습니다. 그 민감한 반응이 탄압의 형태를 취하게 되면 대학생들은 더욱 거세게 반발을 했고, 학생들의 반발이 거세면 탄압의 정도도 더욱 강화되는 악순환이 거듭되었습니다. 이리하여 이른바 '학원 사태'가 그칠 날이 없었고, 탄압을 당하는 측과 가하는 측이 모두 큰 상처를 입었습니다.

붓대를 따라가다 보니까 과거를 회상하는 이야기가 지루하게 나왔습니다만, 사실은 지나간 얘기를 하자는 것이 아니었고 과거의 잘잘못을 따지자는 것은 더욱 아니었습니다. 우리의 관심은 과거보다도 미래로 쏠립니다. 앞으로 우리가 어떻게 할 것인가 하는 문제에 대해서 함께 이야기를 나누고 싶었던 것입니다.

그러나 기왕에 과거의 이야기가 나온 김에 한 가지만 더 지적하고 넘어가고 싶습니다. 다름이 아니라 이제까지의 우리들의 비판 정신은 주로 밖으로 향해서 발휘되었고, 우리들 지성인 자신에 대한 비판은 비교적 미흡했던 것이 아닌가 하는 점을 지적하고, 비판의 화살은 비판하는 우리 자신들을 향해서도 응당 발사되어야 할 것이 아닌가 하는 각도에서 잠시 생각해 보고자 하는 것입니다.

3

  세상 사람들은, 지식인이 좋은 말은 많이 하지만 그 말과 일치하는 실천이 뒤따르지 않는다고 가끔 꼬집습니다. 쉽게 말해서 이기주의적이라는 것입니다. 반드시 이러한 비판의 소리가 아니더라도, 지식인의 실천에 대해서 지식인 스스로 평가해 보는 것은 우리들 자신의 인간적 성장을 위해서 도움이 될 것으로 생각이 됩니다.
  지식인에도 여러 가지 유형의 사람이 있을 것이므로 몰밀어서 이렇다 저렇다 하고 규정을 지어서 말하는 것은 사리에 맞지 않을 것입니다. 그리고 이기적인 것은 인간의 공통된 경향에 가까운 것이며, 특히 지식인만을 그렇다고 비난하는 것도 공정한 일이 아닐지 모르겠습니다. 그러나 인간의 이기성은 어떤 형태로든 극복되어야 할 과제임에 틀림이 없고 이 이기심을 극복함에 있어서 솔선수범을 해야 할 사람들이 있다면, 그것은 바로 지식층이 아닐까 하는 생각이 듭니다.
  우리 사회 현실에 대한 비판의 대부분은 그 내용을 분석해 보건대, 특권층 또는 그 밖의 책임 있는 사람들의 이기심에 대한 화살일 경우가 많습니다. 사회 현실의 잘못은 많은 경우에 있어서 특권층 또는 그 밖의 책임 있는 사람들의 그릇된 판단에 책임이 돌아갑니다만, 그 그릇된 판단의 근원은 대개 이기심에 있습니다. 그러므로, 사회 현실에 대한 비판은 궁극에 가서 특권층과 책임 있는 사람들의 이기심에 대한 비난의 뜻을 포함하게 됩니다.
　남의 이기심에 대한 비판이 신랄하면 신랄할수록, 그 비판을 내린 사람 자신의 어깨도 무거워지게 마련입니다. 자기의 이기심은 그대로 남겨두고 남의 말만 한다면, 그것은 지성인의 논리가 아닐 것입니다. 지식인은 말은 잘하나 행동은 이기적이라는 비난에 비록 지나친 점이 있다 하더라도, 사회 현실에 대한 비판을 감행한 지식인들로서는 그 비난에 귀를 기울여야 할 책임이 있다고 생각합니다.
　내가 남을 비판한 이상 나도 그 비판에 대한 책임을 져야 한다는 논리의 문제를 넘어서서, 우리는 지성인인 까닭에 지성인답게 생각하고 말할 뿐 아니라, 지식인답게 행동해야 한다는 주장도 성립할 것 같습니다. 그리고 지성인답게 행동한다는 것 가운데는 몰지각한 이기심의 극복이 우선 포함된다고 보아야 할 것 같습니다.

4

　요즈음 신문에서 대학생들을 나무라는 어조의 글을 더러 읽습니다. 대학생들이 소풍길에서 패싸움을 했다는 기사도 있었고, 학교 당국에 항의하여 농성을 벌인 학생들이 학교의 기물을 파괴했다는 보도도 있었습니다. 또 언젠가 라디오에서 대학생들이 교내 잔디밭 또는 교실에서 돈내기 카드놀이를 한다고 비난하는 소리도 들은 적이 있습니다. 그리고 더욱 지질구레한 얘기로는, 전자 음악 밴드를 동원한 어느 대학 응원단이 "음악이라기보다는 광란에 가까운 소음을 내어 경기장을 수라장으로 만들었을 뿐 아니라, 소란에 지친 본부 측에서 정숙을 요구하자, 반항심리가 작용했는지 볼륨을 더 높였다"는 것도 있었습니다.
　하기야 혈기왕성한 젊은이들이고 또 대학생의 수가 워낙 많으므로 더러는 실수도 있을 수 있고, 그 정도를 가지고 큰일이나 난 듯이 떠드는 편이 어른스럽지 못하다는 견해도 있을 수 있습니다. 그러나 지성인임을 자처하는 대학생들로서는 그러한 소리에도 일단은 귀를 기울이는 것이 바람직하다고 생각됩니다.

 신문이나 라디오 또는 그 밖의 대중 매체의 의견보다도 우리가 좀더 존중히 여겨야 할 것은 국민 대중 그들 자신의 여론일 것입니다. 대학생을 포함한 지식인들은 입버릇처럼 대중을 위한다는 말을 많이 합니다. 그러나 실제 행동에 있어서는 대중의 의사를 무시할 경우가 왕왕 있습니다. 진정으로 대중의 벗이 될 수 있으려면, 국민 대다수가 원치 않는 일은 하지 말아야 할 것입니다. 그런데 우리는 가끔 국민 대다수가 무엇을 원해야 할 것인지, 그것까지도 우리 마음대로 정해 버리는 독선에 빠지는 수가 있습니다.

5

 최근 수십 년 동안 우리 한국은 줄곧 난국에 처해 왔습니다만, 그 가운데서도 작금의 우리 현실은 더욱 어렵고 중대한 시련에 가득차 있다는 것을 피부로 느낍니다. 우리 나라의 각계 각층이 최선의 슬기를 모아 이 시기를 극복함으로써 전화위복의 결실을 얻어야 할 긴장된 상황입니다만, 지금 우리 주변에는 혹은 흥분과 감정에 휘말리기도 하고 혹은 사사로운 이해관계에 이끌리기도 하여, 타당성이 의심되는 행위가 빈번히 일어나고 있습니다. 이런 때에 가장 절실하게 요망되는 것이 지성의 발휘라고 할 것이며, 그런 뜻에서 우리 대학가가 국민 앞에 큰 거울의 구실을 할 상황이 아닌가 생각합니다.

 요즈음 학원가는 학생들의 농성과 항의 그리고 학교 측의 휴강 조치 등으로 매우 어수선합니다. 문제가 있는 학원 내의 사정을 소상히 모르는 까닭에, 함부로 속단할 처지는 아니라고 믿습니다만, 나의 막연한 인상으로는 학생들의 주장에 상당한 이유가 있으리라는 심증이 앞섭니다. 사리사욕에 이끌려 학생들이 단식 농성을 한다고는 생각할 수 없으며, 자기가 몸담은 학교가 진정 학원다운 학원이 되기를 갈망하는 순수한 동기가 사태의 출발점이라고 믿습니다.

그러나 혈기왕성한 젊은이들이 집단적으로 행동을 하다 보면 간혹 감정이 폭발할 수도 있고 행동이 지나칠 염려도 있습니다. 평상시 같으면 어느 정도의 감정의 폭발과 지나친 행동도 무방하리라고 생각됩니다만, 지금은 상황이 특수하니만큼 지성인의 특별한 자제가 요청된다고 믿습니다. 국민의 대부분이 질서의 회복을 갈망하면서 대학생들에게 큰 기대를 걸고 있기 때문입니다.

한 가지 확실한 것은 한국의 내일을 선봉에서 이끌어갈 사람들은 오늘의 대학생들이라는 사실입니다. 우리 사회의 해묵은 병폐를 단시일 내에 완전히 일소하기 어려운 것이 오늘의 실정이라면, 지나치게 서두르다 도리어 사태를 수습하기 어려운 파국으로 몰고가는 어리석음만은 피해야 할 것입니다. 보다 넓은 시야와 장기적 안목으로 진실로 정의로운 사회의 건설을 위한 청사진을 마련함에 대학생 여러분이 참여해야 할 것이고, 장차 그 청사진을 따라서 작업을 할 때에 주역을 맡을 사람들은 다름아닌 오늘의 대학생들이라는 사실을 우리 모두 명심해야 할 것입니다.

내일의 한국을 주도할 오늘의 대학생들이 우선적으로 해야 할 일의 하나는 실력을 쌓는 일입니다. 각자가 맡을 분야의 전문가로서의 실력뿐 아니라, 용기와 공정 그리고 애타심 등 덕을 갖춘 인격으로서의 실력도 지금 부지런히 쌓아야 할 것입니다.

해방 당시의 학생들은, 그 무렵의 흥분된 상태 속에서 기성 세대를 나무라면서 세월을 보내는 가운데 실력을 충분히 쌓지 못했습니다. 나 자신 그 세대에 속합니다만 우리가 기성 세대가 되어 나라의 일꾼으로서 책임을 져야 할 위치에 놓였을 때, 실력이 부족했던 까닭에 책임을 다하지 못했습니다. 4·19 세대의 경우도 비슷하지 않을까 생각합니다. 그들도 구세대를 비판하고 꾸짖는 데까지는 훌륭했지만, 그들이 사회에 진출하여 책임 있는 자리에 앉은 뒤에는 대개 평범한 수준에 머물렀습니다. 이렇게 된 데는 여러 가지 요인이 있겠으나, 근본 원인은 역시 '실력 부족'이라는 말로 표현할 수 있지 않을까 생각합니다.

앞으로 다시는 그러한 순환이 되풀이되지 않아야 하겠습니다. 다시 말해서, 여러분이 기성 세대가 되었을 때, 그때의 대학생들로부터 여러분이 또 비판을 받고 대학생은 공부가 손에 잡히지 않는 사태가 또 있어서는 안되겠습니다. 또다시 그런 일이 없기 위해서 가장 요긴한 것은 여러분의 인간적 실력이며, 그 실력은 오늘의 착실한 노력으로 길러야 할 것입니다.

못난 선배임을 잘 아는 까닭에 떳떳하게 할 말이 없는 줄 알면서도, 권유에 못이겨 엉거주춤 붓대를 잡았던 것입니다. 우리 나라 속담에 "나쁜 아비도 좋은 아들을 원한다"는 말이 있습니다. 같은 심리는 못난 선배로 하여금 훌륭한 후배를 바라게 합니다. 여러분의 영광스러운 앞날이 한국의 정의로운 번영과 더불어 실현되기를 충심으로 기원하며, 괴로운 붓을 놓습니다.

비판의 자유와 그 책임

1

'비판의 자유', 넓게는 '언론의 자유'가 무엇 때문에 그리 심각한 문제가 되며 헌법에까지 그 보장이 조문화돼야 하는 것일까. 아마도 그 '자유'를 막는 무서운 힘이 과거에 작용한 일이 있고 또 앞으로도 작용할 가능성이 있기 때문이 아닌가 생각해 본다. 그러면 남이 좋아서 하겠다는 비평이나 언론을 굳이 못 하게 막는 측의 이유는 무엇이며, 한사코 막는 것을 구태여 하겠다고 기를 쓴 편의 동기는 무엇일까. 여기서도 동기의 분석이 문제의 핵심에로 다가가는 좋은 출발점이 될 듯하다.

그저 비판이나 언론을 막기 위해서 언론을 탄압할 경우, 즉 언론의 탄압 그 자체가 목적인 경우는 드물 것이다. 대개 무슨 다른 목적을 위한 수단으로서 그것을 막는다. 그 목적을 크게 두 가지로 나누어 볼 수 있지 않을까. 막는 사람들만의 이익을 목적으로 삼을 경우와, 막는 측과 제약을 받는 측 양자에 공통된 이익을 목적으로 삼는 경우와의 두 가지로.

비판이나 언론을 막는 사람들이 자기네 일당의 이익만을 목적으로 삼을 경우에, 그들의 이익은 대체로 상대편 즉 언론의 제약을 받는 측의 손해를 의미하는 것이 보통이다. 따라서 이 때 제약을 당하는 사람들이 자유를 부르짖고 싸우는 것은 당연하다. 이럴 때는 집권자에 대한 비판이 날카롭고 용감할수록 우군의 갈채를 받는다. "정면에서 비판하고 싸움을 거는 대신, 집권자로 하여금 그 이기적이요 악덕한 목적을 버리도록 훈도함이 더 훌륭하지 않느냐?" 하는 이상론이 여기에 제기될 수도 있다. 그러나 '쥐로서 고양이 목에 방울을 다는 방법' 따위의 논쟁으로 제한된 지면을 메꿀 생각은 없다.

2

여기서 주로 문제 삼고 싶은 것은 우리가 공동의 목표를 지향할 경우, 즉 비판의 자유를 강조하는 측과 그 자유가 지나쳐서는 안 된다고 믿는 견지에서 '비판에 대한 책임'을 문제 삼는 측이 다같이 공동의 복리를 위하여 애쓰고 있을 경우이다.

공동의 목표를 지향하는 사람들 사이의 비판이란 결국 그 목적 달성을 위한 수단에 관한 의견의 불일치라고 볼 수 있을 것이다. 일정한 목적을 달성함에 어떤 수단이 가장 적절하냐 하는 문제는 필시 인과율에 관한 문제요, 따라서 순전히 과학적으로 다루어져야 할 문제이다. 목적 달성의 과업을 분담하는 사람들이, 특히 그 선도자의 소임을 맡은 사람들이, 비과학적인 처사, 즉 그 목적에 어긋나는 행위를 할 경우에, 우리는 비판의 자유를 가질 뿐 아니라 비판의 의무조차 갖는다. 이때 우리의 비판이 과학적인 바탕 위에서 논리적으로 전개되어야 할 것은 물론이다. 만약 우리의 비판이 비과학적이거나 논리의 비약을 포함할 경우에는 우리는 부당한 비판을 가한 것이니, 이 부당성에 대한 책임을 스스로 져야 한다.

비과학적이요, 비논리적인 비판을 내리게 되는 첫째 요인은 비판자의 무식이요, 둘째 요인은 증오나 질투와 같은 감정의 개입이다. 내용도 모르고 내려지는 비판이나, 감정의 흥분 속에서 빚어진 비판이 타당성을 가질 경우는 드물다. 타당성 없는 비판은 그 자체가 새로운 비판의 대상이다. "비판이 책임을 진다" 함은 비판이 새로운 비판의 대상이 된다는 뜻에 가깝다. 다만 부당한 비판이 초래하는 '비판의 비판'은 단순히 언어상의 그것으로 그치지 않고 더욱 실질적인 문책을 동반하는 경우도 있음은 물론이다.

"같은 운명 아래서 같은 목표를 추구한다"는 대의 명분에도 불구하고 사실에 있어서는 자기 개인 또는 자기네 일당의 이익을 추구함에 급급하여 공동의 목표를 망각하는 경우도 있다. 이러한 경우에도 우리는 비판의 자유와 또 그 의무를 갖는다. 공동의 목표를 망각한 소행을 지적하고 그것을 방지함은 공동의 목표 달성을 위하여 필요한 수단의 일부이기 때문이다. 그러나 그 때도 그 비판이 고의나 편견 또는 감정의 영향으로 사실과 들어맞지 않을 경우에는 도리어 부당한 비판으로서의 책임을 져야 한다. 이런 따위에 부당한 비판을 자아내는 가장 큰 원인은 비판자 자신이 공정한 입장에 서지 않고 도리어 자기 개인 또는 자기네 일당의 이익을 추구하는 견지에서 비판을 일삼는 태도에서 찾아볼 수 있다. 모략, 중상, 무고 등 이기심에 근원을 둔 부당한 비판이 공동 사회에 미치는 나쁜 영향을 우리는 잘 알고 있다.

그러나 비판이 때로는 비과학적이며 비논리적인 방향으로 흐를 수 있고, 또 내로는 사실 무근한 모략과 중상이 될 수 있으며, 이와 같은 부당한 비판이 공동 사회에 미치는 나쁜 영향이 크다는 이유로, 권력을 잡은 당국이 언론의 자유를 사전에 박탈하는 것은 매우 위험한 일이다. 왜냐 하면, 지배를 당하는 측에서 내린 비판이 잘못되었을 경우에 그 잘못을 지적하고 부당한 비판의 책임을 추궁함으로써 선후책을 강구하기는 매우 쉬운 반면에, 언론의 자유가 없는 사회에서 지배층에게 잘못이 있을 경우에는 이것을 바로잡을 길이 막히는 동시에 공동 사회는 파멸의 위기를 모면할 도리가 없기 때문이다.

3

한편 언론의 자유가 보장되면 될수록 비판을 일삼는 언론인의 책임은 무거워지는 것이며, 그들이 유의해야 할 사항도 늘어간다. 비판을 하는 사람이 유의해야 할 사항의 첫째는 비판이란 대개의 경우에 있어서 '자기 자신에 대한 비판'이라는 사실이다. 이중(二重)의 의미에 있어서 비판은 대개 자기 비판이다. 첫째로, 우리의 경우와 같이 공동의 목표를 가진 학원이나 민족 내부에 있어서 갑이 을을 비판하는 것은 결국 '동지'에 대한 비판이요 '우리의 일부'에 대한 비판이니, 넓은 뜻으로 '나'에 대한 비판이 아닐 수 없다. 둘째로, 우리가 남의 결점이나 남의 좋지 못한 뱃속을 그토록 세밀하게 알 수 있는 근거의 일부는 우리 자신에게도 다소간 그와 비슷한 결점 내지 좋지 못한 동기를 경험한 일이 있다는 사실에 있다. 남에 대한 비판도 대개의 경우에 있어서 그것이 나 자신에 대한 내성(內省)의 투영을 포함한다는 뜻에서, 그것은 나 자신에 대한 간접적인 비판이다.

공동 사회 내부에 있어서의 비판이 넓은 뜻의 '나'에 대한 그것이라는 사실이 시사하는 교훈은, 비판의 날카로운 화살을 던지는 마음 바탕에 상대편을 아끼고 사랑하는 정이 고갈되어서는 안 된다는 것이다. 비평을 받는 상대편도 '우리' 즉 큰 '나'의 일부인 까닭에, '자아 보존'이라는 자연의 사리로 보더라도, 응분의 아낌을 받을 자격이 있다. 다음에 '남'에 대한 비판도 대개는 '나'에 대한 간접적 비판을 포함한다는 반성이 연상시키는 것은 "너희들 가운데 죄 없는 자가 저 여인에게 돌을 던져라"는 말씀이다. 겸손의 덕은 비평가에게 가장 필요한 심성(心性)이다. 겸손한 비평가만이 비평을 받는 이의 입장에서 사리를 고찰해 보는 마음의 여유도 가져 볼 수 있기 때문이다.

비평가가 유의해야 할 둘째 사항은 비판을 위한 비판에로 흘러서는 안 된다는 상식이다. 비판이란 본래 피차의 향상을 조장하고 공동 사회 전체의 발전을 도모함에 본의가 있다. 이 점에 관해서는 아무런 설명도 필요치 않다. 다만 뻔한 이치임에도 불구하고 비판의 심리가 잠시 망각하기 쉬운 점인 까닭에 한마디 언급해 둘 뿐이다.

민주주의는 비판의 자유를 요청한다. 그러나 공정하고 책임감 있는 비판만이 참된 민주주의를 기르는 촉진제가 될 수 있다.

3 현대와 인간상

인간의 신이 아니다
전통의 이해
현대 사회의 사랑의 문제
행동의 지도자와 사상의 지도자
민주 사회의 인간상
새로운 인간상의 모색
인간상과 사회상
복지 사회와 인간 개발
청소년상 정립의 이념
현대 사회와 교양 교육

인간은 신이 아니다

1

 소신이 뚜렷한 사람들이 대우를 받는 세상이다. 의심스러워 하거나 망설이는 사람들은 환영을 받기 어렵다. 따라서 사람들은 단정적으로 판단하기를 좋아하며 자신만만하게 처신하기를 서슴지 않는다. 시대가 어지럽고 전망이 불투명한 오늘의 세대가 우리로 하여금 확실하고 명백한 것을 열망케 하기 때문일 것이다. 그리고 아마 뜨뜻미지근한 것을 싫어하고 화끈하게 뜨거운 것을 좋아하는 한국인 본래의 기질도 작용하고 있을 것이다. 어쨌든, 요즈음 우리는 언어에 있어서나 행동에 있어서나 확고하고 단호한 태도를 숭상한다.
 어려운 상황에 처한 사람들을 위하여 명확하고 단호한 태도는 귀중한 미덕임에 틀림이 없다. 어려운 문제에 부딪쳤을 때 우유부단한 태도로써 그 어려움을 이겨내기는 거의 불가능하다. 사람들이 두 진영으로 나뉘어져 날카로운 대립을 보이는 상황에 있어서도 지지와 반대의 태도를 명백히 하는 것이 바람직할 경우가 많다. 어중간하고 애매한 태도로써 중간을 우왕좌왕하는 것은 본인을 위해서도 현명한 처신이 아니다.
 그러나 명확하고 단호한 태도가 참으로 슬기로운 것이 되기 위해서는, 그 명확하고 단호한 태도를 취한 동기가 순수해야 하며, 그러한 결단에 도달하기까지의 과정이 높은 지식과 깊은 숙고에 의하여 뒷받침되어 있어야 한다. 불순한 동기나 일시적인 감정 또는 얄팍한 지식이나 협소한 관찰에 근거를 두고 경솔히 결정한 태도를 절대로 옳은 신념인 양 밀고나가는 것은 몹시 위험한 일이다.

깊은 산 속에서 길을 잃은 사람들이 위기를 모면하기 위해서는 겸허한 신중성과 단호한 결단력을 아울러 발휘해야 한다. 그들은 우선 정확한 상황 판단을 위하여 침착하고 신중한 관찰을 해야 할 것이다. 그리고 안전한 하산 전략을 세우기 위하여 서로의 의견을 교환해야 할 것이다. 되도록 시야가 넓은 곳에 올라가서 산세의 전모와 목적지의 방향을 파악하는 일이 특히 중요할 것이며, 남의 의견을 서로 존중함으로써 지혜를 모으는 것도 중요할 것이다. 그리고 일단 결론을 얻은 다음에는 그 결론을 따라서 주저 없이 결단성 있게 행동해야 할 것이다. 당황한 나머지 무모하게 행동을 서두르는 것도 위험하지만, 우유부단하여 우왕좌왕하는 가운데 시간을 낭비하는 것은 더욱 위험할 것이다.

요컨대 단정적으로 확언하기에 앞서서, 그 확언을 입증하기에 충분한 준비를 갖추어야 한다. 주저 없이 단호하게 행동하기에 앞서서, 깊이 생각하고 널리 고려하는 성찰의 과정을 겪어야 하며, 비판 또는 반대 의견에 부딪쳤을 경우에는 상대편의 주장에 일단 귀를 기울이는 유연성도 가져야 할 것이다. 인간은 신이 아닌 까닭에 자기의 생각이나 행동에도 잘못이 있을 가능성이 있다는 사실을 염두에 두어야 한다.

그러나 요즈음 우리 주변에는 단정적으로 말하기 어려운 문제에 대해서까지 함부로 단정하고 확언하는 경향이 있다. 여러 각도에서 광범위하게 검토하는 과정을 거침이 없이, 중대한 문제에 속단을 내리고 당장에 행동을 개시하는 경우도 있다. 남의 의견에 대해서는 아예 귀를 막고, 자기의 주장만이 절대로 옳다고 고집을 부림으로써, 소신이 뚜렷한 인물로서 자처하는 사람들도 흔히 보인다.

내 주장만이 절대로 옳다면, 이에 반대하는 남의 주장은 틀린 것일 수밖에 없다. 나의 노선만이 절대로 옳은 길이라면, 이 길과 어긋나는 다른 노선은 그릇된 길일 수밖에 없다. 나와 나의 일당만이 참된 애국자라면, 나를 반대하는 사람들은 모두 비애국자일 수밖에 없다. 이래서 이른바 흑백 논리가 판을 치고, 사람들은 친구 아니면 적으로 갈라진다.

2

사고나 행동에 있어서 감정이 지나치게 작용하면, 속단에 빠지기 쉽고 단정의 태도를 취하기 쉽다. 감정은 움직임이 빠르고 외곬수로 치닫기 쉬운 까닭에, 속단과 단정을 촉진한다. 여러 모로 숙고하고 신중하게 반성하는 지성의 힘이 제 구실을 못하면, 우리의 사고는 편견과 속단에 빠지게 마련이다.

사고나 행동에 있어서 감정이 앞서고 지성이 침묵을 지킨다는 것은 정신의 성숙이 미진함을 의미한다. 인품이 높은 경지에 이른 사람은 남의 말에 귀를 기울이는 마음의 여유를 가지며, 남을 공격하고 비난하기에 앞서서 자신을 반성한다.

아는 것이 적고 시야가 좁을수록 독단과 독선에 빠지기 쉽다. 한 가지밖에 모르는 사람은 자기가 아는 한 가지만을 내세우게 되며, 한 가지 이론만을 연구한 사람은 그 이론만이 절대적으로 옳다고 속단하기 쉽다. 우물안 개구리는 자기가 아는 세계만이 세계의 전부인 양 착각하는 어리석음에 빠진다. 참으로 많은 것을 아는 사람은 결코 아는 척 하지 않으며, 외국 생활을 오래 한 사람은 함부로 외국 이야기를 입 밖에 내지 않는다.

자아의 폭이 좁고 경쟁심과 시기심이 강한 사람도 독단과

인간은 신이 아니다

독선에 빠지기 쉽다. 자기 중심적이며 공명심 내지 허영심이 강한 사람은 자기를 내세우는 경향이 있으며, 자칫하면 남의 어깨를 밟고 올라서려는 충동의 노예가 된다. 특히 재주만 뛰어나고 그 재주에 어울리는 덕성을 갖추지 못한 사람의 경우는 더욱 기고만장하여 교만하게 되기 쉽다. 남에게 이기려는 동기가 앞서고 게다가 교만한 성격마저 겹치면, 독단과 독선의 함정을 벗어나기 어려울 뿐이다.

사고나 행동에 있어서 감정이 앞서는 사람 즉, 정신의 성숙도가 낮은 사람은 어느 시대 어느 사회에나 있게 마련이다. 시야가 좁아서 적게 아는 것을 많이 아는 것으로 착각하며 천박한 지식을 심오한 진리로 오인하는 사람도 우리 나라에서만 볼 수 있는 특수 현상이 아니다. 그리고 재승 덕박하여 이기적이며 교만한 사람들도 세계 도처에 흔할 것으로 짐작된다. 따라서, 독단과 독선을 즐기는 사람들은 어느 사회에나 있음직한 일이며 우리 주변에 그런 사람들이 흔히 보인다고 하여, 크게 당황할 이유는 없을 것이다.

독단적이고 독선적인 사람들이 더러 존재하는 데 그치는 정도라면 별로 문제가 되지 않을 것이다. 그러나 그 정도로 그치지 않고, 독단적이며 독선적인 사람들이 우세한 세력을 형성하고 판을 치기에 이른다면, 이것은 결코 단순한 문제가 아니다. 그리고 필자가 우려하는 것은 바로 우리 한국의 현실이 그러한 일면을 가지고 있는 것이 아닌가 하는 점에 있다.

어떤 문제가 생겨서 강경론과 온건론이 대립했을 경우에 온건론을 주장하는 편이 뒤로 밀리는 사례가 많다. 강경론을 주장하는 편이 더 애국적인 것으로 인정되는 가운데 반대측은 압도를 당하는 것이다. 글을 써도 흑백을 분명하게 가려 가며 단정적인 필치를 구사해야 시원스럽고 좋다는 평가를 받는다. 강의나 강연에 있어서도 겸손하고 차분한 것보다는 자신만만하게 쾅쾅 울리는 편이 청중의 환영을 받는다. 그래야 권위 있는 석학이고 위대한 사상가로서 평가를 받는다. 반드시 언제나 그런 것은 물론 아니다. 그러나 많은 경우에 있어서 무지와 독선이 지혜와 심사(深思)를 물리치는 경향이 있다.
  세상에는 어디에나 무지한 사람도 있고 지혜로운 사람도 있게 마련이다. 독선적인 사람도 있고 생각이 깊은 사람도 있게 마련이며, 시야가 좁은 사람도 있고 넓은 사람도 있게 마련이다. 다만 그들 가운데 누가 여론을 주도하고 현실을 움직이는 주역을 맡느냐 하는 것이 중대한 문제일 따름이다.

3

  인간은 신이 아니다. 전지전능한 신과는 달라서 인간에게는 모르는 것도 많고 잘못하는 일도 많다. 유한자로서의 분수를 아는 사람은 함부로 아는 체하지 않으며, 함부로 남을 심판하지 않는다. 그는 자기 자신의 한계를 아는 까닭에 스스로 겸손하다.
  관점을 달리해서 볼 때, 인간은 매우 위대한 존재라는 평가도 성립할 수 있다. 그러나 인간이 위대한 존재가 된 것은 일조일석의 돌발적 현상이 아니며, 어떤 한 개인의 힘만으로 가능했던 것도 아니다. 인간이 위대한 존재가 된 것은 유구한 역사를 통하여 조상과 후손이 한 치 한 치 업적을 쌓아올렸기 때문이며, 무수한 동시대인들이 겸손한 마음으로 협동하여 중지를 모았기 때문이다. 인간이 자랑할 수 있는 과학도 그렇게 해서 형성된 것이며, 우리가 목표로 삼는 민주주의도 그러한 과정을 통해서만 접근이 가능하다.
  인간의 과학과 기술은 근래에 놀라운 수준에 이르렀다. 이제 인간은 달나라에 여행을 할 수 있게 되었고, 시험관 안에서 아기를 배양할 수도 있게 되었다. 그러나 오늘날 인류가 자랑하는 과학과 기술은 어느 한 개인의 작품이 아니며, 무수한 사람들이 유구한 세월에 걸쳐서 쌓아 올린 금자탑이다.
 과학과 기술이 현재와 같은 높은 수준으로 발달할 수 있었던 것은 어떤 한 가지 학설을 절대시하는 독단과 독선을 물리쳐왔기 때문이다. 과학자들은 자신들이 발견한 원리를 절대 진리로서 과시하지 않는다. 그것은 그것을 반증하는 증거만 나타나면 언제나 수정하거나 포기할 용의가 있는 가설로서 존중될 따름이다. 그리고 과학자의 가설은 결코 자의적인 독단의 산물이 아니다. 그것은 많은 관찰과 실험에 근거를 둔 오랜 연구의 결과로서 얻어진 잠정적 결론이다.
 우리가 목표로 삼는 민주주의의 이념 또한 어떠한 개인도 신과 같은 전지전능한 존재가 될 수 없다는 반성에 근원을 두었다고 볼 수 있다. 만약 신과 같이 전지전능하고 신과 같이 절대로 정의로운 개인이 있다면, 우리는 그 사람에게 정치를 일임하고 그 사람의 지혜와 선의를 따르는 것이 가장 안전하고 현명한 길이 될 것이다. 그러나 실제로 그런 사람은 있을 수 없는 까닭에 우리에게 남은 가장 현명한 길은 모든 국민의 지혜와 의사를 집약하여 그 중지에 의거하여 사회의 구조와 정책을 결정하는 그것일 수밖에 없다는 결론을 얻게 된다.
 민주주의의 정신과 과학의 정신은 그 바탕에 많은 공통점을 가졌다. 과학자가 어떤 특정한 학설을 절대 진리라고 고집하지 않듯이, 민주주의자는 어떤 특정한 인물에게 절대적 권위를 인정하지 않는다. 과학자가 남의 실험과 남의 학설을 존중하듯이 민주주의자는 자기와 견해를 달리하는 사람들의 말에 귀를 기울이고 그들의 의견을 존중한다. 접근해야 할 진리의 세계를 넓고 깊은 바다에 비유하고, 자신의 처지는 아직 해안에서 조개 껍데기를 줍는 어린이의 그것과 같다고 말한 아이저크 뉴튼의 겸손한 마음, 그것은 바로 진정한 민주주의자의 정신이기도 하다.
 우리 한국은 지금 발전 도상에 있다. 정치와 경제에 있어서, 학문과 예술에 있어서, 그리고 그 밖의 모든 분야에 있어서 하루가 다르게 성장해야 할 처지에 놓여 있다. 그리고 우리가 착실한 성장을 거듭할 수 있게 되기 위해서는, 과학자가 하듯이 새로운 정보를 존중하여 항상 자신을 수정해야 하며, 민주주의자가 하듯이 독단과 독선을 버리고 여러 사람들의 의견을 존중해야 한다.

 자라는 나무의 순은 물기가 있고 부드럽다. 일단 굳어 버린 둥걸은 자라기 어렵다. 인간도 개인의 경우에 있어서나 국가의 경우에 있어서나 유연성을 잃지 말아야 성장이 빠르다.

전통의 이해

1. 전통의 의의

나의 삶이 보람차고 뜻있는 것이 되기를 염원하는 것은 우리 모두의 한결같은 심정이다. 그러나 한 개인의 힘으로 보람찬 삶을 이룩한다는 것은 거의 불가능한 일이다. 설령 지위와 재물을 얻어 호의호식하는 평생을 즐길 수 있다 하더라도, 그것만으로 크게 뜻있고 보람찬 삶이라 하기는 어려울 것이며, 무엇인가 기록에 남을 일을 해야 비로소 우리의 절실한 염원이 달성되었다고 말할 수 있음직하다. 그런데 개인의 일생이란 그 기간이 덧없이 짧고 그 역량이 너무나 미약한 까닭에, 자기 혼자의 힘만으로 기록에 남을 만한 업적을 올린다는 것은 사실상 한갓 꿈에 지나지 않는다. 삶을 개인의 견지에서 음미하고 평가할 때, 우리가 발견하는 것은 결국 허무일 수밖에 없고, 피하기 어려운 이 허무감은 우리 모두를 슬프게 하는 심리의 그늘이다.

한 개인만의 생애를 떼어서 보면 미약하기 짝이 없는 삶에 지나지 않지만, 민족 또는 인류의 역사를 하나의 전체로서 바라볼 때는 사정이 아주 달라진다. 인류의 역사는 아득하게 오랜 연륜을 새겨 왔으며, 그 동안에 동서의 여러 민족이 쌓아 올린 문화의 업적 또한 찬란하고 위대한 기록이다. 개인의 삶이 덧없고 허약함에 비하여 인류의 역사는 놀라울 정도로 신비롭고 풍부하다. 하나하나 떼어 놓으면 하잘것 없는 빗방울이 크게 모이면 홍수도 되고 대하(大河)도 되는 합산(合算)의 기적이라고나 할까.

같은 시대의 사람만으로는 역사와 문화는 이루어지지 않는다. 시대를 달리하는 조상들과 자손들의 힘이 합해짐으로써 우리는 놀라운 현재를 갖게 되었다. 시행착오를 통하여 조상들이 얻은 지혜가 다음 세대로 전승되고, 그 다음 세대는 다시 자기네의 체험을 통해서 얻은 지혜를 보태서 다음 다음 세대로 전해 준다. 이와 같이 하여 점점 커가면서 전승되고 또 전승되는 지혜의 흐름이 다름 아닌 전통의 핵심을 이룬다. 다시 말해서, 전통을 매개로 삼고 인간의 지혜는 역사와 더불어 축적되며, 이 축적된 힘이 곧 문화의 원동력이다.

개인으로서도 '위대하다'는 칭송을 받는 특출한 인물이 있다. 소리 없이 왔다가 흔적도 없이 사라지는 평범한 사람들의 생애와는 달리, 그는 역사에 남을 만한 큰 업적을 쌓기에 성공한다. 그러나 이른바 '위대한 인물'의 경우도 따지고 보면 자기 한 개인의 힘만으로 그러한 업적을 쌓은 것은 아니다. 아무리 탁월한 천부의 소질을 타고난 사람이라 하더라도, 그가 만약 문화적 전통이 약한 사회에 태어났다면, 그는 결코 큰 업적을 남기지 못할 것이다. 위대한 문화적 전통과의 접촉 없이 단독의 힘만으로 위대한 인물이 된다는 것은 있을 수 없는 일이다. 천재란 혼자만의 힘으로 완전히 새로운 일을 하는 사람이 아니라, 자기가 살고 있는 사회의 전통 속에 숨은 지혜의 역량을 남보다 빨리 그리고 정확하게 습득하여 그것을 다시 발전시킬 수 있는 능력의 소유자를 말한다. 결국 천재들이 위대한 업적을 남길 수 있는 것도 전통이 간직한 위대한 유산의 힘의 도움 때문이다.

탁월한 업적을 남기는 사람들이 도움을 받는 것은 전통으로부터 뿐만은 아니다. 조상들의 힘을 빌리기에 앞서 더욱 직접적으로는 생활을 같이하는 동시대인들의 도움을 받는다.

성장 과정에 있어서 부모와 교사를 비롯한 여러 기성 세대를 통하여 전통 속의 지식과 지혜 그리고 기술을 배울 뿐 아니라, 같은 시대를 사는 여러 평범한 사람들의 도움을 받음으로써 그의 찬란한 업적을 성취한다. 연극에 있어서 주로 눈에 띠는 것은 주연 배우들이며, 명성을 떨치는 것도 대체로 그들에게 국한된다. 그러나 연극은 주연만으로 성립하는 것은 물론 아니며, 수많은 조연 배우와 단역들 그리고 무대 뒤에서 수고하는 스태프 전원과의 합작으로써 이루어진다. 사정은 인생이라는 큰 무대에 있어서도 마찬가지이니, 필경 역사를 전개하고 문화를 창조하는 것은 특출한 소수뿐 아니라 모든 사람들이라고 보는 편이 정확할 것이다.

인간이란 한 사람 한 사람 떼어놓고 볼 때는 지극히 미약한 존재이며, 따라서 그의 생애도 덧없고, 허망함에 가깝다. 그러나 무수히 많은 개인들이 힘을 합함으로써 이루어지는 인류의 역사는 유구한 생명을 누리고 있으며, 조상과 자손들의 힘을 합하여 이룩한 문화는 보람과 영광에 가득차 있다. 한 개인만으로는 미약한 존재와도 같은 인간이 역사와 문화창조에 참여함으로써 보람차고 뜻있는 삶을 향유하게 되는 것이다. 그리고 '전통'이란 곧 선조들이 여러 세대에 걸친 체험과 사색을 통하여 터득한 지혜와 지식을 간직한 유산에 해당하는 것이며, 전통이라는 유산을 주고 받음으로써, 선조와 후손들은 힘을 합하여 역사와 문화를 창조하는 공동의 일꾼이 되는 것이다.

2. 전통의 형성

아득한 옛날 우리의 조상들은 원시적인 생활 환경 속에서 많은 어려움을 겪었을 것이다. 변화무쌍하며 위험에 가득찬 자연환경과 싸워야 했고 또 맹수와 타부족의 거듭된 공격을 막아내야 했을 것이다. 삶의 과정은 곧 문제의 연속이었을 것이며 잇단 문제를 해결해 가며 생명을 유지하기 위하여 끊임없이 노력을 기울여야 했을 것이다. 이 많은 노력들이 언제나 성공하지는 못했을 것이며, 실패와 성공이 교차하는 이른바 시행착오를 거듭했을 것이다. 그리고 많은 경우에 있어서 실패는 죽음으로 연결되고 성공은 삶으로 연결되었을 것이다. 따라서, 성공으로 이끈 행위 또는 생활 양식은 '올바른' 방식으로 평가되고 존중되는 한편, 실패로 이끈 행위 또는 생활 양식은 '그릇된' 방식으로서 버림을 받았을 것이다.

'올바른' 방식을 발견한 사람들의 교훈은 다른 사람들에게 모방의 거울이 되었을 것이며, 그 방식이 거듭 좋은 결과를 가져올 경우에는 자라나는 세대에게도 그대로 따르라고 가르쳤을 것이며, 나아가서는 여러 세대에 걸쳐서 전승되었을 것이다. 그러나 옛날의 조상들이 '올바르다'고 믿은 방식도 아주 완벽하지는 못했을 것이다. 새 세대의 보다 풍부한 체험과 깊은 사색은 조상들이 터득한 방식을 더욱 적절한 것이 되도록 보완하는 데 힘이 되었을 것이다. 이리하여 선대가 터득한 지혜는 후대에로 계승됨에 그치지 않고, 역사가 발전함에 따라서 더욱 지혜를 추가하는 과정을 거듭함으로써 한민족 내지 인류 전체가 보유하는 지혜의 깊이와 넓이는 점점 더 정확하고 풍부한 것에로 발전하는 방향을 취했을 것이다. 이와 같이 앞선 세대가 터득한 삶의 지혜가 다음 세대에 전달되는 가운데, 다시 뒤의 세대가 터득한 지혜를 가산하여 또 다음 세대로 전달하는 과정의 되풀이가 다름 아닌 전통의 형성 과정의 중추를 이룬다고 볼 수 있다.

물론 모든 전통이 삶을 위한 지혜의 축적만으로 형성되는 것은 아니다. 삶의 과정에서 부딪치는 문제의 해결이라는 실용을 위한 행위가 인간이 하는 행위의 전부는 아니며, 실용과는 직접 관계가 없는 유희나 기호 또는 예술적 충동 등에 연유하는 행위나 생활 양식에 관해서도 같은 사회 사람들은 같은 방식을 선호하는 경향이 있으므로, 이들 실용과는 관계가 먼 생활의 영역에 있어서도 전통은 형성된다. 예컨대, 종교의 의식이나 관혼상제의 풍습 등에 관해서도 고유한 전통이 형성되는 것이 일반적 현상이거니와, 이러한 전통을 일률적으로 '삶의 문제 해결을 위한 지혜의 축적'으로서 설명하기는 어려울 것이다. 일반적으로 어느 사회나 다소의 특색을 지닌 풍습 내지 관습의 전통을 가지고 있거니와, 전통적 풍습이나 관습 가운데는 '지혜'라기보다는 단순한 기호나 습성 또는 예술감각 등에 연유하는 선호의 결과로 보아야 할 것들이 적지 않다. 때로는 불합리한 충동이나 미신에 근거를 두고 발생한 전통적 습속도 있으니, 지혜와는 거리가 먼 전통의 존재도 부인하기 어렵다.

그러나 현재는 실용과 관계가 없는 관습 내지 풍습도, 그것이 발생하던 기원으로 거슬러 올라가면 그 당시의 현실적인 문제와 관련이 있을 경우가 많다. 예컨대, 제례와 같은 종교적 의식은 현재는 실용과 관계가 없을지 모르나, 인간의 길흉화복이 귀신 또는 신령의 의사에 달렸다고 믿었던 옛날에 있어서는 어떤 실리를 추구하는 행위의 일종이었다. 그리고 불합리한 충동에 근원을 둔 습속의 경우도, 충동이라는 것 자체가 일종의 욕구이며, 그것이 해소될 때 만족이 따른다는 사실까지 감안하면, 역시 넓은 의미의 실용과 관계가 있다고 볼 수 있다. 다만, 미신 또는 충동에 근원을 둔 전통적 양식을 '삶의 지혜'가 담긴 것으로 보기는 어려울 것이다. 그러나 이러한 평가는 현대인의 견지에서 내리는 것이며, 과거에는 그것도 '올바른 삶의 길'을 따르는 소행이라고 믿는 사람들이 있었을 것임에 틀림이 없다.

이제까지의 고찰을 묶어 보건대, 전통의 핵심을 '삶을 위한 지혜의 축적'이라고 이해하는 견해에 별로 무리가 없을 것 같다. 다만, 전통이란 한번 생기면 타성(惰性)에 의하여 맹목적으로 지속되는 경향도 있으므로, 현대인의 안목으로 볼 때는 지혜롭지 못한 전통도 존재함을 인정해야 할 것이다. 그리고 옛날의 불합리한 사회 제도를 바탕으로 삼고 생긴 전통도 타성에 의하여 남아 있을 수가 있으니, 그런 것들은 현대인의 견지에서 재평가돼야 한다는 사실도 아울러 염두에 두어야 할 것이다.

3. 새 시대와 전통

전통의 근본을 '삶을 위한 지혜의 축적'이라고 보았다. 이러한 견해를 받아들인다면, 우선 전통은 아끼고 존중해야 할 보배로운 것이라는 결론이 뒤따르게 될 것이다. 만약 선조 대대의 체험으로 터득한 지혜가 그 속에 담겨 있다면, 개인 단독의 힘만으로는 큰 일을 하기 어려운 오늘의 후손들은 마땅히 그 축적된 지혜를 물려받아야 할 것이다.

그러나 전통 속의 지혜란 언제나 분명한 형태로 드러나 있는 것은 아니다. 지혜 이외의 여러 가지 요인들이 복합하여 전통의 외형을 결정하는 것이며, 그 핵심을 이루는 지혜는 가리워져 있을 경우가 많다. 그러므로, 전통 속에 담긴 지혜는 힘들여 찾아내야 할 대상에 속하며, 그것을 바르게 찾아내는 연구가 앞서야 한다는 논리가 성립한다.

전통 속에 담긴 지혜는 대부분 옛날의 조상들이 옛날의 상황을 배경으로 삼고 터득한 것들이다. 따라서 그것이 그 모습 그대로 우리 현실에 부합되기는 어려운 경우가 많으며, 그 근본 정신만을 살려 오늘의 현실에 맞도록 수정해야 할 필요가 종종 생긴다. 전통 속에 담긴 지혜를 오늘의 현실에 맞도록 고쳐 해석하는 일은 전통을 계승함에 있어서 자손들이 해야 할 두 번째 작업이다.
 전통의 근본이 삶을 위한 지혜의 축적이라면, 그 전통에 참여하는 오늘의 후손들도 무엇인가 하나 더 보태는 것이 있어야 할 것이다. 조상의 업적을 지키는 것만으로는 충분할 수 없으며, 계승에 이어 창조가 보태져야 할 것이다. 전통 속에 담긴 지혜 즉 선인들이 애써 터득한 가르침을 외면하고 함부로 새로운 것만을 좇는 성급한 태도는 도리어 후퇴를 가져올 것이다. 그러나 옛것의 묵수(墨守)만을 능사로 삼는 것도 훌륭한 후손들이 취할 길이 아니다. 역사가 마땅히 앞으로 전진해야 할 것이라면, 오늘의 후손들은 선조로부터 물려받은 유산보다도 더 나은 것을 다음 세대에게 물려주어야 할 것이다.
 우리 한국은 반만 년의 오랜 역사를 가지고 있다. 역사가 오래인 만큼 문화의 전통도 풍부하다. 단일 민족으로서 오랜 역사를 이어왔던 까닭에 우리 한국은 고유한 언어와 생활 양식을 발전시켰고, 중국과 인도의 거대한 문화 전통을 일찍이 수용 소화하여 우리의 전통 속에 동화시킴으로써 동양 문화권 전체에 있어서 매우 중요한 위치를 차지하고 있다.
 그러나 우리의 민족 문화가 현재 순조로운 상황에 놓여 있는 것은 결코 아니다. 일제의 식민지 문화 정책의 강압에 의하여 큰 상처를 입었던 우리 문화는 설상가상 이질적 서구 문명의 유입으로 인하여 또다시 큰 혼란을 겪고 있다. 한마디로 말해서 지금 우리 문화는 스스로의 모습을 가다듬어야 할 소중한 시기에 놓여 있다. 우리 전통 문화와 일본 문화, 그리고 서구 문명이 무질서하게 혼합된 오늘의 상태를 질서 있고 조화로운 높은 차원으로 끌어올리는 일이 우리 모두의 공동 과제인 것이다. 이 어려운 과제를 수행함에 있어서 우리는 어떠한 원칙을 따라야 할 것인가?
 우리의 궁극 목적은 개인의 행복과 공동체의 번영일 수밖에 없다. 공동체의 번영 속에서의 개인의 행복, 이것을 실현하기 위해서 모든 지혜가 동원되어야 할 것이다. 전통 문화는 어떻게 계승하며 외래 문화는 어떻게 수용할 것인가 하는 문제도 역시 '모든 지혜를 동원한다'는 원칙에 따라서 해결되어야 할 것이다. 다시 말하면, 현재와 미래에 걸친 우리의 삶을 질과 양에 있어서 풍부한 것으로 만들기 위해서 가장 적절한 사고 방식과 행동양식을 주축으로 삼고 우리의 문화를 다시 세워야 할 것이다.

자연 자원의 고갈과 생활 환경의 오염이 심각한 현대에 있어서는 생존 그 자체가 어려운 과제이다. 이 어려운 과제를 풀기 위하여 우리는 동양의 전통 사상과 서양의 과학 기술을 아울러 살려야 할 것이다. 생명과 도덕, 학문과 예술 등 정신적 가치를 숭상하는 동양의 전통으로부터 우리는 현대 산업 사회의 위기를 극복하는 지혜를 배워야 할 것이다. 그러나 만약 우리가 서양의 합리주의적 사고와 과학 기술을 외면한다면 생존 그 자체가 큰 위협을 받을 것이다.

겉으로 나타난 전통 문화의 양상과 외래 문화의 형태를 비교하고 평면적인 조화를 꾀하는 것만으로는 문제가 해결되지 않을 것이다. 우리에게 가장 필요한 것은 문화의 깊은 뿌리가 간직한 지혜를 생활 속에 체득하여 흡수하는 일이다. 그 지혜는 동양 문화의 뿌리에도 있을 것이며, 서양 문화의 뿌리에도 있을 것이다.

현대 사회와 사랑의 문제

1

아무리 자유와 밀실을 갈망하고 때로는 고독까지 사랑한다 할지라도, 현대인 역시 옛날부터 인간이 그랬듯이 여전히 사회적 존재임에 틀림이 없다. "인간은 사회적 동물이다"라는 짧은 명제는 실로 많은 사실을 가리키고 있거니와 모든 사람의 공통된 삶의 목표인 행복의 달성을 위해서 가장 중요한 조건이 인간적 화합에 있다는 사실도 그 가운데 포함된다고 보아야 할 것이다.

사회적 지위, 재산, 건강, 지식 등은 현대 사회에 있어서 행복한 삶을 누리기 위하여 매우 중요한 조건으로서 손꼽힌다. 지위가 높고 재산이 많으며 건강이 좋고 지식이 풍부한 사람과 그 반대의 사람을 비교할 때, 전자가 행복을 위하여 결정적으로 유리한 위치에 있다는 것은 명백한 상식이다. 그러나 그것들이 행복을 위한 절대적 조건이 아니라는 것은, 지위가 낮거나 가난한 사람, 또는 건강이 나쁘거나 지식 정도가 낮은 사람들 가운데도 그런 대로 행복한 사람이 있을 수 있다는 사실을 생각할 때, 의심의 여지가 없다.

인간적 화합이 행복의 달성을 위하여 필요한 정도는 다른 무엇과도 비교할 수 없을 만큼 거의 절대적이다. 지위가 높고 재산은 많으나 여러 사람들의 미움과 지탄을 받는 사람과, 지위가 낮고 가난하기는 하나 주위 사람들의 사랑과 아낌을 받는 사람을 비교할 때, 어느 쪽이 행복이라는 목표에 더 가까운 자리에 있는가를 생각해 보면, 우리들을 위하여 가장 소중한 것이 인간적 화합임을 곧 알 수 있을 것이다.
 혼자서 조용히 있기를 원하는 사람일지라도 그에게 진정한 외로움보다 더 괴로운 것은 없을 것이다.

 현대의 산업사회 속에 사는 사람들은 모두 각각 자기 자신을 위해서 살고 있다 하여도 과언이 아닐 정도로 자기중심적이다. 공동체나 타인에 대한 봉사를 앞세우는 사람들까지도 내심으로는 자기 자신을 위한 계산부터 하게 되는 것이 서구적 산업 사회의 일반적 경향이다.
 자기들의 행복을 추구하는 것은 옛날부터 있었던 인간의 보편적인 모습이었고 특히 현대에 이르러서 비롯된 현상은 아니다. 그러나 자아에 대한 의식과 행복에 대한 관념이 옛날과 지금과는 크게 다른 까닭에 인간이 자기를 중심으로 행복을 추구하는 구체적 양상에는 시대에 따라 차이가 현저하다.
 옛날 사람들은 가족 또는 그 밖의 어떤 공동체를 자기와 동일시하는 경향이 현저하였고, 돈이나 지위 같은 외적 대상의 획득보다도 일하며 즐기는 생활 그 자체 속에서 삶의 보람을 찾았다. 그러나 현대 산업사회의 인간은 자기 자신 한 사람 밖의 것은 모두 남으로서 의식하는 경향이 있으며, 그날 그날의 생활 그 자체보다도 노동의 결과로서 얻는 외적 가치의 획득에 관심을 집중시킨다. 자아관 및 가치관에 있어서의 이러한 차이는 사람이 사람을 보는 태도에도 근본적인 차이를 가져오게 마련이어서, 옛날의 인간 관계와 오늘의 인간 관계에 근본적인 차이점을 초래하였다.
 옛날 사람들의 의식 속에서는 '우리'가 먼저 있었고, 그 '우리'가 나와 너로 나뉘어졌다. 그러나 오늘의 산업사회를 사는 사람들의 의식 구조에 있어서는 우선 개인으로서의 '나'가 먼저 있고 여러 '나'들이 각자의 필요를 충족시키기 위하여 외적으로 연합해야 하는 것이다. 정(情)의 교류를 형성하는 우리들의 태도를 넓은 의미에 있어서 '사랑'이라고 부른다면, 사랑의 문제는 정의 기근 속에 사는 현대인의 경우에 있어서 과거 어느 때보다도 절실한 문제로서의 성질을 가졌다고 볼 수 있을 것이다.

자연적으로 형성된 정의 광장이 결여된 상태에서 삶을 시작해야 하는 까닭에 현대 산업 사회의 개인들은 능동적 노력으로써 정의 교류를 빚어내야 한다고 하였다. 그러나 실제에 있어서 현대의 개인들은 자기네의 행복을 위해서 절실하게 요청되고 있는 이것을 빚어내는 일을 성공적으로 수행하고 있는 것으로 보이지 않는다. 이 실패의 근본적인 원인은 현대인의 사고 방식 내지 의식 구조 자체 안에서 찾을 수 있을 것이다.

지나치게 자기중심적인 현대 산업사회의 개인들은 각각 자기 이외의 모든 것을 자기가 이익을 추구하는 과정에 있어서 이용할 수단으로 보는 경향이 있다. 자연을 나의 연장 내지 근본으로서 사랑하고 아끼기보다는 정복과 이용의 대상으로서 대접한 현대인은 한 걸음 더 나아가 같은 종족인 인간까지도 나를 위한 수단으로 보는 경향을 가지기에 이르렀다. 모든 것을 그 자체가 목적인 것으로 보기에 앞서서 한갓된 이용의 대상으로 바라보는 경향이 습성화되어 가고 있다.

널리 '사랑'이라는 이름으로 부를 수 있는 감정은 상대편을 그 자체로서 귀중히 여기는 마음에 바탕을 두었을 때 진정한 것이 된다. 환언하면 상대편을 한갓 나를 위한 수단으로밖에 여기지 않는 한, 진정한 의미의 사랑이란 있을 수 없다. 예컨대 한 폭의 그림, 한 그루의 꽃나무를 사랑한다 할 때에도, 그 그림 또는 꽃나무의 아름다움 자체를 귀중히 여기는 마음의 바탕이 없이 단순히 그것이 갖는 경제적 가치나 그것이 나에게 일으킬 수 있는 쾌감 때문에 소중히 여기는 데 그치는 것이라면, 진정한 의미의 사랑은 거기에 없다고 본다.

모든 소유물의 가치를 그 상품 가치로써 측정하고 사람의 가치까지도 그의 수입 또는 그의 이용 가치로써 저울질하는 사람들이 적지 않다. 객관적 관점에서 볼 때 사람은 본래부터 사회적 관계 속에 던져진다는 사실은 옛날이나 지금이나 같을지 모르나, 적어도 주관적 의식이 느끼는 바로는 개인으로서의 '나'가 먼저 있고 남들과의 사회적 관계는 그 뒤에 오는 부차적인 것이다.

'우리'라는 의식이 '나'라는 의식을 압도했던 옛날의 인간 존재에 있어서는 인간적 화합은 공동 생활 속에 자연적으로 이루어졌고, 한 공동체에 속하는 여러 사람들은 본능적인 정의 유대에 의하여 서로 엉켜 있었다. 그러나 개인적인 '나'의 의식이 절대적으로 우세한 가운데 '나' 밖의 모든 것은 내가 이용 또는 적응해야 할 타자 내지 대상으로서 의식되는 현대인의 경우에 있어서는, 사람들은 일단 각각 떨어져서 존재하는 것이며, 떨어져 있는 개인들이 의도적 노력으로써 인간적 화합을 성취해야 할 사정에 놓여 있다. 정(情)의 광장이 공동의 소유로서 미리부터 주어져 있지 않으며, 각자가 개인의 것으로서 소유하는 정을 조금씩 출연함으로써 정의 유대를 마련해야 한다.

2

이해 관계를 따지는 계산에 입각한 거래에 의해서도 사람과 사람은 연결될 수 있다. 그리고 계산 또는 계약을 토대로 한 협력의 체제가 현대 사회에 있어서 갖는 의의는 매우 크다고 보아야 할 것이다. 그러나 사회적 존재로서의 인간이 행복에 도달하기 위해서는 계산과 계약에 의한 협력만으로는 부족하다. 여전히 인간은 정감적 동물이며 정감적 동물로서의 인간이 행복에 도달하기 위해서는 정의 교류를 호흡해야 한다.

앞에서도 말한 바와 같이 옛날에는 인간적 화합이 공동 생활 속에 자연적으로 이루어졌고, 사람들은 공동 소유로서의 정의 광장 내지 정의 교류 속에 처음부터 살고 있었다. 그러나 현대인의 경우에 있어서는 그 정의 교류를 우리들의 노력을 통하여 빚어내야 한다. 그러므로 현대 산업 사회에 살고 있는 사람들에게 사랑은 붙잡히지 않는 무지개 같은 목표로서 손에 넣기 어려운 대상이다. 인간을 인간으로서 인간답게 대접하는 것은, 어떠한 경우에 있어서나, 바람직한 인간관계의 실현을 위한 전제 조건이 되거니와, 현대는 인간을 인간으로서 존중히 여기는 정신이 미약한 까닭에, 사랑의 노래와 사랑의 소설, 그리고 사랑의 영화가 온통 세상을 흔들고 있음에도 불구하고, 진정한 사랑이 귀할 수밖에 없는 역설적인 결과에 도달하는 것이 아닐까 한다.

신문이나 라디오는 '사랑하는 사람'을 죽였다는 사건을 가끔 보도한다. 살인자는 "너무 사랑했기 때문에 죽였다"고 그 동기를 밝히기도 한다. 그러나 사실은 처음부터 거기에 사랑은 없었다고 보아야 옳을 것이다. 사람은 결코 사랑하는 사람을 죽이지 않는다. "사랑과 미움은 종이 한 장 차이"라고 하는 말이 무슨 진리나 되는 것처럼 사람들의 입길에 오르내리는 것 자체도 현대인의 사랑이 거짓 사랑에 불과하다는 일반적 현상을 배경으로 삼고 일어난 유행어에 지나지 않는다. 사랑과 미움은 본래 그렇게 가까운 것이 아니다.

'사랑'이라는 이름으로 사람을 소유하고자 하는 욕망은 현대에 이르러 더욱 강화된 것으로 보인다. "너는 내 것이다"라는 말을 단순한 비유의 언어로 사용하는데 그치는 것이 아니라 노골적인 소유욕의 표현으로써 사용하는 경우가 많다. 그러나 엄밀한 의미에 있어서 인간은 결코 소유의 대상이 될 수 없는 존재이다. 본래 소유의 대상이 될 수 없는 인간까지도 소유의 대상으로 보는 오류는 이미 노예 시대의 사람들이 범하였다. 먼 옛날에는 인간에 귀천의 구별이 있다고 믿었던 것이며, 소유의 대상이 되었던 천인들에 대해서는 진정한 의미의 인권을 공공연하게 부인했던 것이다. 그러나 현대에 있어서는 모든 사람은 존엄한 인격과 인권을 가졌다는 점에서 평등하다는 것이 우리들의 상식임에도 불구하고, 사람을 소유의 대상으로 여길 뿐 아니라 그 소유욕을 사랑으로 착각하고 있으니 더욱 큰 모순에 빠지고 있는 셈이다.

3

과학 기술의 놀라운 발달과 고도의 산업화 그리고 자본주의 체제의 상품 문화는 현대인의 의식 구조에 결정적 영향을 미쳤다. 과학 기술의 발달은 인간 지능의 발달의 산물인 동시에 다시 인간 지능의 발달을 더욱 촉진시켰다. 그리고 산업 사회의 물질 문명과 상품 문화 속에서는 모든 사물이 그 이용가치 또는 상품가치에 의하여 평가되는 경향이 있다. 저 지능의 발달과 이 평가의 경향이 현대인의 의식 구조에 있어서 갖는 의의는 거의 절대적이다.

지능이 고도로 발달할수록 개인적 자아의식도 따라서 발달한다. '우리'를 위해서 살던 사람이 '나'를 위해서 사는 방향으로 관심의 방향이 바뀌는 것이다. 뿐만 아니라, 지능이 고도로 발달함에 따라서 인간의 감성은 의식의 후면으로 물러서게 되며, 그 상대적 비중이 축소된다. 뜨겁게 감격하기보다는 차갑게 따지고 비판하는 쪽으로 심리의 비중이 옮겨진다.

따지고 비판하는 태도와 사물을 그 이용 가치 내지 상품 가치에 의해서 평가하는 태도가 결합했을 때, 이 세상의 모든 것들은 평범하고 대단치 않은 것으로 보이기 쉽다. 그 자체가 소중하고 존귀하여 우리들로 하여금 존경 내지 숭배의 감정을 갖게 할 만한 것이 별로 없게 된다. 신은 그 존재가 의심을 받게 되고 인간은 비슷비슷한 평범인으로 격하된다. 인간도 그 이용 가치 내지 상품 가치에 의하여 평가되는 풍토 속에서는 특별한 수양으로 위대한 인격이 탄생하기도 어렵거니와, 간혹 탁월한 인품이 존재한다 하더라도 정당한 평가와 존경을 받기는 어렵다. 이러한 정신적 상황 속에서 사람들이 존경과 사랑의 감정을 유대로 삼고 깊은 마음의 결합을 얻기는 매우 어려운 일이며, 따라서 현대의 군중은 정신적 고립 속에 고독한 개인으로서 사는 사례가 많게 되었다.

그러나 인간은 여전히 사회적 존재인 까닭에 오늘도 다른 사람들과의 화합은 예나 다름 없이 요청되는 것이며, 인간적 화합을 위한 유대의 가장 근본적인 것이 넓은 의미의 '사랑'이라는 점을 고려할 때, 현대에 있어서 사랑의 문제가 특별한 중요성을 가지고 부각됨을 우리는 보았던 것이다. 그리고 또 인간까지도 이용 내지 소유의 대상으로 보는 현대인의 사고 방식으로 말미암아 이 사랑의 문제가 매우 어려운 문제로 남게 되었다는 사실도 우리는 보았다.

여기서 우리가 다음에 생각해야 할 문제는, 현대인에게 실천 가능한 범위 안에서 가장 바람직한 사랑을 위하여 우리에게 요청되는 지혜는 어떠한 것일까 하는 그것이다. 지면이 허락하는 범위 안에서 힌두 가지만을 생각하여 보기로 하사.

첫째로, 인간을 단순한 수단으로 생각하는 그릇된 사고 방식을 버려야 할 것이다. 인간을 소유의 대상으로 보는 생각도 인간을 수단으로 보는 생각의 연장으로 볼 수 있으니, 인간을 그 자체가 목적인 소중한 존재로서 대접하는 기본적인 자세만 확립된다면 넓은 의미의 사랑의 실현을 위해서 큰 도움이 될 것이다.

남을 이용 내지 소유의 대상으로 보는 것은 나만을 생각하는 이기심의 소행이다. 인간을 그 자체가 소중한 목적으로서 대접한다 함은 좁은 이기심을 넘어서서 모든 사람을 나와 동등한 주체로서 존중하는 것이니, 인간을 목적으로서 존중할 때 평등한 견지에서 서로 아끼는 인간 관계의 길이 열리게 될 것이다. 평등한 위치에서 서로 아끼는 관계는 넓은 의미의 우정을 위한 기본이 되는 것이며, 민주주의를 믿는 현대인을 위해서 가장 건전한 사랑의 기조는 이러한 우정에서 찾아야 할 것으로 생각한다.

둘째로, 현대인의 사랑은 인간의 유한성에 대한 인식에 토대를 두는 동시에, 인간의 현실보다 앞으로의 가능성에 대한 믿음을 근거로 삼아야 하겠다. 다시 말하면, 크게 볼 때 우리 모두는 대동 소이한 유한자로서 같은 운명의 별 아래 살고 있는 동행자라는 공감과 비록 현재는 낮은 단계에 있을지라도 장차 높은 단계로 발전할 수 있는 가능성을 가진 존재라는 믿음을 바탕으로 삼는 우정이 가꾸어져야 할 것이며, 모든 형태의 사랑은 이 우정을 근간으로 삼고 형성되어야 할 것이다.

앞에서 말한 바와 같은 우정이 실현되기 위해서는 금전, 권력, 향락 등 외면적 가치를 정점으로 삼는 현대인의 가치관에도 큰 수정이 가해져야 할 것이다. 유한성에도 불구하고 그래도 존엄한 존재로서의 인간을 최고의 가치로서 대접하는 기본적인 태도가 전제되지 않는 한, 참된 사랑은 실현될 수 없을 것이며, 따라서 현대인의 고독은 해결되기 어려울 것이다.

그러나 가치관의 개조가 주관적 소망이나 개인적 결심만으로 이루어지는 것은 아니다. 여기엔 정치와 경제를 위시한 제도의 개혁이 병행해야 하는 것이니, '사랑'이라는 작은 개념에서 출발한 우리의 문제가 실은 매우 근본적인 문제의 일환임을 본다.

행동의 지도자와 사상의 지도자

　사회보장심의위원회의 사회윤리분과위원회와 고려대학교 사회조사연구소의 공동 연구로서 "한국인의 가치관"에 대한 사회 조사를 1968년에 실시한 적이 있다. 그 사회 조사를 위한 질문서 가운데 한국의 지도자가 갖추어야 할 자격에 관한 물음이 하나 제기되고 있는데, 그 물음의 기술(記述)은 다음과 같다.

　우리 나라의 지도자로서 갖추어야 할 가장 중요한 점은 무엇이라고 생각하십니까?
　　1. 지조(志操)가 곧고 인품이 훌륭함.
　　2. 학식이 많음.
　　3. 박력과 결단성.
　　4. 정직하고 청렴함.
　　5. 겸손하고 희생 정신이 강함.
　　6. 기타.
　　7. 모르겠다.

　조사의 대상자로 선출된 사람의 총수는 8,426명이며, 그 가운데서 위의 물음에 대하여 첫째로 '지조가 곧고 인품이 훌륭한 사람'이라고 대답한 사람들의 수효는 1,856명으로 총수의

22.3퍼센트에 해당하며, 둘째로 '학식과 지식이 많은 사람'이라고 대답한 사람들이 439명으로 5.09퍼센트, 셋째로 '박력과 결단성이 있는 사람'이라고 대답한 사람들이 3,518명으로 41.75퍼센트, 넷째로 '정직하고 청렴한 사람'이라고 대답한 사람들이 1,180명으로 14퍼센트, 다섯째로 '겸손하고 희생정신이 강한 사람'이라고 대답한 사람들이 1,147명으로 13.35퍼센트, 여섯째로 '기타'의 항목에 표를 지른 사람들이 103명으로 1.22퍼센트를 각각 차지하고 있다. (그 밖에 '모르겠다'고 대답한 사람들 63명이며, 응답을 하지 않은 사람이 102명 있다.)

위의 통계에 있어서 첫째로 주목을 끄는 것은, '박력과 결단성'이라는 항목이 41.75퍼센트로 단연 높은 비중을 차지하고 있다는 사실이다. 이에 비해서, 둘째로 높은 비율을 차지한 '지조가 곧고 인품이 훌륭함'의 경우는 22.3퍼센트로 훨씬 뒤떨어진다. 그리고 '학식이 많음'에 이르러서는 5.9퍼센트밖에 안 되는 적은 비율이다.

위에서와 같이 나타난 숫자가 의미하는 바는 뚜렷하다. 그것은 오늘날 우리 한국 사람들이 가장 갈망하고 있는 지도자의 유형은 강력한 행동력을 가진 지도자라는 사실이며, '학식이 많은 사람'은 행동력이 그리 강하지 못한 사람으로 인정되는 경향이 있다는 사실이다.

우리 한국이 지금 행동력이 강한 지도자를 요구하고 있음에는 의심할 여지가 없다. 현재 우리는 여러 가지 해야 할 일과 고쳐야 할 일을 가지고 있으며, 이 많은 일들을 처리해 나가자면 매우 강력한 행동력이 필요하기 때문이다.

그러나 행동적인 지도자가 지금 우리 나라가 요구하는 지도자의 전부는 결코 아니다. 관점에 따라서는 사상의 지도자가 행동의 지도자보다도 더욱 절실하게 요청되고 있다고 볼 수도 있다. 행동의 지도자는 우리 눈앞에 잘 뜨이며 그들의 업적 또한 많은 사람들의 인정을 받기가 쉽다. 따라서 사람들은 누구나 그들의 중요성을 피부로써 느끼게 된다. 이에 비하면 사상의 지도자의 모습은 대중 앞에 나타나는 기회가 적으며 그들의 공로도 일반적으로 널리 알려지기 어려운 일면이 있다. 이러한 사실에 비추어 볼 때 일반을 대상으로 삼는 사회 조사에 있어서 행동력이 강한 지도자를 요청하는 경향이 강하게 나타나는 것은 이해할 수 있는 일이다. 그러나 우리의 현실을 예리하게 통찰하는 사람은, 행동의 지도자 못지않게 사상의 지도자도 절실하게 요청되고 있다는 사실을 간과하지 않는다.

지도자라고 하면 사람들은 우선 정치가를 연상하고 고급 관리를 연상한다. 그토록 정치와 행정은 오늘날 우리들의 사회 생활에서 무거운 비중을 차지하고 있다. 우리의 현실을 바라볼 때 정치와 행정이 국민 생활에 미치는 영향이 지대하다는 것은 아무도 의심하지 못한다. 따라서 훌륭한 정치적 지도자와 행정적 지도자가 나타나야 한다는 것도 의심의 여지가 없다.

그러나 훌륭한 국민이 없이는 이 민주 시대에 있어서 훌륭한 정치나 행정의 지도자가 나올 수 없으며, 설령 나타난다 하더라도 제구실을 할 수가 없다. 그리고 훌륭한 국민이 있기 위해서는 첫째로 훌륭한 사상의 지도자가 존재해야 하는 것이다.

민주 시대의 정치적 지도자는 대중의 선출과 지지에 의해서 형성된다. 본인이 아무리 훌륭하더라도 대중이 그를 인정하지 않고 떠받들지 않는다면 지도자로서의 위치를 지키지 못한다. 그러므로 약간 뛰어난 사람이 나타나기만 하면 그를 모략하고 중상하며 그를 끌어내리기를 힘쓰는 대중들 가운데서는, 즉 시기심이 유난스럽게 강한 인심 가운데서는, 훌륭한 지도자 특히 행동의 지도자가 생기기 어렵다. 행위의 세계에 있어서의 지도자는 자기 한 개인의 힘으로써 그 자리에 서게 되는 것이 아니라, 여러 사람들의 인정과 지지 그리고 선전에 의해서 그 자리를 얻게 되는 것이다.

유능한 사람이 요행히 지도자의 자리에 오른다 하더라도 국민 대중이 몹시 타락해 있을 경우에는 지도자로서의 역량을 발휘하기 어려우며 따라서 업적이 오르지 않는 까닭에 그 자리를 오래 지키지 못한다. 높은 업적이 오르기 위해서는 지도자와 피지도자의 뜻이 잘 맞아서 그들의 협동이 잘 이루어져야 하기 때문이다.

이상의 고찰로써 훌륭한 대중 또는 훌륭한 국민이 없는 곳에서는 훌륭한 행동의 지도자가 나타나서 제구실을 하기 어렵다는 사실이 분명하거니와, 훌륭한 대중 또는 훌륭한 국민으로서 갖추어야 할 첫째 조건은 그들이 올바른 정신적 자세를 갖는다는 사실임도 스스로 명백하다. 한 인간이 인간으로서 훌륭하다 할 때 거기서 첫째로 고려되고 있는 것은 그의 인간성, 즉 그의 정신적 자세이다.

훌륭한 대중 또는 훌륭한 국민이 생기는 것은 넓은 의미의 '교육'을 통해서이다. 그리고 올바른 교육이 가능하기 위해서 첫째로 필요한 것이 훌륭한 스승, 즉 훌륭한 사상의 지도자라는 것은 상식 이전의 상식이다.

우리는 '행동의 지도자'와 '사상의 지도자'를 편의상 일단 나누어 볼 수 있었다. 그러나 우리가 요청하는 '사상의 지도자'는 단순한 관념의 지도자가 아니라 훌륭하게 행동할 수 있는 사람들을 길러내는 스승이 아닐 수 없다. 다시 말하면 사상의 지도자가 지도해야 할 그 '사상'은 단순한 관념의 세계에 머물 수 없는 바 행동의 세계에로 직결되어야 할 사상이 아닐 수 없다. 이에 또 한가지 분명한 것은 우리가 사상의 지도자를 갈망한다고 할 때 그 '사상' 가운데는 이미 실천의 원리가 깃들어 있어야 한다는 사실이다.

이와 같은 관점에서 볼 때, 이 글 첫머리에서 언급한 가치관 조사에 있어서 우리 나라의 지도자가 갖추어야 할 가장 중요한 조건으로 학식이 풍부함을 지적한 사람이 매우 적었다는 사실이 의미하는 바의 일부를 짐작할 수가 있다. 즉 우리 나라 사람들이 생각하는 '학식' 또는 '지식'이라는 것이 그 안에 실천의 원리를 포함한 산 지혜가 아니라 행동의 세계와 거리가 먼 화석화(化石化)한 지식에 지나지 않는다는 것을 짐작할 수 있다.

우리 한국은 현재 많은 어려움과 중대한 과제에 봉착하고 있으며 따라서 국민 전체의 적극적이며 창의성 있는 활동이 절실하게 요청되고 있다. 그리고 국민 전체의 적극적이며 창의성 있는 활동이 효과적으로 이루어지기 위해서는 '박력과 결단성 있는' 지도자가 반드시 있어야 한다. 이러한 뜻에서, 우리 나라의 지도자로서 갖추어야 할 가장 중요한 점으로는 '박력과 결단성'을 지적한 사람이 단연 많았다는 저 사회 조사의 여론의 경향을 우리는 타당성이 있는 판단의 반영으로 이해할 수 있었을 것이다.

그러나 우리의 적극적인 활동이 우리의 역사적인 과제를 수행함에 있어서 만족스러운 효과를 거두기 위해서는 우리의 행동이 사리에 맞고 시기에 적합하며 또 서로의 협동이 잘 이루어져야 한다. 간단히 말해서 우리의 현실은 우리 국민 전체의 지혜롭고 용감하며 공정한 행동을 우리에게 요구하고 있다. 따라서 우리의 지도자는 국민의 활동을 지혜롭고 용감하며 공정한 행동이 되도록 이끌어야 하는 것이며, 그렇게 하기 위해서는 지도자들 자신이 지혜롭고 용감하며 공정해야 한다. 우리의 지도자는 단순히 박력이 있고 결단성이 있는 것만으로 충분한 것이 아니라, 동시에 지와 덕을 갖추어야 한다. 방향을 잘못 잡은 박력과 결단성은 도리어 막대한 폐단을 초래할 것이기 때문이다.

이상의 고찰로써 알 수 있는 것은 우리의 현실이 요구하는 가장 이상적인 지도자는 힘찬 행동력을 가진 실천가인 동시에 사상이 풍부한 인격자라는 사실이다. 강력한 행동력과 통솔력을 가진 위에 풍부한 학식과 사상 그리고 도덕적 인격을 갖춘 사람이 정치나 행정의 지도자가 되고 군대의 지휘관이 된다면 그 이상 더 바랄 것이 없다.

그러나 오늘과 같이 사람들의 직업이 전문화되고 사람들의 활동이 분업화된 시대에 있어서, 같은 사람이 실천과 이론의 여러 가지 면에 있어서 고루 탁월하기는 매우 어려운 일이다. 따라서 실천에 있어서 탁월한 행동력 내지 통솔력을 가진 사람들과, 이론에 있어서 풍부한 학식을 가진 사람들이 한데 뭉쳐서 강력하고 슬기로운 지도력을 발휘할 필요가 있다. 오늘의 실정으로 보아서 우리의 국민 생활을 적절하게 이끌어 가기에 가장 적합한 것은, 한 개인의 지도자이기보다도, 여러 방면에 있어서 탁월한 사람들이 뭉침으로써 형성된 지도 세력이다. 바꾸어 말하면, 민주 사회를 만족스럽게 이끌어가기 위해서는, 행동에 있어서 탁월한 지도자들과 사상에 있어서 탁월한 지도자들이 하나의 공동 목표 아래 집결함으로써 강력하고 슬기로운 지도층을 형성해야 한다.

그러나 행동의 지도자와 사상의 지도자가 집결하여 협동적인 관계를 맺는다는 것은 결코 말과 같이 쉬운 일이 아니다. 그들은 각각 디디고 서 있는 계층이 다르며 기질과 사고 방식이 다른 까닭에 조화롭게 뭉치기가 어려운 것이다. 행동의 지도자와 사상의 지도자가 그들의 차이점을 극복하고 조화롭게 뭉칠 수 있기 위해서는 그들이 진실로 탁월한 사람들이라야 한다. 그러나 여기서 '진실로 탁월하다' 함은 대체로 어떠한 특색을 가리키는 것일까?

우선 행동의 지도자가 사상의 지도자의 식견을 받아들여서 행동의 방향을 위한 횃불로 삼을 수 있기 위해서는, 첫째로 그의 도량이 넓어야 하며 사사로운 이익이나 감정을 위해서 권력을 남용함이 없도록 공정해야 한다. 국량이 옹색한 지도자는 자기의 의견만을 고집하는 독선에 빠지기 쉬우며, 공정하지 못한 행동의 지도자가 세력을 잡으면, 자기보다 학식과 인격이 높은 사람들까지도 손아귀에 넣고 휘두르려 하는 까닭에, 지덕(知德)이 고매한 사상가의 협조를 얻기가 어려운 것이다.

둘째로, 학식이나 지식 또는 사상이 행동의 세계에 있어서 참된 횃불의 구실을 할 수 있기 위해서는, 그 학식 또는 사상이 우리 현실 속에 뿌리를 박은 산 지식이요 사상이라야 한다. 학문이나 지식이 반드시 실용만을 위한 수단에 불과한 것은 아니다. 그러나 학식이든 사상이든 그것이 행동의 지도력이 될 수 있기 위해서는 그것이 우리의 현실과 밀착해야 하며 지식을 위한 지식 또는 사상을 위한 사상은 행동의 지침으로서는 아무런 참고도 되지 않는 무용지물이다.

셋째로, 행동의 지도자와 사상의 지도자가 같은 공동 목표 아래 뭉칠 수 있기 위해서는, 그들이 모두 국가와 민족을 대국적인 견지에서 사랑하는 지사(志士)라야 한다. 자기 한 개인이나 일당의 이익만을 힘쓰는 사람 또는 사소한 감정에 사로잡히기 쉬운 사람들은 크게 한데 뭉치기가 어렵다.

끝으로, 오늘날 우리가 요청하는 지도자는 그가 행동의 지도자이든 사상의 지도자이든, 뒤로는 우리의 전통을 아끼는 동시에 앞으로는 새세대의 요구와 방향을 올바로 내다볼 수 있는 감각과 식견을 갖춘 사람이라야 한다. 역사적인 전환기에 놓인 우리 한국이 수행해야 할 가장 큰 과제의 하나는 값 있는 전통과 새시대의 사조를 슬기롭게 조화시킴으로써 우리 자신의 새로운 문화를 창조하는 일이다. 그리고 현대의 지도자는 이 문화 창조의 과제를 올바로 이끄는 소임까지도 아울러 맡아야 하는 것이다.

민주 사회의 인간상

1. 목표와 현실의 차이

우리는 분단으로 더욱 좁아진 국토에서 과다한 인구가 살고 있다. 부존자원은 풍부한 편이 못 되며, 불가피한 산업화 과정에서 적지 않은 외채를 지게 되었다. 남북의 대치는 극도의 긴장 상태를 지속하고 있으며, 이 불행한 상태는 막대한 국방비의 지출을 강요한다. 이것이 현재 우리가 놓여 있는 상황이다. 이 어려운 상황 속에서 우리는 살아야 하거니와, 어떻게 사는 것이 가장 잘 사는 길일까? 이것이 우리가 함께 부딪친 문제이다.

실은 이 공동의 문제에 대하여 우리는 이미 하나의 길을 선택하고 살아온 셈이다. 민주적 복지국가의 길을 지향하기로 은연중에 합의를 보고 살아 왔다고 할 수 있는 것이다. 그리고 이 선택이 옳았다고 우리는 믿는다.

나 혼자만 잘 살기를 꾀하는 것은 인간의 도리가 아닐 뿐 아니라, 각각 제 생각만 한다면 결국은 모두가 못 사는 역설적 결과에 이를 것이다. 따라서 우리는 모두 함께 잘 살 길을 모색해야 마땅하다. 그리고 현대의 복잡한 사회에 있어서, 모두가 잘 살 수 있는 방안을 소수의 판단에만 맡기기는 어려우며, 자기의 삶이 걸려 있는 공동의 문제에 참여하는 것은 주체자로서의 인간이 타고난 권리이다. 따라서 국가의 공공사는 중지를 모아 결정하는 것이 마땅하다. 국민 모두가 자주적으로 참여하여 모두가 함께 잘 살도록 힘을 합하는 나라, 이것이 우리가 염원한 나라이고 '민주적 복지국가'라고 이름을 붙인 사회이다.

우리 한국이 '민주주의'의 이름을 사랑한 지는 30여 년이 지났고, '복지국가'가 우리의 목표임을 자각한 지도 꽤 오래다. 이 시점에서 우리가 깊이 살펴야 할 것은, 저 이상으로 접근함에 있어서 우리가 과연 어느 정도 거리를 좁혔나 하는 실적의 문제이다. 그 동안 우리는 '민주적 복지 국가 건설'이라는 공동의 목표를 향하여 착실한 걸음으로 접근해 왔는가?

평가란 관점에 따라서 차이가 나게 마련이다. 복지사회를 지향한 우리들의 실적에 대한 평가에도 여러 가지 견해가 엇갈릴 것이다. 다만 어떤 이상을 세우고 그리로 접근하기를 꾀하는 우리가 우리 자신을 평가하는 근본 의도는 우리의 성과를 더욱 능률적으로 촉진함에 있어야 할 것이며, 따라서 우리의 관점은 낙관으로 자위하는 그것보다는 겸허하게 반성하는 그것이 바람직할 것이다.

겸허한 자세로 반성하는 견지에서 볼 때, 민주적 복지국가로 향한 우리의 실적은 그리 만족스러운 것이 못 된다. 복지사회의 건설을 위한 기틀조차도 아직 확고하다고 낙관하기 어려운 실정이다. 공동의 문제를 의논하고 해결함에 있어서 관계사 선원이 고루 참여함으로써 모든 성원의 창의와 잠재력을 활성화한다는 민주주의의 이념과 공정하고 균형된 사회를 실현하여 만인의 복지를 보장한다는 복지 사회의 이념을 구현하기까지에는 오랜 시일이 걸릴 것임을 아는 까닭에, 우리는 성급하게 우리의 현실을 부정적으로만 자책할 필요는 없을 것이다. 그러나 적어도 우리 나라가 올바른 방향으로 발전해 감에 있어서 이제는 본 궤도에 올랐다는 것을 누구나 피부로 느낄

수 있을 정도의 기초는 닦여졌어야 할 시점이다. 그런데 아직
그 기초의 확립에도 미흡한 점이 많은 것이다.
 우리가 민주적 복지 국가를 지향해 왔으나 우리의 현실이
의도와 같이 발전하지 못한 데는 여러 가지 사유가 있을 것이
나, 그 가운데서 가장 근본적인 것으로서는 우리들의 가치관
내지 의식 구조의 결함을 지적해야 할 것이다. 민주적 복지
사회가 실현되기 위해서는 그 실현에 적합한 민주 복지 사회
적 인간상이 형성되어야 한다. 현실을 개선하는 것은 주로 인
간이기 때문이다. 그러나 우리는 민주적 복지 국가의 현실을
표방하면서도 그 현실에 적합하도록 우리 자신의 가치관을 형
성하는 준비에 있어서 최선을 다했다고 보기 어려운 것이다.

2. 가치관의 반성

 우리는 누구나 잘 살기를 원하고 성공하기를 바란다. 그런
데 우리는 어떠한 삶을 '잘 사는 삶'이라 생각하고 어떠한 성
취를 '성공'이라 믿는 것일까? 여기에도 개인차는 많을 것이
나, 많은 경우에 있어서 우리는 많은 재산과 높은 지위를 얻
고 향락을 누리며 사는 것을 곧, 잘 삶 또는 성공으로 여기
는 생활 태도를 취했다고 볼 수 있지 않을까? 반성적 순간에
있어서의 우리의 관념은 그렇지 않을지 모르나 습성을 따라서
살아 간 행동의 세계는 그것에 가까웠다고 볼 수 있을 것이
다. 쉽게 말해서 많은 경우에 우리들은 부귀와 향락을 삶의
무의식적 목표로 삼고 살아 왔다 하여도 과언이 아닐 것이다.
 부귀와 향락을 추구하는 경향은 동서와 고금을 통한 일반적
현상이며 현대 한국에 있어서만 특이한 현상은 물론 아니다.
일반적 현상임에도 불구하고 이것이 우리에게 문제가 되는 것
은 두 가지 이유 때문이다.
 첫째로, 우리가 민주적 복지국가를 목표로 삼고 있지 않다

면 모르거니와, 그러한 공동의 목표를 세우고 있는 한 부귀와 향락을 추구하는 경향은 문제가 된다. 인구는 많은데 자원은 부족하고 국가의 안보가 심각한 문제로 남아 있는 우리의 상황에서 민주적 복지 국가를 실현하자면 저 경향은 적합하지 않을 것이다.

둘째로, 부귀와 향락을 추구하는 정도가 특히 심하다는 점이 문제가 된다. 다른 더욱 높은 어떤 목표를 견지하고 그 높은 목표의 달성에 도움이 되는 범위 안에서 부귀나 향락을 추구하는 것이라면 별로 문제가 되지 않을 것이다. 그러나 현재 우리의 생활 태도는 부귀와 향락을 실질적인 최고의 목표로 삼고 있는 것과 다를 바가 없는 경우가 많다.

부귀와 향락을 삶의 최고 목표로 삼을 경우와 하위의 목표로 삼을 경우와의 실질적 차이는 목표의 달성을 위한 수단의 선택에서 나타난다. 만약 부귀와 향락이 삶의 최고 목표라면 그것의 실현은 최고의 선(善)이 될 것이다. 그리고 최고의 선을 달성하는 데 효과적인 방법이라면 어떠한 방법이라도 정당한 것으로 인정되어야 할 것이다. 왜냐 하면 우리는 최고의 선 이상의 것을 목표로 삼을 수가 없는 까닭에, 최고의 선만 달성된다면 그 밖의 아무것도 고려할 필요가 없기 때문이다. 그러나 부귀와 향락보다도 더욱 소중한 목표가 존재한다면 그 가장 소중한 목표의 달성이 최고의 선에 해당할 것이며, 이 최고 선의 실현에 위배되는 방법으로 부귀와 향락을 추구해서는 안된다는 결론이 생길 것이다. 바꾸어서 말하면, 부귀와 향락을 최고의 목표로 삼는 생활 태도를 취하는 사람들은 이 목표의 달성을 위해서 수단을 가리지 않게 되는 반면에, 그 밖의 다른 어떤 것에 더욱 높은 목표를 두고 사는 사람들은 이 더욱 높은 목표에 위배되는 수단은 회피하게 된다.

실제로 부귀와 향락이라는 목표의 달성을 위하여 수단을 가리지 않은 사례가 우리 주변에 허다하게 있었다. 그리고 이러한 이기적 풍조는 민주적 복지 사회의 실현이라는 우리의 목표에는 근본적으로 부합되지 않는다. 수단을 가리지 않고 부귀와 향락을 추구하는 이기적 풍조는 과열된 사회 경쟁의 결과로서 심한 사회 불균형을 초래하며, 국민적 화합과 협동을 매우 어렵게 하기 때문이다.

무엇을 삶의 최고 목표로 삼고 어떠한 방법으로 그 목표를 추구하느냐에 따라서 그 사람의 인품이 결정되고 그 사회의 인간상이 좌우된다. 그런데 오늘의 우리 인간상은, 경쟁성 내지 배타성이 매우 강한 부귀와 향락 등의 가치를 삶의 최고 목표로 삼고 이 목표의 달성을 위해서는 방법을 가리지 않는 풍토 속에서 형성된 그것이며, 민주적 복지국가의 실현이라는 큰 공동 목표에는 적합하지 않은 인간상이다. 여기서 필연적으로 새 인간상의 형성이 요청되거니와, 새 인간상의 기본은 새로운 인생 목표의 설정에서부터 출발해야 할 것이다.

삶의 최고 목표로서 가장 바람직한 것은 역시 어떤 정신적 성취 내지 인간적 성취라고 보아야 할 것이다. 개인적 차원에서는 학문, 예술, 종교, 스포츠 그리고 인격 등의 인간적 성취가 가장 바람직할 것이며, 사회적 차원에서는 공정하고 명랑한 사회의 건설, 또는 자랑스러운 문화의 창조 등의 인간적 성취가 가장 바람직할 것이다.

정신적 성취 내지 인간적 성취를 삶의 가장 높은 목표로서 바람직하다고 보는 근거로서 우리는 두 가지 이유를 제시할 수가 있을 것이다. 첫째로, 정신적 성취 내지 인간적 성취는 일반적으로 그 밖의 다른 목표들보다 높은 가치를 지니고 있다. 둘째로, 정신적 성취 내지 인간적 성취는 그 밖의 다른 삶의 목표에 비하여 경쟁성이 매우 약하며, 따라서 협동으로 달성할 공동의 목표로서 적합하다.

인격, 학문, 예술, 사상, 공정한 사회의 건설 등 인간적 성취가 돈과 지위 그리고 향락 따위의 다른 목표보다 높은 가치의 담지자(擔持者)라는 것을 우리는 몇 가지의 기준에 따라서 설명할 수 있을 것이다.

첫째로, 가치의 지속성이라는 기준으로 볼 때, 일반적으로 인간적 성취의 경우가 생명이 길다. 예컨대, 인격, 사상, 예술, 학문 등의 생명은 여러 세대 또는 여러 세기를 통하여 지속되는 데 비하여 재산과 지위 또는 육체적 쾌락이 누리는 생명은 아주 짧다.

둘째로, 대부분의 인간적 성취는 그 자체가 목적이며 단순한 수단에 그치지 않는 데 비하여 재산과 지위 등의 외면적 가치는 본래 수단적 가치로서의 비중이 크다. 그리고 수단으로서의 가치보다는 목적으로서의 가치를 가치 체계의 상위에 속하는 것으로 보아야 할 것임에 의심의 여지가 없다.

셋째로, 수혜자의 범위라는 관점에서 보더라도 인간적 성취에 더욱 높은 가치를 인정해야 할 것이다. 예컨대, 예술이나 학문에 있어서의 높은 성과는 그 혜택을 여러 사람이 입어도 각자에게 돌아오는 혜택이 별로 줄지 않는다. 그러나 재산 또는 권력과 같은 경쟁적 가치는 여러 사람이 동시에 그 혜택을 입을 수 없거나, 여럿이 나눌 경우에는 각자에게 배분되는 혜택의 양이 크게 감소된다.

넷째로, 인간적 성취는 다른 가치를 더욱 생산하는 파급효과가 높으나, 재산과 권력 또는 향락이 최고의 목표로서 추구될 경우에는 다른 가치의 실현을 방해하기가 쉽다. 예컨대, 높은 인격의 실현은 다른 사람들의 인격 형성의 거울로서 작용할 뿐 아니라, 학문이나 예술 같은 다른 종류의 가치 실현을 위해서도 도움이 된다. 그러나 부귀 또는 향락에 대한 지나친 집착은 인격을 해치고 학문과 예술 등 정신적 성취에 지장이 된다.

인간적 성취가 삶의 최고 목표로서 바람직하다고 보는 또 하나의 이유는, 인간적 성취는 배타적 경쟁성이 약하므로, 협동으로써 달성하기가 쉽다는 사실이었다. 재물이나 권력과 같은 외면적 가치의 획득을 위해서는 경쟁과 배타가 불가피한 경우가 많으나, 인간적 성취의 달성을 위해서는 반드시 그럴 필요가 없으며, 나와 남이 함께 목적을 달성할 수 있는 길이 일반적으로 열려 있다. 쉽게 말해서, 재물이나 권력의 획득을 삶의 최고 목표로 삼는 일군(一群)의 개인들은 자연히 서로 경쟁 관계에서 맞서게 되나, 진선미(眞善美)와 같은 정신적 가치의 실현을 최고의 목적으로 삼는 사람들은 반드시 남을 밀어낼 필요가 없으며, 도리어 협동을 통해서 함께 같은 목적을 달성할 수가 있다. 그러므로, 정신적 가치 내지 인간적 가치의 실현을 삶의 최고 목표로 삼는 사람들의 사회는 협동의 사회로서 모든 성원의 뜻을 고루 실현할 수 있는 가능성이 크다.

민주적 복지 국가의 실현이라는 것도 사회적 차원에서 본 인간적 성취의 대표적인 목표이다. 우리가 말로는 민주적 복지 국가의 건설을 역설하고 실제로는 각각 재물이나 권력의 획득을 위하여 앞을 다툰다면, 이는 관념과 행동의 유리를 의미하는 것이며, 가치 체계의 내면적 갈등을 의미하는 것이다. 국민 모두가 민주적 복지 국가의 건설을 의식하고 그것을 직접적인 삶의 목표로 삼기는 어려울 것이다. 그러나 반드시 각계 각층의 모든 국민이 '민주적 복지 국가'라는 거창한 목표를 자신의 직접적 목표로서 의식할 필요는 없을 것이다. 각각 자기가 처해 있는 분수를 따라서 스스로 선택한 인간적 성취의 목표를 착실하게 추구한다면, 그 가운데는 사회의 구조나 제도의 문제를 주요 관심사로 삼는 직분도 있을 것이니, 여러 사람들의 노력이 집성하여 민주적 복지 사회로 접근하는 결과를 가져올 것이다.

3. 민주적 복지 국가의 인간상

민주적 복지 국가를 건설하기에 적합한 사람들만이 민주적 복지 국가를 실현할 수가 있다. 그리고 민주적 복지 국가를 건설하기에 적합한 인간상의 첫째 기본 특색은 삶의 최고 목표를 인간적 가치의 성취에 둔다는 점에 있었다.

그러나 인간적 가치의 성취를 삶의 최고 목표로 삼는다는 한 가지 조건만으로 민주적 복지 국가가 실현되리라고는 생각되지 않는다. 민주적 복지 국가를 위하여 바람직한 인간상으로서 손색이 없기 위해서는 그 밖에도 몇 가지 조건이 더 첨가되어야 할 것이다.

여기서, 첫째로 첨가되어야 할 조건은 현대에 적합한 경제관을 실천적으로 체득하는 일이다. 다시 말하면, 민주적 복지 국가의 건설을 위하여 바람직한 경제적 태도가 무엇인가를 바르게 아는 동시에 그 아는 것을 어느 정도 실천에 옮길 수 있어야 한다. 인간적 성취라는 궁극의 목표를 달성하기 위해서는 우선 기본 생활과 민주 교육에 필요한 경제력이 앞서야 하며, 이 경제력을 확보하는 데 성공한 사람들만이 민주적 복지 사회를 실현할 수 있을 것이다. 그러므로 인간적 가치의 실현을 위한 수단적 가치로서의 경제력의 중요성에 대한 정확한 인식과 경제력을 확보하기에 적합한 생활 태도가 절실하게 요청된다. 생산에 있어서의 근면과 노력 그리고 소비에 있어서의 검소와 절약은 오늘날 우리 경제 생활을 위하여 요청되는 평범하나 중요한 미덕이다. (다만, 경제적 가치에 대한 숭상이 인간적 가치에 대한 숭상을 압도하는 주객의 전도가 있어서는 안 된다는 점을 잊어서는 안 될 것이다.)

민주적 복지 국가에 적합한 인간상을 위해서 둘째로 첨가해야 할 조건은 원대하고 대국적인 관점에서 사리를 판단하는 거시적 안목이다. 우리는 앞으로 우리 나라 또는 우리 사회가 어떠한 원리를 따라서 어떠한 방향으로 발전해야 하느냐 하는 문제에 대해서 대체로 추상적 합의에 도달하기는 쉬우나, 막상 구체적 상황에서 부딪치는 공동의 관심사를 처리하는 문제에 이르러서는 의견의 일치를 보기가 어렵다. 민주적 복지 국가의 건설을 공동의 목표로 삼자는 의견에 원칙적인 찬동을 한 사람들도, 공동의 관심사에 대한 구체적 결정을 내릴 단계에 이르면 의견이 크게 대립한다. 구체적 상황에 처하여 의견이 대립하는 것은 상황을 보는 관점이 다르기 때문이며, 상황을 보는 관점이 달라지는 가장 큰 이유는 각자가 자기 중심적 태도를 벗어나지 못하기 때문이다. 자기 중심적 태도를 벗어나지 못하는 까닭에 우리는 각각 자신의 처지에서 문제를 바라보게 되며, 사태를 판단함에 있어서 이기심의 영향을 크게 받는다. 따라서 우리는 각자의 눈앞의 이익에 현혹되는 동시에 민주적 복지 국가의 건설이라는 큰 목표에 위배되는 판단을 따르는 어리석음을 범하게 된다.

　이러한 폐단을 극복하기 위해서 절실하게 요청되는 것이 대국적 관점에서 사리를 판단하는 거시적 안목이다. 거시적 안목으로 볼 때 우리의 이해 관계는 일치하게 될 것이며, 공동의 목표를 위한 협동이 용이하게 될 것이다.

　대국적 관점에서 거시적 안목을 기를 때 우리는 이른바 '대아(大我)'의 경지에 접근하게 될 것이다. 민주적인 복지 사회가 실현되기 위해서는 적어도 지도층을 형성하는 사람들이 소아(小我)의 경지를 벗어나야 하거니와, 현대 산업 사회가 탄생시킨 인간상의 가장 큰 특색이 그 소아적 성격에 있다는 사실에 문제점이 있다. 따라서 우리의 선인들이 숭상했던 대아의 경지로의 접근이 절실하게 요청되고 있거니와, 대국적 관점에서 사리를 판단하는 태도는 대아의 경지로 접근하는 중요한 계기가 되리라고 믿는 것이다.

우리에게 바람직한 인간상을 위하여 세 번째로 첨가해야 할 조건은 강한 합리적 정신과 공정심의 함양이다. 복지 사회를 지향하는 우리들이 당면한 가장 현실적인 과제로서 성공적인 산업화와 사회 정의를 실현하는 문제가 있거니와, 이 문제를 해결함에 있어서 가장 절실하게 요청되는 것이 합리적 정신과 공정심이라고 생각되는 것이다. 산업화를 성공적으로 수행하기 위해서는 우선 과학과 기술의 수준이 향상되어야 하며, 과학과 기술의 수준 향상은 합리적 사고의 토대 위에서만 가능할 것이다. 뿐만 아니라, 어려운 여건 속에서 경제의 안정과 성장을 도모해야 하는 우리의 현실은 생산에서 소비에 이르는 경제 생활의 전과정이 강한 합리적 정신에 의하여 일관되기를 요청하고 있는 실정이다.

합리적 정신이 대인 관계 내지 사회 생활에 있어서 발휘될 때 공정심으로 나타난다. 공정심이란 대인 관계 또는 사회 생활에서 야기되는 문제를 사리에 따라서 해결하고자 하는 마음이라고 볼 수 있을 것이다. 그리고 정의로운 사회가 실현되기 위해서는 대인 관계와 사회 생활에서 야기되는 문제들을 사리에 따라서 공정하게 해결하고자 하는 당사자들의 의지가 전제되어야 하므로, 사회 정의의 실현이 민주적 복지 국가를 위한 필요 조건이라는 점에서 공정심은 우리에게 바람직한 인간상의 중요한 조건의 하나로 헤아려지는 것이다.

여기서 합리적 정신이라 함은 단순히 계산에 밝고 논리가 정확함 따위의 인지적(認知的) 능력만을 가리키는 것이 아니라, 사리를 옳게 판단하고 사리에 맞도록 행위하는 윤리적 능력까지도 포함한 넓은 의미의 합리적 정신을 말하는 것이다. 다시 말해서, 이론과 실천에 있어서 이성이 크게 발휘되어야 한다는 점을 우리는 강조하고 있는 것이다. 민주적 복지 사회란 현단계에서 우리가 바랄 수 있는 이성적 사회의 이름에 지나지 않는다.

우리에게 바람직한 인간상을 위하여 또 한 가지 참가하고 싶은 것은 인애(仁愛)의 정신이다. '이성적'이라는 말 가운데 포함시킬 수도 있는 이 덕목을 여기 따로 강조하고자 하는 것은 현대 산업 사회에 있어서 인간의 정서적 측면이 점점 빈곤해짐을 의식하기 때문이다. 우리가 '복지 사회'라고 할 때 주로 염두에 두는 것은 물질 생활의 보장이다. 의식주와 의료의 문제가 잘 해결되고 있는 사회를 흔히 그렇게 부른다. 그러나 진정한 의미의 '복지'는 정신적 만족감을 포함하는 개념으로 보아야 할 것이다. 오늘날 서구에는 물질생활의 보장이 잘 되어 있음에도 불구하고, 정신적 만족을 얻지 못하는 사람들로 가득한 나라들이 있거니와, 우리는 그런 나라들을 참된 '복지 국가'라고 보지 않는다. 물질 생활이 잘 보장되었음에도 불구하고 정신적 만족을 얻지 못하는 이유 가운데 가장 근본적인 것이 바로 인간애의 결함이라고 생각되는 까닭에, 여기 인간애의 높은 경지로서의 인애의 덕을 또 하나의 조건으로서 참가해야 된다고 믿는 것이다.

민주적 복지 사회를 위하여 바람직한 인간상이 갖추어야 할 덕목을 남김 없이 열거하자면 앞으로도 많은 첨가와 부연이 필요할 것이다. 그러나 이 자리에서는 그 대망(大綱)만을 살피는 것으로 만족하고자 한다. 우리 모두가 인간적 가치의 성취를 삶의 최고 목표로 삼고자 하는 태도만 확실히 한다면, 각자의 여건과 처지에 따라서 선정한 개인적 삶의 목표는 사회 전체의 공동 목표 안에 조화로운 좌표를 얻을 수 있을 것이다. 그리고 인간적 가치의 성취를 위해서 필요한 경제적 기반의 구축에 힘써 가면서, 원대하고 대국적 관점에서 중지를 모은 청사진을 따라 인간 가족으로서의 이성적 노력에 다같이 협동한다면, 진실로 복되고 살기 좋은 나라로의 접근이 단순히 허황한 꿈으로만 그치지는 않을 것이다.

새로운 인간상의 모색

1

'새로운 인간상'. 이것은 요즈음 매우 빈번하게 들려오는 말의 하나이다. 그보다 먼저 '인간 개조'라는 슬로건이 지나갔고, 또 '체질 개선'이 흘러갔다. 그리고 약간 뉘앙스는 다르지만 '세대 교체'라는 표어도 있었다.

모두 다 비슷비슷한 말들이다. 한 가지의 표어로써 일관하지 못하고 비슷한 내용의 것을 표현만 차례차례로 바꾸어 봐야 했다는 바로 그 사실에, 심상치 않은 의미가 숨어 있는 것이 아닐까. 이 언어의 급속한 신진대사 배후에 민족적인 실패의 기록을 판독할 수 있음직한 일이다. 인간 개조의 슬로건이 아무런 현실적인 열매를 가져오지 못한 까닭으로 체질 개선에게 자리를 양보해야 했고, 체질 개선의 구호도 역시 별로 신통한 결과로 연결되지 못한 까닭에 세대 교체, '새로운 인간상' 따위의 고쳐진 표현이 무대 위로 등장한 것이 아닐 수 없다.

연속적인 실패에도 불구하고 구호를 바꾸어가며, 결국은 같은 방향의 목표, 즉 새로운 것을 끈질기게 탐구하고 있다는 이 주목할 사실이 의미하는 바는 뚜렷하다. 그것은 현재가 도저히 긍정할 도리가 없을 정도로 깊이 병들어 있음을, 다시 말하면 우리의 현실에 여하간의 변혁이 가해져야 한다는 실정을 전달하는 신호가 아닐 수 없다.

우리는 이를테면, 시대의 요청 또는 민족의 염원에 따라서 새로운 길을 찾아 헤매고 있는 모양이다. 그러나 그 새로운 길이 좀처럼 발견되지 않는다. 새로운 것으로 믿고 어느 방향으로 허둥지둥 달려가 보기도 하였으나, 결국은 제자리에 돌아와 있음을 발견하곤 하였다. 타원형의 트랙을 수없이 맴도는 육상 선수들이 하듯이 같은 곳을 거듭 순환한 것이다.

실패는 다음 날의 성공을 위한 발판으로서 그 경험이 살려질 경우에만 의의가 있다. 그리고 실패를 성공의 발판으로 삼을 수 있기 위해서는 그 실패의 원인이 정확한 인식을 통하여 파악되어야 할 것이다. 그렇다면 새로운 길을 찾아 헤맨 우리의 시도가 한갓 방황 이상의 것이 되지 못한 사유는 무엇일까? 새로운 인간상을 고대하는 우리의 반성은 아마 이 물음으로부터 출발해야 할 것이다.

2

사람들은 날카로운 비판 정신으로 현재를 부정하였다. 개선을 역설하였다. 그러나 그 비판의 화살은 항상 밖으로 향해서 발사되었다. 개선되어야 할 대상은 언제나 자기 자신 이외에서 발견되는 경향이 있었다. 예컨대 '인간 개조'를 절규한 군정의 지도자들은 구정치인과 백성들에게 개선해야 할 잘못이 허다함을 지적함에 있어서는 매우 예리한 감각을 과시했으나, 자기네 자신을 반성하는 역량은 비교적 미약하다는 사실을 증명하였다. 한편 이른바 구정치인들은 군사 정부의 실정(失政)을 고발하는 데는 제법 볼 만한 것이었으나, 자기네들의 인격과 사상은 구태 의연한 자리에 머물렀음을 입증하여 국민들을 실망케 하였다. 심지어 '세대 교체'라는 구호에 매력을 느낀

새로운 인간상의 모색 163

젊은 세대에 있어서도, 오늘의 젊은 세대를 공정하게 평가하는 냉철한 지성은 좀 부족한 것으로 보인다. 그리고 비슷한 경향은 언론인이나 대학교수들에게 있어서까지도 예외 없이 발견된다고 말한다 하더라도 크게 망발이 되지는 않을 것으로 생각된다.

'새로운 인간상'의 이상은 넓은 의미의 도덕적인 요구를 표명하는 것으로 이해할 수 있을 것이다. 그렇다면 새로운 인간상을 만들어 내는 일은 결국 각자가 각자를 개선하고자 하는 자율적인 의지의 참여 없이는 도저히 성취될 수 없는 소원이 아닐 수 없다. 왜냐 하면 참된 의미의 도덕적 향상은 언제나 자율적인 노력의 결과로서만 실현이 가능할 것이기 때문이다. 인간 개조도 체질 개선도 결국은 자기 교육을 통해서만 실현을 바라볼 수 있는 내면적인 목표이다. 혹은 타율적인 교육의 힘으로 그것이 가능하다고 주장하는 사람도 있을지 모른다. 그러나 이러한 주장이 지탱할 수 없음은 조그마한 비유로도 명백할 것이다. 가령 진흙 수렁 속에 빠진 사람이, 자기가 먼저 그 수렁 밖으로 빠져나감이 없이, 남들만을 그 밖으로 이끌어낸다는 것이 얼마나 어려운 작업인가를 상상해 볼 때, 우리는 문제의 핵심을 이해할 수 있을 것이다. 그리고 남을 도와서 수렁 밖으로 인도하는 작업이 성공하기 위하여 필요한 또 하나의 조건은 그 도움을 받는 사람이 스스로 수렁 밖으로 나가고자 꾀하는 자발적인 의사를 갖는 것이라는 사실을 아울러 생각할 때, 도덕적 개선의 작업이 우선 자기 자신으로부터 출발해야 한다는 견해에 의심의 여지가 없음을 볼 것이다.

전 국민이 한 사람도 빠짐이 없이 인간 개조와 체질 개선을 역설한다고 가정하자. 그러나 이렇게 역설하는 사람들이 모두 자기만은 예외인 것처럼 처신한다면, 즉 자기에게만은 개조도 개선도 필요 없는 것처럼 행동한다면, 어떠한 결과가 생길 것인가? 아무도 개조나 개선을 입 밖에 내지 않은 것만도 오히려 못한 결과가 생길 것이다. 저 자신의 사람됨은 반성함이 없이 남의 잘못만을 들추어내는 비판 정신은 오직 사람과 사람의 거리를 멀게 할 따름이기 때문이다. 지금 우리에게 있어서 필요한 것은 남들에게 개선을 재촉하는 설득보다도 우선 자신의 탈피를 재촉하는 채찍일 것이다. 남의 개조보다는 나의 그것이 더 시급하고, 개조의 언어보다는 그것의 행동이 더욱 요청되는 것으로 보인다.

새로운 길을 모색하는 노력이 한갓 방황 이상의 것이 되지 못한 또 하나의 이유는, 우리가 새로운 목표를 아직 분명하게 설정하지 못했다는 사실에 있을 것이다. 인간을 개조해야 한다고 부르짖었다. 그러나 어떻게 개조해야 할 것인지 분명한 제시는 없다. 체질을 개선해야 한다고 주장하였다. 그러나 어떠한 체질로 고칠 것인지는 분명치 않다. 세대를 교체하라고 역설하였다. 그러나 연령만으로는 세대의 신구를 가릴 수 없을 것임에도 불구하고, 새로운 세대의 있어야 할 모습이 반드시 알려져 있는 것은 아니다. 요컨대, 앞으로 실현돼야 할 '새로운 인간상'의 청사진이 아직 분명한 형태로서 주어지지 않은 것이다. 확실한 것은 오직 묵은 것을 부수어 버려야 한다는 부정의 일면 뿐이다. 그러나 묵은 것의 자리를 대신 메꾸어야 할 새것이 어떠한 내용을 가져야 할 것인지는 대체로 모호했던 것이다.

목표의 제시가 전혀 없었던 것은 아니다. 그러나 제시된 목표는 모두 추상적인 언어로 표현되는 막연한 것들이었다. 제시된 목표가 막연함을 면하기 위해서 가장 필요한 것은, 그 목표에 도달하기 위하여 사용될 방법 또는 수단에 관한 의견인 것이다. 그러나 아직 그러한 수단에 관한 의견을 동반한 목표가 제시되었다는 보도는 별로 알려지지 않았다.

새로운 길이 요구되고 있음은 의심의 여지가 없는 사실이다. 그러나 새롭기만 하면 아무렇게 새로워도 좋을 리는 없다. 여러 가지로 가능한 새로운 길 가운데서 어떤 하나의 올바른 길이 발견되어야 할 것이다. 그런데 우리는 아직 그 올바른 새길의 방향조차도 뚜렷이 잡지 못한 듯한 느낌이다. 만약 목표에 대한 분명한 개념이 형성되지 못하고 있음이 사실이라면, 새것을 찾는 우리의 시도가 방황의 단계를 벗어나지 못할 것도 당연한 귀추가 아닐 수 없다.

3

만약 위에서 논한 바가 크게 어긋남이 없는 관찰이라면, 그리고 '새로운 인간상'의 목표가 기어코 실현되어야 할 과업이라면, 우리는 적어도 두 가지의 예비적인 작업에 우선 착수해야 한다는 결론에 이를 것이다. 즉 첫째로, 우리는 비판의 화살을 각각 자기 스스로에게로 돌려 보는 겸허한 자세를 취한다는 심기의 전환을 단행해야 할 것이다. 그리고 둘째로, 우리가 장차 실현해야 할 새로운 인간상에 관한 어느 정도의 청사진을 얻도록 지혜를 동원해야 할 것이다.

이상 두 가지의 예비적인 작업 가운데서 첫째 것에 관해서는 별로 논할 말이 없다. 겸허한 자세로써 스스로 반성한다는 것은 오직 결의와 실천만을 기다리는 문제이며, 거기 별다른 이론의 탐구가 필요치 않다. 도덕적인 개조가 필요하다고 믿는 뜻있는 사람들이 우선 자기의 처신부터 혁신해 간다면, 이 좋은 시범은 더욱 넓은 범위에 걸쳐 새로운 분위기를 조성하는 계기가 될 수도 있을 것이다.

우리의 앞으로의 고찰은 위에 말한 두 가지 예비적인 작업 중 그 둘째 것에 관하여 참고적인 의견을 시험하는 데 제공되어야 할 것이다. 그러나 필자가 여기서 앞으로 실현되어야 할 '새로운 인간상'의 청사진을 제시할 수 있으리라고는 생각하지 않는다. 장차 실현되어야 할 인간상이, 마치 땅 속에 묻힌 광

맥처럼 숨은 상태로 주어져 있어서, 오직 발견되기만을 기다리고 있다는 견해에 찬동할 수 없는 필자는, 어떠한 개인도 단독으로 이 청사진을 제시할 수 있으리라고는 믿지 않는다. 새로운 인간상의 청사진은, 엄밀하게 말하자면 발견을 위한 대상이 아니라 창안을 위한 과제이다. 그리고 적어도 현대의 역사는 탁월한 개인이 좌우하는 것이 아니라 대중의 힘으로 만들어지는 것이라고 믿는 까닭에, 저 창안을 위한 과제는 전 국민의 공동의 과제이며, 결코 어떤 개인이 단독으로 해결을 꾀할 성질의 것이 아니라고 생각한다. 따라서 지금 이 자리에서의 필자의 고찰도 저 공동의 과제에 참여하는 대중의 한 사람으로서의 발언 이상의 것이 아님은 두말할 나위도 없다.

새로운 인간상의 청사진은 밖으로부터 주어지는 것이 아니라, 인간 스스로의 결단으로 제작하는 것이다. 다만 이 제작은 어느 개인이 할 일이 아니라 사회 전체가 공동 작업으로 완성해야 할 성질의 것이다. 모든 개인은 이 공동 작업에 참여할 권리와 의무를 가졌다. 여기 공동의 문제를 토론하는 사색의 광장에서 감행하는 개인의 발언이 갖는 의의와 그 한계가 있음을 본다.

4

우리는 어떠한 인간상을 실현의 목표로 삼아야 할 것인가? 이 거창한 물음에 대한 전반적이고 체계적인 고찰을 꾀하도록 전문적인 연구의 마당에 지금 우리가 놓여 있는 것 같지 않으며, 또 그와 같은 본질적인 탐구를 꾀하기에 충분하도록 많은 시간과 지면이 여기에 주어져 있는 것도 아니다. 앞으로 우리는 다만 즉흥적이요, 단편적인 의견을 진술함으로써 이 수필적인 글의 나머지를 채우는 것으로 만족해야 할 것이다.

이 시대가 요망하는 새로운 인간상이 어떠한 모습의 것이냐 하는 문제의 고찰은, 도대체 '새로운 인간상'을 희구하게 된 본래의 동기가 무엇이었던가를 돌이켜보는 일에서부터 출발하는 것이 좋을 것이다. 왜 인간의 개조가 요청되었고, 체질의 개선이 필요했는가? 우리는 왜 그토록 열심히 새로운 것을 찾아 부르짖는 것일까? 이 문제의 발단으로부터 생각을 더듬는 것이 지극히 막연하고 어려운 우리의 물음을 분석해 보는 비교적 무난한 출발점이 될 것으로 보인다.

우리가 개조니 개선이니 교체니 하고 줄곧 새로운 것에로 달리게 된 근본 동기는 물론 묵은 것에 대한 불만과 불신이다. 그러면 묵은 것이 우리로 하여금 이토록 불만과 불신을 품게 하는 것은 무엇 때문이며, 도대체 묵은 것의 어디가 어떻게 잘못되었다는 것일까? 묵은 인간상의 잘못이 어디에 있는지, 묵은 세대의 과오가 어디에 있는지, 이 점이 정확하게 파악된다면 새로운 인간상의 윤곽을 가늠하기에 적지 않은 도움이 될 것이다.

그러나 우리가 묵은 인간상에 대해서 이토록 심각한 환멸을 느끼게 된 사유를 밝힌다는 것은 결코 간단한 문제가 아니다. 거기에는 오랜 역사와 숱한 사연이 개재되고 있다. 만약 문제를 근본적인 각도에서 다루어야 한다면, 선사 시대 이래의 오랜 세월과 동양 및 서양의 넓은 지역에 걸쳐서 나타난 인간성 자체의 탐구로부터 시작해야 할 것이다.

인간이 '새로운 인간상'을 꿈꾼 것은 결코 요즈음 새로 시작된 일시적 유행이 아닐 것이다. 그것은 아마 인간이 자신의 유한성을 깨닫게 된 이래로 한때도 끊일 날이 없던 오랜 꿈이었을 것이다. 플라톤과 아리스토텔레스, 공자와 노자, 그리스도와 석가모니, 스피노자와 니체, 그 밖의 거의 대부분의 종교와 도덕의 거성들이 모두 새로운 인간상을 희구한 사상가들이 아니었던가. 그러나 이 자리에서 우리가 저 선철들과 함께 인간의 존재와 당위를 논의할 겨를은 없다. 우리는 지금 인간 일반에 관한 철학을 토론하자고 이 자리에 나온 것은 아니다. 우리는 오늘의 한국에 관한 구체적이요, 상식적인 관심에서 이 사색의 광장에 자리를 같이한 것이다. 그러므로 우리는 "오늘날의 한국이 특히 새로운 인간상을 열망하는 것은 무엇 때문인가?"라는 문제에 우리의 관심을 국한해야 할 것이다. 제한된 지면의 고찰이 초점을 잃지 않기 위해서이다.

오늘날 한국에 있어서 묵은 인간상에 대한 환멸이 극도에 달한 사유에도 여러 가지가 있을 것이다. 그러나 그 가운데서 특히 중대한 사유는 이 나라가 해방 이후에 겪어 온 사회적 혼란일 것이다. 가장 두드러진 혼란은 정치계와 경제계에서 일어났다. 그러나 사회의 혼란이란 본래 연쇄적인 것이어서, 정치와 경제 세계의 혼란을 반영 내지 뒷받침하고, 학문, 종교, 예술, 교육 그리고 그 밖의 모든 분야가 예외 없이 부끄러운 혼란을 거듭하였다. 바로 이 전반적인 혼란의 원인이 이 나라 국민이 탈피 못한 인간성에 있다고 생각하는 까닭에, 거듭된 혼란에 실망을 금치 못하는 사람들이 개조와 혁신을 부르짖고 나온 것이라고 분석된다.

우리가 겪고 있는 혼란의 원인의 일부가 국토의 양단, 자원의 부족 같은 외적 여건의 불리에도 있겠지만, 그 가장 근본적인 원인은 우리들 인간의 불찰에 있다고 보는 관찰에 틀림이 없을 것이다. 그 인간의 불찰이 일시적인 판단의 실수이기보다도 거듭된 과오의 되풀이라는 사실은 우리들의 사람됨의 바탕에 근본적인 잘못이 있음을 뉘우치게 한다. 그러면 현재의 우리 인간상에 있어서 근본적인 잘못은 어떠한 점에 있는 것일까?

우리들의 불행의 핵심은 사람들 상호간의 관계가 원만하지 못하다는 사실에 있을 것이다. 정치, 경제, 학문, 예술, 종교 등 모든 분야에 있어서, 여러 갈래의 파벌이 보기 싫은 싸움을 일삼는가 하면 같은 파벌 안에서도 자기네끼리의 잔인한 암투에 골몰한 것이 우리들의 사회 현상이다. 그리고 이러한 인간 관계는 우리를 항상 증오, 시기, 공포, 분노 등의 불행한 정서로 몰아 넣는다. 불행이란 본래 고통스러운 감정의 총칭이다. 그리고 고통스러운 감정의 대부분은 조화를 잃은 인간 관계에서 오는 것이다. 그러면 이토록 불협화적인 인간 관계는 어디서 오는 것일까?

오늘날 우리들의 사회 제도 또는 인간성 가운데는 사람과 사람을 융화시키는 강력한 요소가 결핍한 것으로 보인다. 현대에도 물론 성과 혈연을 계기로 하는 자연적 결합의 매개가 있고, 이해의 일치로 뭉치는 비속한 결합의 계기도 있다. 그러나 사람들을 광범위하게 그리고 깊이 내면적으로 결합시키는 요인은 우리 인간 밖에도 안에도 발견되지 않는다. 인구의 증가, 생존 경쟁의 심각성 등 사람과 사람의 사이를 떼어놓는 힘은 날로 커가는 반면에, 사람들의 관계를 접근의 방향으로 촉진하는 요인들은 점점 약화해 가는 듯한 경향이 있다.

인간은 본래 집단 생활의 동물이었다. 개인이 독립한 단위로서 자아를 주장하기 시작한 것은 비교적 새로운 일이라고 알려져 있다. 인간 생활의 독립한 단위로서의 구실은 오랫동안 부족, 씨족 또는 가족이 맡아 했고, 개인은 오직 저 전체의 부분으로서만 존재의 이유가 인정되었다. 개인이 아니라 집단이 생활의 단위였음을 증명하는 단적인 예로서는 행위의 책임을 행위자 개인에게만 묻지 않고 씨족 또는 부족 전체에게 물은 옛날의 도덕관념을 생각할 수가 있을 것이다. 한 개인의 잘못으로 인하여 한 족속 전체가 연대 책임을 지고 저벌 내지 보복을 당한 예는 동서 어느 나라에도 흔히 있었다. 원시 사회에 있어서는 개인의 자유나 개인의 의향은 그리 문제가 되지 않았다. 배우자나 직업의 선택 같은 중대한 일에 있어서까지도 개인의 의사는 거의 고려되지 않을 정도였다. 집단의 권위가 개인의 의사를 지배한 것은 비단 원시 사회에 있어서 뿐만이 아니다. 중세의 가톨릭 사회 또는 근대화 이전의 동양 여러 나라의 풍습을 상기한다면, 개인의 자아 의식이 비교적 새로운 역사상의 현상임을 알 수 있을 것이다.

개인의 의사가 유린되어도 좋으냐 어떠냐는 문제는 지금 우리가 관여할 문제가 아니다. 여기서 필자가 말하고 싶은 것은, 개인이 집단이라는 전체의 유기적인 부분으로서의 구실밖에는 못 하던 시대에는 그 시대의 질서를 따라서 사람과 사람을 연결시키는 유대가 굳건했다는 사실이다. 가령 봉건 시대의 주종의 관계는 우리의 안목으로 볼 때 불합리하기 짝이 없는 인간 관계임에는 틀림이 없으나, 그러나 그런대로 그들의 사이는 의리와 인정 그리고 넓은 의미의 사랑으로 연결되어 있었다.

물론 집단주의 인간 관계는 불공정하고 불합리한 모순투성이었다. 그러한 모순이 탄로되어 봉건의 체제가 무너지고, 근대 개인주의 사회로의 전환을 본 것은 역사에 있어서 큰 전진이었다. 그러나 개인주의 사회를 맞이했다 하여 인간이 사회적 동물이기를 그만둔 것은 아니다. 오늘도 우리는 여전히 협조와 우정을 필요로 하는 군서 동물이다. 개인과 개인은 연결되어야 하며, 그 연결을 위한 유대가 있어야 한다. 개인주의 사회에 있어서 협조와 우정 그리고 그 밖의 개인과 개인을 묶는 유대가 미약할 때, 이기주의라는 불행의 탄생을 본다. 이기주의를 불행하다고 형용하는 이유는, 그것이 결국은 피차의 의도를 좌절시킬 뿐 아니라 이기주의자의 사회는 지극히 고독한 인간 관계이기 때문이다.

이제 한국에서도 전근대의 모순을 청산하고 근대화의 걸음을 서두르게 된 것은 다행한 일이다. 그러나 이 근대화의 물결을 타고 들어온 우리 나라의 개인주의가 실은 저 이기주의라는 고독한 인간 관계가 아닌가 걱정스럽다. 집단주의 사회에 집단주의 나름의 인간적 유대가 필요했듯이 개인주의 사회에서도 개인주의 나름의 인간적 유대가 필요할 것이다. 그러나 지금 우리에게는 사람과 사람을 연결시켜 주는 충분한 유대가 없는 것이다. 모두 그런 것은 아니겠지만 대부분의 사람들이 각각 자기만을 생각하는 경향이 있다. 그리고 협조와 우정을 모르는 이 이기적인 인간성이, 우리 나라의 각계를 휩쓰는 불행의 기본적인 원인의 하나가 아닌가 생각한다. 공동의 목적에로 매진해야 할 우리가 각각 자기의 이익에만 골몰하니, 결국은 모든 일이 틀려 돌아가고 마는 것도 당연한 일이 아닐까 한다.

5

우리가 지향하는 새로운 인간상에 요구되는 성격 내지 덕목은 간단히 망라할 수 없을 정도로 여러 가지일 것이다. 그러나 새로운 인간상이 갖추어야 할 여러 가지 필수 조건들 가운데서도 특히 중요한 것을 지적하라고 요구한다면 필자는 우선 이기주의의 극복을 들지 않을 수 없을 것이다.

만약 역사가 후퇴할 수 없는 것이라면 우리는 개인주의의 방향으로 밀고나갈 수밖에 없을 것이다. 그러나 개인주의가 고독한 철학이 되지 않기 위해서는 한 가지 중요한 조건이 필요하다. 개인주의를 신봉하는 개인들이 자기와 타인을 연결시킬 어떤 유대의 원리를 자기 안에 갖는다는 조건이다. 개인주의를 신봉하는 개인들이 자기와 타인을 연결시킬 유대를 각자 안에 가져야 하는 이유는, 사람과 사람을 밖으로부터 묶어 줄 타율의 유대가 개인주의에는 없기 때문이다. 안으로부터 타인에게로 뻗어가는 결합의 원리를 갖추지 못한 개인주의자들은, 결국 안개 속의 나무들처럼 각각 고립해야 하며, 거기 복된 생활을 위하여 필요한 공동의 관심과 공동의 무대를 발견하지 못할 것이다.

개인주의의 역사적인 공적은 전근대적인 권위의 횡포를 막는데 방패의 구실을 했다는 사실일 것이다. 권력의 횡포가 개인의 인권을 유린하는 동안은 자유와 평등을 강조하는 것만으로도 개인주의의 의의는 적지 않다. 그러나 횡포한 권력의 체제가 무너지고 주권이 백성에게로 돌아오는 날, 백성들은 각자가 주권의 소유자라는 바로 그 사실만으로 행복을 누리지는 못할 것이다. 행복은 사람과 사람이 너와 나의 울타리를 넘어서서 하나의 '우리'에로 융합될 때, 그리고 그 '우리'가 공통의 관심을 통하여 공동의 과제로서의 가치의 세계를 개척하는 가운데 실현될 목표이다. 새 시대의 새 인간상은, 자기가 가진 생존의 권리를 주장할 뿐만 아니라 타인이 가진 생존의 권리도 똑같이 존중하는 동시에, 개인을 고립된 개인으로서가 아니라 공동체의 귀중한 일원으로서 이해하며, 또 그러한 일원으로서 행위하는 사람들이 형성하는 조화된 인간 사회여야 할 것이다. 장차의 인간은 개인의 목적과 사회의 목적의 조화를 통해서만 자아의 성장이 실현될 수 있다는 묵은 진리에로 되돌아감으로써 새로운 경지를 열어야 할 것이다.

그러나 우리가 우리의 현재를 극복하고 새로운 상(像)으로 탈피함은 어떻게 가능할 것인가? 방법을 묻는 이 물음에 대한 신중한 논의가 뒤를 이어야 할 것이다. 그러나 허락된 지면을 다 써 버린 필자는 이 문제에 대한 고찰을 다음 기회로 미루지 않을 수 없다. 다만 여기서는, 탈피한 인간상이 가능하기 위해서 적어도 두 가지 조건이 선행해야 하리라는 사실을 지적함으로써 그치고자 한다.

선행이 요구되는 조건의 첫째는, 사회 생활의 경제적 안정이다. 사람들은 물질 생활의 안정을 얻지 못하면 반듯한 마음의 자세를 유지하기 힘든다. 특권층만이 호의 호식하고 일반 대중은 어렵게 사는 불합리한 상태에서는 인심이 살벌하지 않을 수 없으며, 슬기로운 사회를 건설하지 못할 것이다.

  선행이 요구되는 조건의 둘째는 '인간'이라는 것에 대한 올바른 인식의 보급이다. 인간이 사회적 존재이며, 협조와 우정을 떠나서 행복이라는 것을 생각할 수 없다는 사실, 인간은 모두 죽음을 면치 못할 존재라는 사실, 그리고 '자아'의 한계는 반드시 개인의 육체로 그어지는 것이 아니라 마음가짐의 상태를 따라 신축(伸縮)하는 것이라는 사실 등 상식적인 인식이 우리의 일상 생활의 행위 하나하나를 지배하도록 확고한 지경에 도달한다면, 우리의 세계관 및 인생관에 근본적인 변동이 결과할 것이다. 그리고 새로운 세계관 내지 인생관은 새로운 인간상을 위한 바탕이 아닐 수 없다.

인간상과 사회상

1

사람들은 오늘을 '우주 시대'라고 부른다. '우주 시대'라는 말이 의미하는 바는 인간이 달나라 또는 그 밖의 아득한 천체에도 달할 수 있게 되었다는 사실을 지적함에 그치지 않는다. 그것은 자연에 대한 인간의 승리를 통틀어 상징하는 동시에 물질의 세계에 관한 한 인간의 능력이 무한대에 가까움을 스스로 증명했다는 사실을 암시하는 호칭이다.

한편 사람들은 오늘을 '불안과 위기의 시대'라고도 부른다. 국제적으로는 전쟁의 위협이 그칠 사이 없고, 국내적으로는 집단과 집단 사이의 암투가 치열하며, 개인은 자아의 주체성을 상실한 한갓 기계 문명의 허수아비로서, 시대의 탁류 속으로 휘말려 흘러가고 있다는 사실을 가리켜 그렇게 부르는 모양이다.

하여간, 인간이 자연을 상대로 거둔 저 혁혁한 성공과 그가 자기 스스로의 문제를 해결하지 못하고 허덕이는 이 실패와의 거리는 너무나 요원하며, 그 대조는 너무나 심각하다. 여기서 우리는 어디엔가 근본적인 잘못이 있다는 반성에 도달한다. 달에 착륙한 우주선을 지구 위에 앉아서 조종할 수 있도록 위대함을 증명한 인간이 자기자신의 욕망과 감정을 다스리지 못하여 살상과 전쟁 따위의 파국을 막지 못한다면, 반드시 어디엔가 잘못이 있을 것이며, 그 잘못은 인간 스스로의 것이 아닐 수 없다. 우리의 반성은 너무나 당연한 논리의 귀결이다.

오늘날 우리 한국에 있어서 흔히 들리는 '새로운 인간상' '인간 개조' '체질 개선' 따위의 표어가 인간의 세계사적 반성에 직접 연유한 것인지는 약간 의문이다. 아마 그것들은 부정과 부패 그리고 빈곤에 시달리는 우리 한국의 비극적 현실 속에서 겪는 일상적 체험에 더욱 깊이 그리고 보다 직접적으로 연결되고 있을 것이다. 그러나 이 한국의 비극적 현실도 사실은 저 세계사적 오류의 한 여파 내지 그 부분적 표출에 지나지 않는다는 점을 고려한다면, 우리는 '새로운 인간상' 또는 '인간 개조'의 염원을 저 세계사적 반성에 근원을 둔 하나의 움직임이라고 해석해도 좋을 것이다.

2

'새로운 인간상'의 출현을 역설하는 우리 나라 식자층의 움직임은, 그것이 현재의 세계사적 모순에 대한 인간적 반성을 간접적으로나마 반영하고 있다는 점에서, 어느 정도의 슬기로움과 정당성을 지니고 있다. 그러나 '새로운 인간상' 또는 '인간 개조'를 논할 때, 논자들이 말하는 '인간'이 전체로서의 사회를 뜻하기보다는 사회를 구성하는 기본 단위로서의 개인을 뜻하는 점에 있어서, 다시 말하면 우리에게 가장 시급하고 절실한 문제가 정치와 경제와는 떼어서 생각해야 할 협의의 도덕 문제라고 보는 경향이 농후한 점에 있어서 '새로운 인간상'을 설교하는 논자들의 견해에는 근본적인 오류가 깃들었다.

"만사는 인간이 하기에 달렸으며, 우리가 현재를 극복하기 위해서는 결국 인간이 달라져야 한다"는 결론 그 자체에는 이론의 여지가 없다. 그러나 여기서 '인간'을 여러 사회 제도의 제약을 물리쳐 가며 '의지를 자유로이 결정할 수 있는 도덕적 독립자로서의 개인'이라고 이해할 때, 그리고 사회의 여러 제도는 그대로 두고 개인의 태도만을 도덕이나 종교의 교육을 통하여 고칠 수 있는 것처럼 낙관할 때, 논자들의 주장은 허망한 공론으로서의 색채를 띠는 동시에, 기만과 위선의 길을 닦기 시작한다. 왜냐 하면 인간이란 본래 사회 조직 속에 유기적으로 연결되어 있으며, 개인의 성격 및 행동 양식과 그가 속하는 사회의 조직 및 제도 사이에는 밀접한 인과 관계가 지배하기 때문이다.

우리는 인간의 이성 또는 양심의 힘을 함부로 과소 평가해서는 안 될 것이다. 그리고 인간이 스스로를 더욱 슬기로운 존재로 만들고자 원하는 도덕적 의지의 중요성을 부인해서도 안 될 것이다. 그러나 우리는 이성이나 양심 또는 도덕적 의지가 우리의 감정과 욕구의 근원을 이루는 생물학적 충동보다도 더욱 강한 위력을 가졌다고 단정해서는 안 된다. 성현 또는 군자에 가까운 예외자의 경우는 모르거니와, 우리네 범인의 도덕적 반성이 실천적 효과를 거둘 수 있는 범위에는 한계가 있다. 그리고 그 한계는 개인이 자기를 보존하고자 하는 기본적인 욕구가 희생을 당하지 않기 위해서 지켜야 할 일선 (一線)과 대체로 일치한다.

"인간의 그 이기성과 생물학적 충동을 극복하고 오로지 이성적이요, 도덕적인 인간으로 탈피하자는 것이 바로 새로운 인간상을 동경하는 우리의 본의가 아니겠느냐?"하고 논자들은 반문할 것이다. 그러나 우리의 목표는 실현이 가능한 범위 안에서 세워져야 한다. 그리고 국민의 전원 또는 대다수를 도학자에 가까운 애타주의로 개조하려는 계획은 비현실적일 뿐만 아니라, 매우 위선적이다. '새로운 인간상'을 모색하는 노력의 실천적인 일보는, 이성과 양심의 명령을 따라서 공정하게 행위하는 것이 결국은 행위자 자신을 위해서도 가장 유리한 길이라는 것을 입증할 수 있는 기초를 닦는 일로부터 발족해야 할 것이다.

다시 말하면, 사회 전체의 번영을 위하는 길과 행위자 개인의 성장을 도모하는 길이 일치할 수 있도록 사회의 질서를 재조직하는 일로부터 출발해야 한다. 설교와 훈계 그리고 본인의 반성과 결의를 통하여 우선 인간의 내부, 즉 '마음'부터 고치면, 인생의 외적 측면으로서의 사회 질서는 저절로 개혁되리라고 믿는 사람들이 있다. 그러나 이러한 마음은 인간성에 대한 지나친 낙관에 입각한 것이며, 일의 선후를 그릇 판단한 결과로 보인다.

우리의 인간성을 결정하는 것은 우리가 듣는 도덕적 설교나 우리가 속으로 다짐하는 반성적 결심이 아니라 우리가 거듭하는 실제 행동이다. 예컨대, 공정한 인물이 출현하기 위하여 가장 필요한 것은 공정의 덕을 고취하는 설교나 공정한 사람이 되리라는 결심이 아니라, 공정한 행동을 실제로 거듭하는 일이다.

다시 말하면, 평소에 늘 공정하게 행동하는 습관이 형성되었을 때 공정한 인물이 탄생한다. 그리고 평소에 늘 공정하게 행동할 수 있기 위해서는, 우리를 공정한 행위의 궤도로 모는 어떤 외적인 압력이 존재하거나 또는 공정하게 행동하는 것이 필경은 자기 자신을 위해서도 좋은 결과를 가져오리라는 것을 믿게 하는 사회 질서가 확립되어 있어야 한다. 우리를 항상 공정히게 행동하도록 인도하는 외적 압력이나 또는 사회 질서가 모두 사회 제도에 크게 의존한다는 사실을 상기한다면, 필자가 앞에서 "새로운 인간상의 모색은 사회 제도의 개혁으로부터 출발해야 한다"고 말한 주장에 수긍이 갈 것이다.

'제도의 개혁보다는 운영의 묘'라는 주장은, 제도의 개혁을 원치 않는 사람들의 구실이 아니면, 제도라는 것을 단순한 법조문의 소관 또는 외적 형식의 문제라고 보는 잘못에 연유한다. 참된 의미의 제도라는 것은 법령의 제정이나 외형의 구비로써 확립되는 것이 아니라, 그 제도의 근본 정신이 요구하는 바를 따라서 사람들이 행동하지 않을 수 없는 세력의 균형이 실현되었을 때, 비로소 확립되는 것이다.

3

 이제까지 논한 바를 한마디로 요약한다면, "새로운 인간상의 모색은 새로운 사회상의 모색과 병행해야 한다"는 말로 표현할 수 있을 것이다. 앞에서 필자는 사회의 제도가 인간의 성격과 행동 양식에 미치는 결정적 영향력을 강조했으나, 이는 '인간상'의 문제를 개인적 도덕성의 문제라고 보는 일부의 경향에 대한 반론을 펴기 위한 것이요, 제도를 만들고 운영하는 것도 결국은 인간이라는 사실을 간과하자는 뜻은 결코 아니다. 제도와 인간성은 밀접한 상호 관계를 가졌다. 그 하나를 개조하기 위해서는 다른 하나도 함께 개조해야 한다. 두 가지의 개조는 동시에 추진되어야 하며, 하나가 완성된 다음에 다른 하나에 착수할 성질의 문제가 아니다.
 그러나 여기 매우 중요한 차이점이 하나 있다. 그것은 제도의 근본적 개혁은 인간성의 근본적 개혁이 이루어지기 전에도 어느 정도 그 윤곽을 마련할 수 있으나, 인간성의 근본적 개혁은 제도의 근본적 개혁 없이는 그 윤곽조차도 이룩할 수 없다는 사실이다.
 제도의 개혁 없이는 새로운 인간상의 실현을 기대할 수 없다는 우리의 결론은 우리를 지극히 난감한 문제로 이끌어 간다. "제도는 어떻게 달라져야 하느냐?" 하는 어려운 물음에 부딪치는 것이다. 여기서 우리는 다시 원점으로 돌아가 현대 사회의 가장 큰 병폐가 무엇이며, 그 병폐의 근원이 어디에 있느냐는 물음으로부터 다시 논리를 더듬어야 할 것으로 보인다.

 현대적 불행의 표출된 현상으로서는 부의 편재와 약자의 빈곤, 인간적 유대의 약화와 인화의 부재, 인간의 자기 상실, 그리고 전쟁 따위를 들 수 있을 것이다. 한마디로 말해서 현대의 불행은 사람들이 돈과 기계의 노예가 되는 동시에 자아의 본질을 상실했으며, 이기성의 병적인 발달로 말미암아 서로가 모두 고독하게 됐다는 사실에 그 핵심이 있다고 볼 수 있을 것이다. 이와 같이 요약되는 현대의 불행은 우리들의 사회 제도와 깊이 관계되고 있으며, 그 근원은 18세기의 '자유의 평등'의 사상에까지 거슬러올라간다.

 프랑스 혁명의 배경을 이룬 18세기의 개인주의가 질적 변화를 거쳐 자유방임주의의 경제 사상으로 발전했으며, 이 경제 사상이 산업 혁명과의 실천적 결합을 통하여 서양 근대사의 방향을 좌우했다는 것은 널리 알려진 상식이다. 그리고 자유방임과 산업 혁명의 결과는 '최대 다수의 최대 행복'이 아니라, 대량의 실업자와 빈부의 격차, 제국주의와 식민지 전쟁 따위의 불행 쪽으로 기울어졌다는 것도 널리 알려진 사실이다. 널리 알려진 상식적 사실에 대하여 역사적 고찰을 되풀이할 흥미는 없다. 우리가 여기서 지적하고 또 기억하고자 하는 것은, 저 19세기적인 과오가, 그것이 과오로서 공인된 지 오래임에도 불구하고, 오늘날 아직도 근본적으로는 시정되지 않았으며, 우리가 현대에 겪고 있는 불행의 근원도 바로 그 과오기 연장되고 있다는 어리서음 속에 있다는 사실이다. 19세기서 과오가 아직도 연장되고 있다 함은 어떠한 사실을 가리키며, 그 사실과 현대의 불행이 어떻게 연결되고 있느냐에 관해서 대략이나마 검토할 지면의 여유는 필자에게 남지 않았다.

 이 점에 관해서는 앞으로 1년간 계속될 본 시리즈에 참여하는 사회과학 전문가들의 더욱 상세한 분석이 있을 것으로 기대하며, 필자는 여기서 오직 한 가지 사실만을 지적해 두고자 한다. 즉, 19세기적 개인주의의 폐단으로서 나타난 불합리한 생산과 불공정한 분배는 오늘에 있어서도 아직 제대로 시정되지 않았으며 경제 활동에 남아 있는 이 두 가지 부조리는 현대적 불행의 제 원인들 가운데서 매우 큰 비중을 차지한다는 사실만을 지적해 두고자 한다.

'불합리한 생산'이라고 한 것은 생산이 인간 생활의 필요를 따라서 계획되지 않고, 기업가의 치부를 위한 수단으로서 운영되는 경향을 염두에 두고 한 말이며 '불공정한 분배'라 한 것은 노동과 보수의 불균형을 생각하고 한 말이다. 이 두 가지 점에 관해서 약간의 수정이 여러 나라에 있어서 시도되고 있다는 사실을 우리는 부인하지 않는다. 그러나 그 수정은 매우 고식적인 것이며, 문제를 근본적으로 해결하는 단계에 이르기까지는 아직 전도가 요원하다.

4

문제를 근본적으로 해결할 수 있기 위해서는, 수시로 교체되는 위정자의 지혜와 금력에 대한 생리적 충동을 느끼는 기업가의 선심에만 호소하는 현재의 방안을 지양하고, 합리적 생산과 공정한 분배를 자동적으로 촉진하는 제도를 확립할 필요가 있다. 합리적 생산과 공정한 분배가 제도적으로 보장된 사회에 있어서는, 사람들은 각자의 소질과 능력을 따라서 그 사회가 요구하는 일을 하면 되며, 돈의 노예가 되어 비열한 경쟁과 모략을 일삼을 필요는 없을 것이다.

이러한 사회에서는 정당하게 노력하고 실력으로 봉사하는 사람들이 존경을 받으며 성공을 거둔다. 따라서 '새로운 인간상'은 구태여 떠들지 않아도 자연히 출현하게 될 것이다.

그러나 그토록 합리적이요, 공정한 사회 제도의 확립이 어떻게 가능한가? 현재 지배적 위치에 자리잡고 있는 계층의 사람들은 현존하는 사회 제도에 이익을 보는 사람들이며 현존하는 제도가 그대로 존속하기를 원하는 사람들이다. 이들의 강력한 반대를 누르고 새로운 제도를 세울 수 있는 효과적인 방법은 무엇인가? 여기서 우리는 또 한번 극히 어려운 문제에 봉착하고 있음을 발견하거니와 이 어려운 문제에 대해서는 이미 사상가들의 견해가 격론을 펴고 대립하고 있는 것으로 안다.

존 듀이를 비롯한 중도적 사회 사상가들은 '지성적 대화와 협상'의 방법을 통하여 새로운 제도를 세울 수 있다고 주장한다. 그렇게 주장하는 가장 큰 근거는 과학의 승리가 가져온 현대의 막대한 생산력은 이를 합리적으로만 활용하면 인류 전체를 잘 살 수 있게 하기에 넉넉하다고 보는 견해에 있다. 그러나 전형적 사회주의자들은 말할 것도 없거니와 레인홀드 니버같은 종교적 사회 사상가까지도 듀이 일파의 견해를 중간 계급의 편견에 불과하다고 통박한다. 인간의 욕심은 끝이 없으며, 지성의 대화로써 집단적 이기심을 극복할 수는 없다는 것이다.

아마 대립된 두 견해에는 각각 일리가 있을 것이다. 두 견해의 장단을 비판적으로 검토하고 한국의 현실에 비추어 저 어려운 물음에 대한 우리 스스로의 대답을 꾀하는 것은 앞으로 남은 우리들의 공동 과제일 것이다.

복지 사회와 인간 개발

최근에 있었던 어떤 학술적인 모임에서 '한국사에 있어서의 복지관'이라는 제목의 강연을 들었다. 옛날부터 우리 나라는 인심이 후덕하여 복지를 위한 제도 내지 관행이 여러 모로 발달했었다는 것을 역사적 실례를 들어 가며 설명한 이 강연은 많은 청중에게 큰 감명과 기쁨을 안겨 주었다. "우리 조상들의 체질 속에 깊이 뿌리를 내렸던 이 복지의 정신을 오늘에 되살린다면 장차 우리 한국을 복지사회로 발전시킴에 큰 원동력이 될 것"이라는 취지의 말로 강연이 끝났을 때 청중의 대부분은 우리 조상들의 따뜻한 인정과 지혜로운 처사에 대하여 깊은 존경과 자랑을 느끼는 듯한 분위기였다. "우리는 우리 조상들에 대하여 너무 몰랐다"고 솔직히 고백하면서 문화적 전통의 중요성을 새삼 강조하는 사람들도 있었다.

발표자에 따르면 조선조 시대에 있어서 복지 관행이 가장 발달한 것은 촌락 단위의 민간 사회에 있어서였다. 국가 정부 또는 지방 관서가 베푼 복지 제도도 없었던 것은 아니나 대체로 명목과 형식 뿐이요 실제로 하는 일이 적었다.

이에 비하면 촌락 단위로 민간에서 자발적으로 실천되는 복지 관행은 여러 가지 사태에 대비하여 매우 다방면으로 발달하였다. 예컨대 농사를 지을 만한 노동력이 없는 환자나 불구 또는 과부의 가정을 위해서는 마을 사람들이 힘을 모아 무보

수 공동 작업으로 농사를 대신 지어 주는 '공굴'이라는 관행이 있었다.

의지할 곳도 충분치 못하고 활동력도 없이 외로운 처지에 놓인 늙은이들을 위한 경로의 풍습도 다양했다. 예컨대, 돼지를 잡은 집에서는 그 내장을 자기네의 소유로 하지 않고 마을 노인들에게 고루 분배하는 불문율이 있었다. 대개 마을마다 정기적으로 경로 잔치를 열고 선물을 베풀었거니와, 그러한 행사의 기금을 마련하기 위하여 양로계를 조직한 예도 많았다 한다.

보릿고개를 당한 빈민층의 부식을 도와 주는 방안으로서는 '된장 서리'라는 풍습이 있었다. 춘궁기를 당하는 주식은 고사하고 부식도 떨어진 가난한 집 아낙네들이 광주리 가득히 산나물을 뜯어서 이고 부잣집을 찾아간다. 그 부잣집이 산나물을 원하든 말든 그것을 그 집에 쏟아놓고, 그 대가로서 부잣집 된장을 적당한 분량만큼 퍼가는 풍습이다. 부잣집 측에서는 아무 제지 없이 그것을 용납해야 하는 점에 이 풍습이 갖는 규범성이 있다.

청중들의 흥미를 가장 많이 일깨운 것은 '마당쓸이'라는 습속이었다. 양식이 떨어진 빈민이 마을에서 잘 사는 집 마당을 새벽 해뜨기 전에 쓸어 준다. 그것이 절량을 알리는 신호임을 아는 마당 주인은 하인으로 하여금 마당쓸이한 사람이 누구인가를 조사토록 한 다음 그 가난한 집 식구들을 위하여 수일분의 양식을 보내 주는 풍습이다.

조선조 시대에 널리 실천되었던 복지 관행에 있어서 가장 현저한 특색은 첫째로, 어려운 사람들에 대한 연민과 자선심이 동기가 되어 그들에게 시여(施與)를 베풀었다는 성격이 강하다는 사실과 둘째로, 혜택을 베푸는 주체가 국가나 지방 관청이 아니라 잘 사는 개인들이라는 사실에서 찾아볼 수 있을 것이다.

 세상에는 제 욕심만 차리고 이웃에 어떠한 불행이 있어도 모르는 체하는 몰인정한 사람들도 많다. 제 집의 물건을 썩혀 버리는 한이 있어도 남에게 주기는 꺼려하는 사람들도 있다. 이러한 사람들에 비한다면 조선조 시대의 우리 조상들이 보여 준 후덕한 인심은 크게 찬미할 만한 것임에 틀림이 없다. 그러나 조선조 사람들의 복지 관념으로써 현대가 추구하는 복지 사회를 건설할 수 있다고 생각한다면 그것은 크게 잘못이다.

 현대가 추구하는 복지 사회의 실현을 위해서 가장 귀중한 덕목들은 자비나 동정 또는 연민이 아니라, 공정과 평등 그리고 인간의 존엄성에 대한 투철한 신념이다.

 '복지 사회'란 모든 성원이 고루 행복을 누릴 수 있는 사회를 일컫는다. 그런데 남의 동정과 선심의 덕분으로 겨우 최저 생활의 보장을 받는 것으로써 현대인은 행복을 느끼지 않을 것이다. 스스로 행복을 느낄 수 있기 위한 기본 조건의 하나는 자신에 대한 존경심이거니와, 남의 동정과 자선심의 신세를 지고 겨우 살아 가는 사람들은 항상 열등감 속에 살아야 하며, 자기에 대한 존영과 자신을 갖기 어렵다.

 복지 국가로 불릴 수 있기 위해서는 국민 모두가 자기의 힘으로 떳떳이 살아갈 수 있어야 한다. 남의 일방적인 도움에 의해서가 아니라 자기 스스로의 노동에 대가로써 생활의 안정이 보장되어야 한다. 그렇게 되기 위해서는 우선 완전 고용이 필수 조건이 되는 동시에, 지나친 불균형에서 오는 패배감을 막을 수 있을 정도의 공정한 분배가 실현되어야 한다. 이 두 가지의 큰 조건이 개인들의 자유 경쟁과 자율만으로 충족될 수 없음은 상식으로도 명백하다. 여기서 필연적으로 나오는 결론의 하나는 복지 사회를 건설하는 문제는 일차적으로 국가의 정책적 차원에서 추구할 과제이며 민간 독지가의 힘만으로는 달성하기 어려운 과업이라는 그것이다.

일자리를 얻고 정당한 보수를 받게 되어 경제 생활이 안정되는 것만으로는 아직 행복이 실현되었다고 보기 어렵다. 정신적으로도 질이 높은 삶을 영위할 때 비로소 인간은 행복에 도달한다. 모든 국민이 고루 정신적인 생활의 기쁨을 누릴 수 있는 상황은 대중 문화가 제대로 발달되는 날 실현될 수 있다고 보는 사람들이 있다. 영화와 연극, 무용과 음악, 시와 소설 등 그 밖에 여러 가지 문화적 산물의 혜택을 근래 눈부시게 발달한 대중 매체를 통하여 대중이 고루 입는 현상으로서의 '대중 문화'가 앞으로 건설될 복지 사회에 있어서 큰 비중을 차지한다는 것이다.

여가를 즐겁게 보내는 것이 삶의 질을 높이는 일의 일환이 되며 행복된 삶을 위해서 보탬이 된다는 것은 의심의 여지가 없는 상식이다. 그러나 소수의 이른바 문화인과 그들을 배후에서 조종하는 대중 매체 소유자의 합작으로 만들어진 상품으로서의 영화와 텔레비전 그리고 대중 소설 또는 주간지 따위를 매일 즐긴다 해서 대중의 삶이 질적으로 향상하는 것은 아니다. 진정한 삶의 질적 향상은 단순한 오락 따위에서 찾을 것이 아니라 대중 자신들의 인간 개발에서 찾아야 할 것이다.

행복을 위한 가장 기본적인 조건은 저마다 타고난 소질을 유감 없이 연마, 발휘함으로써 자아의 성장을 이룩하는 일이라고 믿는다. 모든 사람들이 각각 하나의 전문적인 분야에서 대가의 경지에까지 가야 한다는 뜻이 아니다. 다만 비록 대중 속에 묻혀 사는 평범한 사람들이라 할지라도 어느 정도의 교양과 덕망을 갖춘 인격으로 자랄 수는 있는 일이며, 본인만 노력하면 그렇게 될 수 있도록 만인에게 여건이 갖추어져 있는 나라가 바로 복지 국가에 해당한다.

인간을 위해서 가장 중요한 것은 자기 자신의 주인공이 되는 일이다. 남의 동정심이나 선심에 의존할 수밖에 없는 사람은 자신의 주인공으로서 당당하게 살기가 어렵다. 대중 매체를 통하여 강매되는 천박한 문화 상품 내지 오락물에 도취하여 모든 여가를 어리석은 소비자로서 보내는 데 그치는 사람도 자기의 주인공이라 할 수 없다.

자기 자신에 대한 주인공이 되기 위해서는 우선 경제적으로 자립할 수 있어야 하고, 다음은 정신적 자립을 지킬 수 있을 정도의 인격의 성숙이 있어야 한다. 그리고 이 두 가지 조건을 갖추기 위해서 근본적으로 중요한 것을 넓은 의미의 교육이다. 가정과 학교와 사회에 있어서 모든 사람들에게 내용이 충실한 교육의 기회를 마련하는 것은 복지 사회의 실현을 위한 매우 중요한 바탕이다.

청소년상 정립의 이념

1. 청소년 문제의 실상

　오늘날 한국 청소년에게 심각한 문제가 있다고 생각하는 것은, 청소년들 자신이기보다도, 기성 세대일 경우가 많다. 기성세대에게는 기성 세대가 바라는 청소년상이 있으며, 그 바라는 청소년상과 현실의 젊은이들 사이의 격차가 클 때, 기성 세대는 자기네의 젊은이들에게 문제가 있다고 직감한다.
　우리는 같은 논리를 입장을 바꾸어서 적용할 수도 있을 것이다. 젊은이들에게는 그들이 바라는 기성 세대상이 있을 것이다. 그리고 그들이 바라는 기성 세대와 현실의 기성 세대 사이의 격차가 심할 때, 젊은이들은 그들의 기성 세대에게 큰 문제가 있다고 느낄 것이다.
　기성 세대는 기성 세대의 가치관에 기준을 두고 젊은 세대를 평가하고, 젊은 세대는 젊은 세대의 가치관에 기준을 두고 기성 세대를 평가한다. 뿐만 아니라, 우리의 신경은 자신을 반성하는 일에 있어서보다도 남을 비판하는 일에 있어서 더욱 날카롭다. 따라서 기성 세대는 기성 세대대로 젊은이들에 대한 걱정이 심각하고, 젊은이들은 젊은이들대로 기성 세대에 대한 불만이 크다. 바로 이와 같은 전체적 상황 속에 문제의 뿌리가 있는 것이며, 우리는 항상 이 뿌리를 염두에 두고 청소년의 문제를 생각해야 할 것이다.

우리에게 첫째로 필요한 것은, 청소년의 문제를 기성 세대의 문제의 연장 또는 일환으로서 파악하는 일이다. 청소년에게 심각한 문제가 있다면, 그것은 기성 세대가 책임져야 할 사회 현실에 문제가 많다는 증거이다. 기성 세대의 사회에 심각한 문제를 남겨둔 채 청소년의 문제만을 따로 해결할 수는 없을 것이며, 기성 사회의 개선과 더불어 청소년 문제도 해결의 실마리를 찾을 것이다.

우리에게 둘째로 필요한 것은, 기성 세대와 젊은 세대가 함께 받아들여서 공동의 기준으로 삼을 수 있는 가치관을 발견하는 일이다. 기성 세대만의 독선적 가치관에 입각하여 청소년상을 구상하고, 그 구상에 따라서 젊은이들을 '선도'하고자 한다면, 대화는 단절될 것이며 도리어 역효과에 가까운 결과를 부를 확률이 높다.

우리가 셋째로 유의해야 할 점은, 새 시대의 요청과 역사의 방향에 대한 정확한 인식에 토대를 두고 청소년 문제에 대처해야 한다는 사실이다. 청소년의 문제는 무엇보다도 '청소년 자신들을 위해서'라는 관점에서 다루어져야 한다. 오늘의 젊은 세대가 장차 기성 세대로서 성장하는 날 그들이 당하게 될 그들의 문제를 만족스럽도록 스스로 해결할 수 있는 능력을 길러 주는 것이 오늘의 기성 세대가 해야 할 일의 핵심이다. 이러한 성찰은 우리들에게 미래 지향적 관점에서 청소년 문제를 고찰할 것을 요구하며, 새 시대의 요구 또는 역사의 방향에 대한 정확한 인식을 외면하는 한, 청소년의 선도는 성공하기 어려울 것임을 강력하게 시사한다.

청소년의 문제는 그것이 누구의 문제이기보다도 청소년 자신들의 문제이다. 따라서, 청소년 문제의 해결을 위한 마지막 열쇠를 쥔 것은 청소년 자신이며, 기성 세대는 조산부가 산모의 해산을 돕듯이 젊은 세대의 문제 해결을 도와줄 위치에 서 있다. 조력자의 입장에 서 있는 기성 세대가 항상 명심해야 할 것은, 젊은 세대의 관점에서 젊은 세대와 그들의 문제를 이해하도록 노력하는 일이다.

2. 바람직한 인간상의 조건

훌륭한 건축물을 만들어내기 위해서는 우선 원하는 건물의 청사진을 그려야 할 것이다. 지금 바람직한 한국 청소년상의 모습을 그려보고자 하는 우리의 처지는 장차 세우고자 하는 건축물의 청사진을 구상하는 설계사의 그것과 비슷하다. 그것도 자기 자신이 살기 위한 건축이 아니라 다른 사람을 위한 건축의 청사진을 그려야 하는 설계사의 입장과 비슷하다. "바람직한 한국의 청소년상은 어떠한 것이냐?"하는 물음은 매우 추상적이고 막연한 물음이다. 이 막연한 물음에 접근하는 한 가지 방편으로서, 건축물의 청사진을 구상하는 설계사와의 유사성을 참고로 삼는 길을 생각할 수 있겠다. 성실하고 탁월한 건축 설계사가 다른 사람을 위한 건물을 설계할 때 갖는 마음가짐은 바람직한 청소년상의 모습을 그리고자 하는 기성 세대를 위해서 본보기가 될 수 있을 것으로 생각된다.

성실하고 탁월한 건축 설계사는 무엇을 기준으로 삼고 설계도를 작성할 것인가? 그는 아마 두 가지 관점을 중요시할 것이다. 첫째로 그는 건물의 실용성을 중요시할 것이며, 둘째로 건축의 예술성을 중요시할 것이다. 생활 공간으로서 건물의 용도에 적합하도록 유의하는 한편, 예술적으로 아름다운 작품이 되도록 배려할 것이다. 그리고 건물의 용도를 생각할 때는 그 집을 사용할 사람의 처지와 희망을 존중할 것이며, 건축의 예술성을 고려할 때는 자기의 개인적 기호보다도 전문가들의 일반적 통념을 존중할 것이다.

바람직한 청소년상을 정립하고자 하는 우리들도 두 가지 관점을 아울러 중요시해야 할 것으로 보인다. 첫째로 '훌륭한 일꾼'으로서 갖추어야 할 조건을 생각해야 할 것이며, 둘째로는 '멋있고 착한 인간'으로서 갖추어야 할 조건을 고려해야 할 것이다. 그리고 '훌륭한 일꾼'의 기준은 젊은 세대가 장차 이 나라의 주인이 되었을 때의 상황에 촛점을 맞추어야 할 것이며, '멋있고 착한 인간'의 조건을 고려할 때는 우리들의 문화적 전통 및 식자들의 일반적 양식과 도덕감을 존중해야 할 것이다.

오늘의 청소년은 장차 이 나라의 일꾼이 되게 마련이다. 사회의 주역을 맡게 되는 날 그들은 여러 가지 문제 내지 과제에 당면하게 될 것이니, 그들이 당면하는 문제 내지 과제를 훌륭하게 풀어갈 수 있는 능력을 갖추어야 할 것이다. 특히 공동의 과제를 수행하는 일에 적극적으로 참여하여 각자가 맡은 과업을 만족스럽게 수행할 수 있는 능력을 길러야 할 것이다.

오늘의 젊은이들이 장차 나라의 주역이 되었을 때 어떠한 문제 또는 과제에 부딪치게 될지 소상히 예견할 수가 없는 까닭에, 내일의 일꾼으로서 그들이 갖추어야 할 능력과 소양을 낱낱이 세밀하게 열거할 수는 없다. 그러나 어떠한 시대 어떠한 사회를 막론하고 인간 사회가 공통으로 부딪치는 문제들이 있고, 따라서 동서와 고금을 가리지 않고 언제 어디서나 유용한 능력과 덕이 있다. 예컨데, 강건한 체력과 논리적 사고력, 성실성과 정직, 공정성과 절제, 용기와 인내심, 그리고 인애(仁愛)와 관용 등이다.

이러한 능력과 미덕 가운데서 어떠한 것들에 특히 역점을 두어야 할 것인가 하는 것이 더욱 절실한 문제로 제기될 것이다. 이 절실한 문제에 대답하기 위해서 첫째로 고려해야 할 것은, 오늘의 청소년들이 장차 어떠한 국가 내지 사회를 건설의 목표로 삼을 것인가 하는 문제이다.

 우리가 목표로 삼아야 할 바람직한 국가나 사회가 세대마다 각각 다를 수는 없다. 다시 말해서, 오늘날 기성 세대가 목표로 삼아야 할 바람직한 국가와 장차 다음 세대가 목표로 삼아야 할 그것이 근본적으로 다를 수는 없다. 인간 사회에 관계하는 여러 가지 조건들의 변화를 따라서 바람직한 사회의 양상도 부분적으로는 달라질 것이다. 그러나 국가나 사회가 입각해야 할 기본 원리에 관한 한, 오늘날 우리가 목표로 삼아야 할 바람직한 국가의 청사진과 다음 세대가 추구해야 할 국가의 청사진이 다를 수는 없다. 국가를 건설하는 일이 20년 또는 30년 동안에 가능한 일이 아닐 뿐더러, 한 국가의 연령층은 연속적인 것이어서, 오늘의 기성 세대가 맡아야 할 시기와 오늘의 젊은 세대가 맡아야 할 시기를 일정한 연대로써 구분할 수가 없기 때문이다. 국가 발전의 당면 목표를 단계적으로 정할 수는 있을 것이다. 그러나 국가의 기본 이념 또는 국가 발전의 기본 방향만은 세대의 차이를 넘어서 변함이 없어야 한다.

 오늘날 대부분의 지성인들은 진정한 민주주의 국가가 실현되기를 염원하고 있다. 국민의 자유와 인권이 보장되고, 모든 국민에게 공정한 분배와 균등한 기회가 주어지며, 모든 문제들이 필경은 사리와 분별을 따라서 해결되는 나라가 실현되기를 바라지 않는 지성인은 많지 않을 것이다. 지성인 뿐만 아니라, 어느 정도의 식견을 갖춘 사람이라면 아마 모두 같은 의견일 것이다. 시사로운 욕심으로 인하여 민주주의에 역행하는 행위를 하는 사람들도, 적어도 이론상으로는 자유와 평등을 최대한으로 조화롭게 아울러 실현하는 것이 바람직하다는 주장에 공공연하게 반대하지는 못할 것이다. 프랑스 혁명을 주도한 사상가들이 자유와 평등 그리고 박애를 이상적 사회의 삼대 지표로 제시한 이래, 우리가 궁극의 목표로 삼아야 할 이상적 국가의 조건이 무엇이냐는 물음에 대하여 근본적으로 새로운 사상이 다수의 지지를 받은 적은 없는 것으로 안다. 이상적 국가나 사회로 접근하는 올바른 방법과 과정에 대해서는 심한 대립이 있었다. 현재의 국가 또는 사회가 정당하고 공정한 국가 또는 사회를 지향하여 성실한 노력을 기울이고 있는가에 관한 여야의 극단적인 대립도 있었다. 그러나 이상적 국가의 궁극 목표 그 자체에 대해서는 근본적인 견해에 대립이 적었다.

우리 나라의 기성 세대 가운데 민주주의를 공공연하게 반대하는 사람은 많지 않을 것이다. 그리고 참된 민주주의 국가의 이상은 자유와 평등을 최대한 조화롭게 아울러 실현함에 있으며 그렇게 되기 위해서는 사리와 분별을 따라서 공동의 문제를 해결해야 한다는 점에 대해서도 거의 대부분이 동의할 것이다. 젊은 세대의 견해도 대체로 대동 소이할 것으로 믿는다. 오늘의 우리 현실이 과연 민주주의의 방향으로 가고 있느냐에 대해서는 회의적인 젊은이가 있을지도 모른다. 참된 민주주의를 착실하게 실현하는 방안에 대해서 보수적인 젊은이와 급진적인 젊은이들 사이에 견해의 차이가 있을지도 모른다. 그러나 참된 민주주의 그 자체에 대해서 근본적으로 다른 생각을 가진 사람은 적을 것이다.

이상의 고찰을 토대로 우리는 하나의 결론을 얻을 수가 있다. 참된 민주주의를 실현하기에 적합한 가치관과 능력을 갖추는 일은 바람직한 한국 청소년상의 정립을 위한 중요한 지표의 하나라는 결론이다. 장차 이 나라의 주역을 맡을 젊은이들이 참된 민주주의를 위한 훌륭한 일꾼으로 성장하는 것이 바람직하다는 견해에 대하여 반대하는 사람은 기성 세대와 젊은 세대를 막론하고 많지 않을 것이다.

인간은 국가의 건설을 위한 수단이기보다는 그 자체가 목적이다. 따라서, 민주국가 건설의 일꾼으로서의 능력만으로 바람직한 청소년상을 규정하기는 어려울 것이다. 가장 훌륭한 건축은 실용적일 뿐 아니라 예술적이라야 하듯이, 이상적인 인간은 훌륭한 일꾼일 뿐 아니라 착하고 멋있어야 할 것으로 생각된다.

참된 민주주의의 실현을 위한 훌륭한 일꾼으로서의 의지와 능력을 갖춘 인품은 그것만으로도 우리의 도덕감과 미감에 호소력을 가질 것이다. 다시 말해서, 그러한 의지와 능력은 멋있고 선량한 인품을 위해서도 중요한 조건이 될 것이다. 그러나 민주주의를 위한 의지와 능력 이외에도 멋있고 선량한 인품을 위해서 도움이 되는 인격 특질이 있을 것이다. 그러한 인격 특질도 이상적인 청소년상의 조건에 마땅히 포함시켜야 한다.

민주주의의 실현을 위하여 가장 적합한 일꾼으로서의 인간상과 가장 멋있고 선량한 인품의 그것 사이에 부분적인 불일치 내지 갈등이 생길 수도 있을 것이다. 건축에 있어서 실용성과 예술성 사이에 갈등이 생길 수 있는 것과 비슷한 사정이 인품에 대해서도 있을지 모른다. 그러나 모든 인품을 하나의 이상형으로 획일화할 필요는 없을 것이다. 민주주의를 위한 일꾼으로서의 자격에 있어서 취할 점이 많은 인품과 일꾼으로서의 능력은 약하나 멋과 선량함에 있어 취할 점이 많은 인품이 섞여서 사는 것도 나쁘지 않을 것이다. 두 가지 유형 가운데 어느 길을 택할 것이냐 하는 문제는 각 개인에게 맡겨질 과제이다.

3. 바람직한 한국 청소년상 소묘

민주주의를 실현함에 적합한 인간상. 이것이 바로 내일의 한국이 요구하는 바람직한 청소년상의 첫째 조건이라 하였다. 그렇다면 민주주의 실현의 훌륭한 일꾼이 되기 위해서 한국의 청소년들은 어떠한 마음가짐을 가져야 하는 것일까?

첫째로, 인간을 존중히 여기는 태도가 몸에 배어야 할 것이다. 말로만 인간이 귀중함을 역설함에 그치지 않고, 행동으로써 인간을 존중히 여기는 태도를 항상 가져야 할 것이다. 특히 남의 인격과 권익을 나의 그것 못지 않게 소중히 여기는 태도를 길러야 할 것이다.

본래 민주주의는 인간의 존엄성과 평등에 대한 믿음을 토대로 삼고 있다. 따라서, 모든 사람의 동등한 인권을 믿고 그 믿음에 따라 행동할 수 있는 사람만이 참된 민주주의를 실현할 수 있을 것이다. 사람의 생명과 인격을 대수롭지 않게 여기는 풍조 속에서 민주사회가 실현되기는 산에서 물고기를 얻는 것과 같이 어려운 일이다.

인격을 단순한 수단으로서 대접하지 말고 목적으로서 대접하라고 말한 칸트의 가르침은 민주주의를 원하는 사람들이 명심해야 할 기본 원칙이다. 그럼에도 불구하고, 현대 산업사회에서는 인간을 단순한 수단으로 이용하는 사례가 너무나 많다는 실정에 비추어, 내일의 주역들은 인간 존중의 생활 태도에 투철해야 할 것이다.

둘째로, 민주주의를 위한 일꾼들은 사리에 밝고 공정심이 강해야 할 것이다. 다시 말하면, 좋은 의미의 합리적 정신을 따라서 생각하고 행동해야 할 것이다. 민주주의의 이상은 이성적 사회의 실현에 있다고 말해도 과언이 아닐 것이다. 그러므로, 이성을 따라 판단하고 이성의 판단을 따라 행동하는 사람들은 민주주의 실현을 위한 가장 귀중한 일꾼이 될 것이다.

그러나 '사리'니 '이성적'이니 하는 말은 너무나 추상적이므로 더욱 구체적인 언어로써 이성적 태도의 일상적인 예를 생각해 보기로 하자. 대인 관계에 있어서 상대편의 입장에서도 생각해 보는 여유는 이성적 태도의 좋은 본보기라 할 수 있을 것이다. 대화에 있어서 상대편의 발언에 귀를 기울이고 받아들일 말은 받아들이는 것은 상대편의 입장에서 생각하는 가장 좋은 방법이며, 민주주의의 기본 정신이다. 욕심을 부리거나 자기의 주장만을 내세우는 것은 민주주의를 위해서는 매우 곤란한 태도이다. 나와 남의 처지와 권익을 차별 없이 존중하는 공정심은 민주주의가 요구하는 인간상의 기본이다.

문제를 여러 각도에서 비판적으로 검토하고 또 원대한 안목으로 현실을 바라보는 것도 이성적 태도의 대표적인 예로서 생각할 수 있을 것이다. 날카로운 비판 정신은 대체로 사회 발전에 기여하는 바 크거니와, 다만 그 비판은 공정해야 하며, 남에 대해서 뿐 아니라 자기 자신에 대해서도 비판을 게을리하지 않는 것은 공정한 비판의 기본 조건이다. 그리고 눈앞의 상황이나 이해 관계에만 얽매이지 않고 원대한 안목으로 크게 바라볼 수 있기 위해서 가장 중요한 것은 슬기로운 역사 의식이다.

셋째로, 우리의 민주주의는 강한 공동체 의식과 협동 정신을 요구한다. 본래 민주주의 사상은 인권을 강조하는 개인주의에 토대를 두고 출발하였다. 그리고 오늘도 개인의 인권을 가벼이 여기는 민주주의란 있을 수 없다. 그러나 개개인이 자신만을 소중히 여기는 풍토 속에서 민주주의가 실현되기를 기대할 수는 없다. 사회적 존재로서의 인간은 서로 협동하는 조직 생활을 통해서만 개인의 행복을 이룩할 수 있으며, 공동체가 쇠퇴하면 그 안의 개인들도 불행을 면하기 어렵다. 국민 각자가 자기의 권리를 주장하는 것과 같은 열의로써 자기의 의무를 자진해서 수행할 때 비로소 민주주의는 실현될 수 있으며, 자기의 의무를 성실하게 수행하고자 하는 의지는 공동체에 대한 의식과 사랑 없이는 발휘되기 어렵다. 실로 민주주의의 요체는 개인의 행복과 공동체의 번영을 유기적 연관 속에서 아울러 달성하고자 하는 의지에 있다 하여도 과언이 아닐 것이다. 오늘날 세계 각국이 자기 나라의 이익을 추구하기에 여념이 없고, 특히 우리 나라의 경우는 국가의 존망이 걸린 어려운 문제들이 많다는 사실을 염두에 둘 때, 공동체 의식과 협동 정신의 중요성을 더욱 강조하지 않을 수 없다.

넷째로, 우리는 한국의 청소년들이 남의 은혜를 감사히 여기고 기회가 있을 때는 이에 보답하는 미덕을 갖춘 인품으로 성장하기를 염원한다. 감은과 보은은 민주주의의 문제를 떠나서, 어느 시대 어느 사회를 위해서도 요청되는 귀중한 미덕이다. 인간은 누구나 부모를 비롯한 여러 사람들의 개인적 은혜뿐 아니라 사회의 조직과 자연의 섭리로부터도 많은 혜택을 입고 살게 마련이다. 이 크나큰 은혜들을 잊지 않는 것은 인간의 도리일 뿐 아니라 더욱 보람된 삶을 위한 슬기이기도 하다.

다섯째로, 우리는 한국의 청소년들에게 사랑의 마음이 풍부하기를 염원한다. 권리와 의무를 따지고 사리를 밝히는 데 그치지 않고, 따뜻한 마음으로 인간과 자연을 사랑하는 여유를 갖기를 희망한다. 참된 종교의 바탕이기도 한 이 사랑의 심덕은 만고를 통한 보편적 미덕이거니와, 특히 오늘날 산업 사회의 각박한 현실은 이 전통적인 미덕에 대한 아쉬움을 더해 준다.

여섯째로, 우리는 한국의 청소년들에게 진취의 기상이 넘치고 창의성이 출중하기를 희망한다. 진취의 기상과 창의성도 모든 시대를 위해서 바람직한 미덕이거니와, 특히 변화가 급격하고 난관이 허다한 우리의 현실은 더욱 절실하게 이 두 가지 덕을 요청한다. 하루가 다르게 변동하는 세계 속에서 부단히 닥쳐오는 문제들의 도전에 슬기롭게 대처할 수 있기 위해서는 왕성한 진취의 기상과 슬기로운 창의성을 갖추어야 할 것이다.

일곱째로, 우리는 한국의 청소년들이 한국의 문화에 대하여 깊은 관심과 이해를 가지며, 나아가서 새로운 민족 문화 창조에 적극적으로 기여하기를 희망한다. 세계가 날로 좁아지는 오늘날, 편협한 민족주의는 극복되어야 할 것이다. 그러나 문화의 생명이 개성에 있음을 고려할 때 우리가 세계 문화에 기여하는 올바른 길은 우리의 고유한 문화적 전통을 살리는 방향에서 찾아야 할 것이다. 외국어를 자유롭게 구사하고 외국의 유행가를 그들과 흡사하게 부를 수 있는 것도 좋을 것이다. 그러나 깨끗한 한국말을 아름답게 사용하며 한국의 고유한 노래를 제대로 소화할 수 있다면 그는 한국의 젊은이로서 더욱 멋있는 사람이 될 것이다. 우리 조상들이 가졌던 마음의 여유와 풍류를 오늘에 되살릴 수 있다면, 더욱 멋있는 한국인 상으로 빛날 것이다.

4. 청소년 선도의 선행 조건

성격 내지 인격의 형성은 교육에 의존하는 바가 크며, 청소년의 인간 교육에 있어서 교육자의 임무를 맡는 것은 주로 어른들이다. 가정과 학교와 사회에 있어서, 기성 세대는 주로 교육자의 위치에 서고 젊은 세대는 주로 피교육자의 위치에 서는 것이 일반적 현상이다. 그런데 인간 교육이 성공을 거두기 위해서는 교육자와 피교육자의 관계가 교육 목적에 맞도록 미리 조정되어야 한다. 양자의 인간 관계가 원만하지 못할 경우에는, 비록 교육자의 의도가 좋다 하더라도 인간 교육은 실패로 돌아간다.

인간 교육을 위해서 적합한 관계란, 짧게 말해서 '사랑과 존경 그리고 신뢰의 관계'라고 표현할 수 있을 것이다. 교육자와 피교육자 사이에 서로 사랑하고 존경하며 신뢰하는 인간 관계가 선행해야 하거니와, 특히 피교육자에 대한 교육자의 사랑과 교육자에 대한 피교육자의 존경과 신뢰는 성공적 인간 교육을 위해서 필수적이다. 오늘날 우리 나라에 있어서 '청소년의 선도'를 외치는 소리가 높음에도 불구하고 문제 해결의 실효를 거두지 못하는 것은 무엇보다도 저 선행해야 할 인간 관계가 준비되어 있지 않기 때문일 것이다.

거의 모든 부모는 자녀들을 사랑한다. 대부분의 학교 교사들은 어느 정도 자기 학생들을 사랑하고 있다. 그리고 우리나라의 기성세대는 젊은 세대에 대하여 한편으로 못마땅하게 생각하는 감정도 있을지 모르나, 대체로는 위하는 마음을 가지고 있을 것이다. 아마 그 사랑이 충분하지는 못할 것이다. 그러나 확실히 기성 세대가 일반적으로 젊은 세대를 미워한다고 볼 수는 없다.

한편, 기성 세대에 대한 젊은 세대의 인식 내지 감정은 훨씬 더 비관적이다. 쉽게 말해서, 오늘의 기성 세대 가운데서 젊은이들의 존경과 신뢰를 받고 있는 사람들은 아주 적을 것이다. 여기에 우리 기성 세대가 깊이 생각해야 할 문제점이 있다고 보아야 한다. 젊은이들로부터 존경과 신뢰를 받지 못하는 지경에 이른 책임은 일단 기성 세대가 져야 할 것이기 때문이다.

오늘날 젊은이들은 우리의 현실에 대하여 불만이 많으며, 현실을 불만스럽게 만든 책임은 기성 세대에 있다고 믿는다. 그리고 이것이 기성 세대에 대하여 존경과 신뢰를 느끼지 못하는 근본 사유이다. 8·15 이후의 우리나라는 계속되는 어려움을 겪었고, 현재의 불만스러운 상태는 보기에 따라서는 그 어려운 여건들 때문이라고 할 수도 있을 것이다. 그러나 기성 세대가 그 동안 항상 최선을 다했다고는 보기 어려우니, 솔직한 반성으로 내일을 위한 새로운 준비에 힘을 쏟는 편이 현명할 것이다.

솔선 수범은 인간 교육을 위한 가장 효과적인 길이다. 만약 오늘의 기성세대가 앞 절에서 열거한 바와 같은 바람직한 인간상의 미덕을 실천하여 모범을 보여 줄 수 있다면, 젊은이들은 그 감화를 받아들여서 역시 바람직한 인간상을 형성할 것이다. 그러나 이것은 하나의 이상일 뿐, 실제에 있어서 우리 모두가 그렇게 하기는 매우 어려운 일이다. 다만 우리가 할 수 있고 또 해야 할 것은, 청소년들을 위해서 본보기가 될 만한 인품이 되고자 노력하는 일일 것이다.

오늘날 우리 기성 세대가 젊은이들을 위한 교육자의 구실을 하기에 가장 큰 어려움은 젊은 세대가 기성 세대를 믿지 않는다는 사실에 있을 것이다. 그리고 젊은이들이 기성 세대를 믿지 않는 가장 큰 이유는, 기성 세대의 말과 실천이 일치하지 않는다고 보는 데 있지 않을까 한다. 말과 행동이 일치한다는 것이 일반적으로 어려운 일이나, 그 정도가 좀 지나치다고 보는 것은 젊은이들의 관찰인 모양이다.

기성 세대에 대한 젊은이들의 불신에 어느 정도까지 객관적 근거가 있고 또 어느 정도의 오해가 섞였는지를 가려내는 일은 이 자리에서 따질 문제가 아닐 것이다. 아마 객관적 근거도 있고 어느 정도의 오해도 곁들여 있을 것이다. 어쨌든, 가장 긴요하고 시급한 것은 저 불신을 제거하는 일이다. 솔선 수범으로써 못다하는 인간 교육은 역시 언어를 통하여 보충할 수밖에 없거니와, 불신이 제거되지 않는 한 기성 세대의 좋은 말들이 교육적 효과를 거두기는 어려울 것이기 때문이다.

현대 사회와 교양 교육

1. 교육의 근본 목표

학교 교육의 구체적 내용과 방법은 마땅히 그 교육의 기본 목표를 따라서 결정되어야 한다. 교육의 목표를 어떻게 설정해야 할 것이냐에 관해서는 많은 논쟁의 여지가 있을 것이나, 민주주의를 지향하고 있는 우리 사회에 있어서 일반적 동의가 기대되는 견해의 윤곽을 제시하는 것은 반드시 불가능하지 않으리라고 믿는다.

무릇 교육이란 만족스럽고 보람된 삶을 위한 준비 과정의 하나라고 볼 수 있을 것이다. 따라서, 만족스럽고 보람된 삶을 영위하기에 적합한 능력과 태도를 길러주는 것이 교육의 근본 목표라고 일단 말할 수 있을 것이며, 여기서 '만족스럽고 보람된 삶'을 어떻게 규정하느냐 하는 더욱 근원적인 문제에 부딪치게 된다.

'만족스럽고 보람된 삶'을 규정하는 문제는 주관에 따라 다를 수 있는 인생관의 문제이므로, 이 문제에 대해서 이론의 여지가 없는 객관적 정답을 제시할 수는 없다. 그러나 현대 민주사회의 통념에 입각하여, '만족스럽고 보람된 삶'의 실현을 위해서 필요한 조건 몇 가지를 지적할 수는 있을 것으로 생각된다.

한 개인의 견지에서 볼 때, 자기의 삶에 대하여 만족과 보람을 느낄 수 있기 위해서는, 자기가 목표로 삼은 일들이 하나하나 차례로 달성되는 동시에 그러한 과정을 통하여 자신이 한 인간으로서 성장해 가고 있음을 인정할 수 있어야 할 것이다. 사회 전체를 고려하는 견지에서 볼 때, 그 집단 생활이 만족스럽고 보람된 것이라고 느낄 수 있기 위해서는, 소수의 선택된 사람들뿐 아니라, 적어도 대부분의 사람들이 각자의 목표를 달성하는 가운데 자신의 인간적 성장이 이루어지고 있음을 인정할 수 있어야 할 것이다. 그리고 모든 사람들 또는 대부분의 사람들이 그 뜻을 이루고 자아의 인간적 성장을 실현할 수 있기 위해서는, 기본 생활의 안정과 기본적 사회 질서의 유지 따위의 원초적인 조건들이 선행해야 한다.

서술의 편리를 위해서 우리는 삶의 개인적 측면과 사회적 측면을 일단 나누어 보았다. 그러나 이 구분이 지나치게 강조되어서는 안 될 것이며, 개인과 사회 중 어느 편이 더욱 근본적이냐는 따위의 혼란된 물음 속에 빠져 들어가지 않는 것이 좋을 것이다. 바람직한 개인상과 바람직한 사회상의 문제는 인간 실존이 당면한 문제의 두 측면일 따름이니, 이것은 본래 떨어진 두 개의 문제가 아니라 붙은 하나의 문제이다. 바꾸어 말하면, 바람직한 개인들만이 바람직한 사회를 건설할 수 있으며 바람직한 사회 속에서 바람직한 개인들이 출현하게 되는 것이니, 바람직한 개인상을 추구하는 문제와 바람직한 사회상을 추구하는 문제는 같은 인간적 이상 추구의 두 측면에 지나지 않는다.

교육의 궁극 목적은 이상적인 인간 사회의 실현을 위해서 적합하고 유능한 인재를 길러내는 일이 아닐 수 없다. 이 인간적 이상의 실현을 위해서 적합하고 유능한 인재가 갖추어야 할 조건들을 우리는 크게 두 가지로 나눌 수 있을 것으로 보인다. 그 하나는 현실 속에 주어진 자연적——사회적 여건에 잘 적응할 수 있는 여러 가지 능력이며, 그 또 하나는 주어진 자연적·사회적 여건들을 바람직한 방향으로 변화, 개조할 수 있는 능력이다. 이상이 공상이나 환상이 아닌 참된 이상이 될 수 있기 위해서는 노력으로써 실현이 가능한 목표여야 하며, 따라서 그것은 현실 위에 토대를 둔 건실한 목표여야 한다. 바꾸어 말하면, 바람직한 내일을 지향하는 이상의 추구는 현실을 출발점으로 삼아야 한다. 그러므로, 현재의 자연적·사회적 여건을 무시한 개조란 있을 수 없는 것이며, 주어진 현실에 대한 현명한 적응력은 새 날의 일군들이 갖추어야 할 역량의 중요한 부분을 차지한다고 보아야 한다.

그러나 주어진 환경 내지 현실에 대한 수동적 적응이 나무랄 데 없이 되는 것만으로 보람된 삶이 실현되는 것은 아니다. 한걸음 나아가서, 자연적·사회적 현실을 더욱 만족스러운 상태로 개조하는 능동적이며 적극적인 과제가 달성될 때, 비로소 이상으로의 현저한 접근이 있었다고 말할 수 있을 것이다. 따라서, 현실 속에 주어진 여건 가운데서 불합리하거나 부적당한 것들을 바르게 고쳐 나가는 적극적 능력도 변화하는 사회가 요구하는 인재가 갖추어야 할 역량의 일부로서 중요시하지 않을 수 없다.

개인과 사회를 위해서 요구되는 역량과 태도를 길러내는 일은 어린이 시절부터 시작하여 평생을 두고 꾸준히 계속해야 할 교육적 사업이거니와, 특히 최고학부로서의 대학은 그러한 능력과 태도의 양성을 위한 전문적이며 효율적인 기관으로 알려져 있다. 대학은 새 날의 인재들이 갖추어야 할 현실 적응 및 현실 개조의 능력과 태도를 집중적으로 길러 줄 책임을 가진 공공 기관이다. 대학에서 수행하는 모든 교과 과정과 교육 내용 및 교육 방법은 이 기본적인 책임을 다할 수 있도록 마련되어야 할 것이며, 대학 교육의 성과도 이 기본 목표에 비추어서 평가되어야 할 것이다. 여기에서 우리는 한국의 대학이 베풀어야 할 교육의 내용과 방법이 구체적으로 어떠한 것이어야 하느냐 하는 절실하고 현실적인 물음에 부딪치게 되거니와, 이 물음에 접근하는 출발점으로서 우선 오늘의 한국인이 한편으로는 적응하고 한편으로는 개조해야 할 우리 현실의 자연적·사회적 여건의 중요한 특색부터 살펴 보기로 하자.

2. 한국의 현실과 대학의 교양 교육

우리 나라는 아직 개발 도상에 있다고는 하나 선진 산업 사회가 안고 있는 여러 가지 어려운 문제들로부터 이미 힘겨운 도전을 받고 있거나 미구에 받게 될 상황에 놓여 있다. 경제 기구의 공업화 그 자체는 비록 높은 단계에 이르지 못하고 있으나, 높은 인구 밀도에서 오는 도시화 현상과 환경의 오염 그리고 자원의 고갈 등 일련의 문제들이 시급한 대응책을 요청하는 심각한 과제로서 눈 앞에 닥치고 있다. 기계화 내지 공업화를 회피함으로써 현대 사회의 어려운 문제들을 미연에 방지하는 길은 열려져 있지 않다. 세계 경제 안에서의 한국 경제의 실정은 공업화를 서두르지 않을 수 없는 형편에 놓였으며, 과학 기술의 발달과 공업화를 애써 추구하면서도 선진국들이 겪고 있는 산업사회의 결함만은 최소한으로 줄여야 한다는 자가당착에 가까운 과제를 지금 우리는 안고 있는 것이다.

정치 분야에도 어려운 문제들이 겹겹이 쌓여 있다. 일제의 압제에서 풀리던 날 우리는 국토의 양단이라는 큰 부담과 상처를 안고 출발해야 했으며 이 불행은 지금도 극도의 긴장과 불안의 근원이 되고 있다. 뿐만 아니라, 지정학적으로 불리한 위치에 놓인 우리 나라는 이해가 상반되는 강대국들의 갈등 속에서 부단히 야기되는 국제 정치적 문제들에 대처해야 한다. 다시 말해서, 국내적으로는 자유 민주주의를 지향하면서 강력한 지도체제로 안보 문제에 만전을 기한다는 높은 차원의 정치 질서를 세워야 하며, 국제적으로는 자주 독립의 노선을 고수하는 가운데 이해 관계에 민감한 여러 나라들의 적극적인 협조를 받아야 하는 어려운 상황에 놓여 있는 것이다. 학문과 사상 그리고 예술 등 문화 전반에 걸쳐서도 우리는 어려운 문제 상황 속에 놓여 있다. 흔히 말하듯이, 우리는 지금 동양적 전통 문화와 서구적 외래 문화가 교차하는 시점에 서 있으며, 이 이질적인 두 문화의 유산을 살려가며 현대 한국의 새로운 문화를 발전시켜야 할 역사적 사명을 안고 있다. 그러나 "전통 문화의 정화(精華)를 살리고 서구의 새 문화를 우리 풍토에 맞도록 토착화함으로써 위대한 종합을 이룩한다"는 따위의 막연하고 안이한 도식으로 이 크나큰 사명에 대처할 수 있으리라고는 생각되지 않는다. 여기 새로운 문화 창조의 지침이 될 만한 적절하고 확고한 역사관 또는 가치관의 수립이 선행되어야 하거니와, 이것 역시 우리 사상계가 앞으로 실현해야 할 과제로서 남아 있는 것이다.

  우리들이 당면한 문제 또는 과제를 적절하게 처리할 수 있는 능력과 태도를 길러내는 데 교육은 이바지해야 한다고 하였다. 물론 우리들이 당면한 과제는 위에서 예를 든 것과 같은 전체적 문제 뿐만이 아니며, 각 개인의 사정과 포부에 따르는 개인적 문제도 많이 있다. 여하간, 우리들이 집단적으로 또는 개인적으로 부딪치는 갖가지 문제를 해결하기에 적합한 능력과 태도를 길러 주기 위한 조직적인 훈련의 과정으로서 학교 교육이 이바지해야 함에는 의심의 여지가 없다. 따라서, 우리가 한국의 학교 교육을 반성하고 평가할 경우에도, 우리들이 당면한 문제와 그 문제 해결에 요청되는 능력과 태도를 견주어보는 관점을 취해야 할 것이다. 다만, 천차만별한 각개인의 문제를 일일이 고찰할 수는 없으며, 또 전체의 문제를 민주주의적으로 해결하기에 적합한 능력과 태도를 함양하기에 성공한다면, 각개인의 문제도 따라서 슬기롭게 대처할 수 있을 것이므로, 우리는 흔히 각개인의 문제는 사상(捨象)한 가운데 고찰을 진행하게 된다.

우리 나라의 각급 학교의 교육 과정 전반에 걸쳐서 위에 말한 관점에 입각한 반성과 평가를 행한다면 매우 의의가 클 것이다. 그러나 지금 우리는 대학 교육에 관심을 국한하기로 정한 조그만 모임이며, 그 가운데서도 필자는 교양 교육에 해당하는 부분만을 다루도록 지정되어 있으므로, 앞으로 제한된 지면으로 제한된 문제에 대한 예비적인 고찰을 하는 데 그치기로 한다. 우선 한국의 대학에서 실천되고 있는 교양 교육의 큰 테두리를 훑어보기로 하자.

대학에 따라서 교양 과정의 교과 내용에도 다소의 차이는 있을 것이나, 대부분의 경우 다음과 같은 과목들이 이수되고 있는 것으로 안다. 즉, 국어, 영어, 제2외국어, 철학개론, 문화사, 수학, 자연과학 개론, 국민윤리, 체육, 교련 등이 대부분의 대학에서 공통으로 과해지고 있으며 그 밖에 각 대학의 특수성을 따라서 독자적으로 과하는 교양 과목이 더러 있는 실정이다. 교양 과목과 전공 과목의 비중은, 이수 학점을 기준으로 볼 때, 서울대학교의 경우 다음과 같은 숫자를 찾아볼 수 있다. 즉, 인문계 및 사회계의 학생들은 학사 과정 이수에 요구되는 총학점(140점 이상) 가운데서 76학점 이내를 이수해야 하며, 자연계의 학생들은 39학점을 이수하기로 되어 있다.

이상에서 나열한 바와 같은 과목의 이름과 숫자만을 가지고는 현재 한국의 대학에서 실시하는 교양 교육이 잘 되고 있는지 아닌지를 판단하기 매우 어려울 것으로 보인다. '교양 교육'이란 그 개념이 매우 모호한 것이므로, 같은 과목만을 가지고도 상당히 다른 내용을 다룰 수 있으며, 같은 학점 안에 담을 수 있는 이른바 '교양'의 질과 양에도 굉장한 차이가 있을 수 있으므로, 학점의 숫자만으로 충분 또는 불충분을 판단하기도 어렵다. 문제의 핵심은 과목의 이름이나 학점의 숫자에 있는 것이 아니라, 주어진 과목을 주어진 시간 안에서 어떻게 다루느냐에 있다고 생각된다.

현재 한국의 대학에서 이수되고 있는 교과 과정을 작성할 때 어떠한 교육 철학에 기초를 두었는지는 소상히 아는 바 없으나, 아마 일제 시대의 교과 과정 및 미국의 그것 등을 참고로 삼고 적당히 꾸며 놓은 것이 대부분이 아닌가 추측된다. 그리고 주어진 과목을 담당한 교수들도 피교육자들이 해결해야 할 문제와 그 문제 해결을 위해서 요구되는 능력 또는 태도가 무엇인가를 고려해서 강의의 내용을 조절하기 보다는 자기들이 학생 시절에 배운 것의 기억을 따라서 관례적으로 강의를 해 나갈 경우가 많은 것으로 짐작한다. 전공 과목의 경우에는, 학문의 세계성으로 말미암아 이와 같은 강의로도 어느 정도 그 목적을 달성할 수 있을 것이다.

그러나 교양 과목의 경우는 그렇게 단순하지 않을 것으로 생각된다. 교양 과목이 매너리즘에 빠져서 기계적으로 운영될 때, 그것은 졸업이라는 형식을 위한 요식 행위에 불과한 것이 될 염려가 있다.

3. 충실한 교양 교육을 위한 제언

대학에서 가르치는 '교양'은 사치스러운 장식물이 아니라 충실한 삶을 갖기 위해서 필요한 능력과 태도라야 한다. 백과사전만 들추면 누구나 대답할 수 있는 문제를 풀기에 필요한 능력이 아니라, 삶의 현장에서 당면하는 문제들에 슬기롭게 대처할 수 있는 능력을 길러주는 것이 교양 교육의 참된 목적이 아닐 수 없다. 대학에서 다루는 교양 과목도 역시 그러한 취지에서 운영되어야 할 것으로 믿는다.

"아는 것이 많다"는 뜻으로서의 '교양'을 높이는 것도 물론 바람직한 일이며, 명곡 또는 명화를 감상할 수 있는 능력으로서의 '교양'을 갖추는 것도 권장할 만한 일이다. 그러나 한국이 처해 있는 다난한 현실을 고려할 때, 대학에서 베푸는 교양 교육은 우리들의 절실한 삶의 문제와 더욱 깊이 밀착하는 면을 가져야 할 것으로 생각된다. '교양 필수 과목'의 '필수'는 단순히 졸업이라는 형식적 자격을 위해서 필수 조건임을 뜻하는 데 그칠 것이 아니라, 피교육자의 충실한 생애를 위해서 필수적이라는 뜻을 가져야 할 것으로 믿는다. 그럭저럭 학점만 따고 넘어가면 되는 형식적 교양 과목이 아니라, 그 과목을 이수하느냐 안하느냐에 따라서 학생들의 삶의 능력에 실질적 차이가 생기는 그러한 교양 과목이 되어야 할 것으로 믿는다.

구체적으로 말해서, 대학의 교양 과정이 달성해야 할 적어도 두 가지의 목표가 있다. 그 하나는 앞으로 전공 과목을 학습하기에 필요한 기초 실력을 배양하는 일이며, 또 하나는 일상 생활 또는 역사적 사태에서 당면하는 문제들에 대하여 지성인답게 대처하기에 필요한 바르고 정확한 판단력을 길러주는 일이다. 예컨대, 국어, 외국어, 수학, 자연과학개론 등은 상급 학년에서 공부하게 될 전공 과목을 학습하고 연구하기에 필요한 기초 실력을 충분히 쌓는 실효를 거둘 수 있도록 착실하게 다루어져야 할 것이다. 그리고 문화사, 국사, 국민윤리 등은 바른 역사관과 가치관의 형성에 이바지함으로써, 바르고 정확한 판단력을 길러 주는 실질적 효과가 있도록 깊이 있게 다루어져야 할 것이다. 그 밖에, 철학개론 또는 사회과학개론의 경우와 같이 위에서 말한 두 가지의 목표를 아울러 달성해야 할 과목도 있을 것이다.

이와 같은 견지에서 볼 때, 이른바 '교양 과목'의 중요성은 장황한 설명이 아니라도 명백하다. 우리 나라의 여러 대학에서도 교양 과목의 중요성을 인정하고 교양과정부를 따로 제도화하는 등의 방법을 써서 그 충실한 운영을 기하는 경향을 보이고 있는 것은 비록 만시지탄(晚時之歎)은 있으나, 다행한 일이다. 그러나 교양과정부의 교육이 실질적으로 충실한 효과를 거두지 못하고 있는 것이 많은 경우의 실정이 아닌가 생각된다. 교양 교육의 중요성을 이론상으로는 인정하면서도, 실천에 있어서는 구태의연한 매너리즘을 벗어나지 못하는 경향이 있다.

대학에서의 교양 교육이 그 본래의 사명에 맞도록 충실하게 수행되지 못하는 데는 몇 가지 원인이 있을 것이다. 첫째로, 교양 과목의 중요성을 부인하지는 않으면서도, 그것이 전공 과목과 비교될 경우에는 아직도 후자를 더욱 높이 생각하는 통념이 강하게 남아 있다. 교무 행정을 맡은 사람들은, 학사 운영의 경제적 측면을 고려하여, 교양 과목의 강의는 주로 외래 강사에게 맡길 뿐 아니라, 한 교실에서 청강하는 학생 수를 크게 늘이는 것이 보통이다. 이러한 처사는 담당 교수와 학생들의 심리에 영향을 끼치지 않을 수 없으며, 전공 과목에 비하여 교양 과목을 경시하는 경향을 조장한다. 교수들은 대체로 교양 과목의 담당을 탐탁치 않게 생각하며, 학생들 역시 교양 과목을 적당히 학점이나 따면 되는 강좌로 생각하는 경향이 있다. 이러한 실정인 까닭에, 교양 교육의 중요성을 강조하는 일부의 여론에도 불구하고, 그 실질적 향상을 이룩하지 못하는 종전의 상태를 크게 벗어나지 못하는 것이다. 특히, 대학의 학사 과정에서 이수해야 할 학점수의 최저선을 160학점에서 140학점으로 줄이는 새로운 문교 정책이 시행되면서, 교양 과정의 학점 수도 대폭 감소되지 않을 수 없게 되었고, 교양 교육의 충실을 기함에 있어서 다소간의 후퇴를 초래 할 염려조차 없지 않다.

선진국의 대학에서 취득을 요구하는 학점 수에 비하여 우리

나라의 대학의 그것이 많다는 사실에 근거를 두고 학사 과정의 학점수를 줄여야 한다고 주장하는 견해에는 그런대로의 일리가 있다고 인정해도 좋을 것이다. 그러나 여기서 우리가 주의해야 할 것은 선진국과의 비교가 어떤 한 가지 측면에만 국한되어서는 안된다는 사실이다. 다시 말해서, 학점수에 관한 규정을 선진국과 같이 함으로써, 선진국이 거둔 바와 같은 교육적 효과를 거두기 위해서는, 학점뿐만 아니라 다른 조건들도 선진국의 경우와 비슷하도록 고쳐 주어야 한다는 평범한 사실을 간과하지 말아야 한다. 예컨대, 미국의 대학에서는 2학점 짜리 과목 하나를 이수하자면 상당히 여러 권의 서적을 읽어야 하며, 필요한 서적을 구하는 일이 별로 어렵지 않다. 그러나 우리 나라의 경우는 굳이 책을 읽지 않더라도 친구의 노우트나 좀 빌려서 보면 학점을 취득할 수가 있으며, 필요한 책을 시기에 맞게 구해서 읽는다는 것이 현재로서는 매우 어려운 실정이다. (특히 외서의 경우에는 책을 구하기가 어려울 뿐 아니라, 독해력의 부족도 큰 문제가 된다.) 요컨대, 우리 나라 대학생이 140학점을 취득하는 동안에 하는 공부와 선진국의 대학생들이 140학점을 취득하기 위하여 하는 공부는 그 질과 양에 큰 차이가 있다. 그러므로, 학점수를 몇으로 정하느냐는 형식적인 문제보다도, 일정한 학점을 취득하는 사이에 어떠한 공부를 하게 되느냐 하는 실질적인 문제에 더욱 많은 역점이 주어져야 할 것이다.

전문 분야에 있어서는 아직도 외국 출판물에 의존하지 않을 수 없는 경우가 많으나 교양 교육을 위한 서적이라면 우리 나라의 출판으로도 넉넉히 충당할 수가 있을 것이다. 교양 과목을 위한 양서가 많이 간행되도록 각별한 배려를 하는 동시에 학생들에게 많은 독서를 요구하는 방식으로 학점을 관리한다면 굳이 학점수를 늘이지 않더라도 소기의 목적을 달성할 수 있을 것이다. 단 한권의 교과서조차도 읽다 마는 안이한 교양 과목의 처리는 앞으로 시정되어야 할 것으로 믿는다. 책을 많이 읽힌 다음에 논문을 쓰게 하고 그 논문을 담당 교수가 평가하기 위해서는, 한 교실에 수백명의 학생을 몰아넣고 하는 강연식 강의부터 없애야 할 것이다.

이제까지는 교양 과정에서 베푸는 교양 과목을 중심으로 대학의 교양 교육 문제를 고찰하였다. 그러나 교양 교육이 이른바 '교양 과목'의 이수를 통해서만 이루어지는 것은 물론 아니다. 학점을 떠난 과외 활동을 통해서도 교양은 쌓아져야 하며, 학부의 상급반 또는 대학원에서 배우는 전문적 연구의 과정에서도 교양 교육은 계속되어야 한다. '교양 교육'이란 곧 사람됨을 연마하는 과정을 일컫는 것이 아닐 수 없으며, 전문적 연구가 성과를 높이기 위해서는 연구자의 사람됨이 중요하기도 하거니와, 하나의 전문적인 문제를 앞에 두고 성실하게 연구하는 모든 과정은 연구하는 사람의 인격 형성을 위해서도 귀중한 시간이 되는 것이다.

4
한국인, 우리들의 의식과 상황

전통 의식과 시민 의식
현대 한국의 윤리적 상황
개인의 생활 목표와 국가의 공동 목표
근대화의 과제와 한국인의 의식 구조
국가 발전의 윤리적 방향
문화에 있어서의 생명력과 윤리성

전통 의식과 시민 의식

1. 머리말

집단생활을 하게 마련인 인간이 각각 이기적이요 자의적인 행위를 하게 된다면, 사회는 질서를 잃고 파괴될 것이다. 그 파괴를 막기 위한 필수의 장치로서 어느 시대 어느 사회에나 행위의 규범이 있었거니와, 그 규범의 성격과 내용은 시대와 사회에 따라서 차이가 있었다. 사회의 구조와 문화가 다르면 그 사회에 적합한 행위의 규범도 다르게 마련인 까닭에, 사회의 문화적 배경에 따라서 그 규범의 성격과 내용에도 차이가 생긴 것이라고 생각된다.

관습과 법 그리고 도덕으로 나누어지는 사회 규범, 가운데서, 적어도 현대 사회에 있어서 가장 기본적인 것은 도덕 또는 윤리라고 볼 수 있을 것이다. 법이나 관습은 사회와 시대에 따라서 다양하지만 참된 윤리 내지 도덕은 만고에 불변하는 선천적 규범이라고 보는 견해도 있다. 그러나 우리가 경험하는 현상으로서의 도덕은 국가에 따라서 차이가 있으며, 같은 국가의 경우도 시대가 바뀌면 그 도덕의 구조와 내용에 차이가 생기는 경우가 많다.

우리 나라의 조선조 시대에는 국민의 대부분이 농업에 종사하였고, 그들은 대개 같은 성씨끼리 모여서 촌락을 이루고 살

왔다. 그리고 역대의 군왕과 정부는 유교를 나라의 종교로서 숭상하였다. 같은 씨족이 모여 살며 농사에 종사했고 유교가 국교로서 숭상을 받았던 조선조 시대에 형성된 도덕은 혈연과 인정을 중요시하는 가족주의의 그것이었다. 그리고 500년 간의 긴 세월을 통하여 형성되었던 조선조 시대의 가족주의 도덕은 확고한 전통을 이루고 계승되어, 오늘에 이르기까지 우리의 의식 구조에 있어서 매우 큰 비중을 차지하고 있다.

그러나 오늘의 한국은 이미 씨족 중심의 농업 사회가 아니며, 공업과 도시로 상징되는 산업사회로 발전하고 있다. 따라서 오늘의 한국 사회는 유교적 가족주의의 윤리만으로는 해결이 어려운 여러가지 사회적 갈등 내지 문제에 부딪치고 있으며, 또 서구 문명이 수용되는 과정에서 우리의 전통 윤리와는 근본적인 차이점을 가진 현대적 윤리 의식도 우리 마음 속에 상당한 자리를 차지하고 있다. 그런데 근원이 다른 두 계열의 윤리가 높은 차원에서 종합됨으로써 새 시대의 적합한 새로운 윤리 체계가 수립된 단계에는 아직 이르지 못하고 있는 상황이며, 두 계열의 윤리 의식이 조화를 이루지 못하고 있는 실정에서 오는 어려운 문제들이 있다. 그러므로 우리들의 전통적 윤리 의식과 서구적 시민 윤리의식을 어떠한 원칙에 따라서 어떻게 융합시키느냐 하는 것이 우리가 당면한 문화사적 과제의 하나라 하겠다.

이 시론을 통하여 필자는 우선 우리의 전통 윤리와 민주적 시민 윤리의 바탕을 이루는 기본적 특색을 대략 살피고, 다음으로 현대 한국에 적합한 새로운 윤리 체계를 세우기 위하여 어떠한 취사 선택이 바람직한가에 대하여 사견의 일단을 개진하고자 한다.

2. 전통 윤리의 기본 특색

　유교 사상의 영향을 크게 받고 형성된 우리 전통 윤리의 특색의 하나는, 그 체계 전체에 있어서 특정한 대인 관계를 위한 규범들이 차지하는 비중이 대단히 크다는 사실이다. 다시 말하면, 군신, 부자, 부부, 형제, 붕우, 사제 등 개인적 인간 관계를 중요시하고, 그러한 개인적 관계가 있는 사람들 사이에서 지켜져야 할 규범들이 윤리 체계 전체의 근간을 이룬다. 예나 지금이나 대인 관계에 있어서 우리가 취해야 할 올바른 태도의 문제가 윤리 문제의 대종을 이룬다고 볼 수 있거니와, 전통 윤리에 있어서는 개인적 인간 관계가 매우 중요시되는 동시에, 사람이 취해야 할 올바른 태도는 행위자와 상대편의 개인적 관계에 따라서 상당한 차이를 갖는다. 예컨대, 어려운 사정에 놓인 사람들을 도와주는 것은 일반적으로 권장할 만한 일이지만, 도움이 필요한 사람이 나와 가까운 혈연이나 동창의 관계에 있을 때, 그를 도와야 할 의무는 모르는 사람의 경우보다 훨씬 크다. 또 친구를 속이는 잘못은 생면 부지의 타관 사람을 속이는 잘못보다 크며, 부모를 속이는 잘못은 친구를 속이는 그것보다도 더욱 크다.

　우리 나라 전통 윤리의 또 하나의 특색은 윤리 의식에 있어서 정서가 차지하는 비중이 압도적으로 크다는 사실이다. 즉, 도덕적으로 높은 평가를 받는 행위들을 떠받들고 있는 심성으로 가장 중요한 것은 사리(事理)에 대한 지성적 판단이기보다도 '인간적'이라고 부를 수 있는 정서 내지 감정이다. 예컨대, 효성스럽다고 칭송되는 행위의 심리적 기초를 이루는 것은 부모에 대한 사랑의 정이요, 충성의 이름으로 찬양받는 행위의 심리적 토대가 되는 것도 누군가에 대한 깊은 정이다.

　우리 나라 전통 윤리에 있어서 개인적 인간 관계가 중요시된다는 사실과 그 윤리 의식에 있어서 정서가 차지하는 비중이 크다는 사실은 밀접하게 내면적으로 연결되고 있다. 전통 윤리에 있어서 개인적 인간 관계를 중요시하는 정신의 바탕에는 나에게 가까운 사람일수록 더 위해야 한다는 생각이 깔려 있으며, 혈연 또는 지연 등으로 가까운 사람이란 대체로 정의(情誼)가 두터운 사람들이다. 따라서 전통 윤리가 개인적 인간 관계를 중요시하는 경향은 정의를 중요시하는 경향으로 연결되며, 이는 곧 윤리에 있어서 정서가 차지하는 비중을 키우는 결과를 가져왔다.

윤리 의식에 있어서 정서적 요소를 중요시하는 우리나라에서는 인정이 두텁고 정서가 강한 사람들이 높이 평가되는 경향이 있다. 특히 자기와 개인적 관계가 깊은 사람들에 대하여 두터운 애정을 가진 사람들 또는 변함 없이 '의리'를 지키는 사람들이 훌륭한 인물로서 칭송을 받는다. 우리 나라에 있어서 '미풍 양속'의 이름으로 숭상되는 풍속 내지 관습도 그 바탕에 깔린 것은 순후한 인정이며, 바로 그 인정으로 말미암아 높은 평가를 받는 것이다.

인정이 두텁고 마음이 뜨거운 사람들이 칭송을 받는 우리나라의 전통 사회에 있어서, 냉정하고 이지적인 사람은 별로 환영받지 못하는 경향이 있었다. 네 것과 내 것을 분명히 가리고 남에게 간섭하지도 않고 남의 간섭을 받기도 싫어하는 사람은 대체로 환영을 받기 어려웠다. 일일이 사리를 따져서 시비를 가리는 태도는 미덕이 아니라 악덕에 가까운 대접을 받았으며, 법에 호소하는 행실은 대체로 환영을 받지 못하는 가운데, 특히 가까운 사이에 생긴 문제를 법적 소송으로 해결하고자 하는 태도는 비난의 대상이 되기 쉬웠다. 일반적으로 말해서, 개인주의적이요 합리주의적 심성이 강한 사람을 우리나라의 전통 사회는 별로 좋게 보지 않았다.

우리 나라 전통 윤리의 또 한 가지 특색은, 인간 관계에 있어서의 수직적 질서가 중요시된다는 사실에서 찾아볼 수 있을 것이다. 유교적 전통 윤리의 기본으로서 강조되어 온 오륜(五倫)에 있어서 네 가지는 모두 인간 관계의 수직적 질서를 밝힌 것이오, 오직 붕우유신(朋友有信) 하나만이 동등한 인간 관계에 관한 덕목으로서 손꼽히고 있을 뿐이며, 그것도 겨우 마지막 순서에 머무르고 있다는 사실만 보더라도, 우리나라 전통 윤리에 있어서 인간 관계의 수직적 질서가 차지하는 비중을 직감하기에 충분할 것이다.

인간 관계의 수직적 질서를 중요시하는 우리나라 전통 윤리에 있어서는, 개인이 차지하는 사회적 지위와 개인들 상호간의 상대적 관계가 중요한 의미를 갖게 된다. 다시 말하면 인간인 까닭에 모든 개인들은 인간으로서의 평등한 권리와 동등한 가치를 가졌다는 생각보다는, 그 사람의 특수한 신분과 대인 관계에 있어서의 상대적 위치에 따라서 각 개인이 받아야 할 대우에도 차별이 있어야 마땅하다는 생각이 우세하다. 이러한 사고 방식은 우리나라의 전통 윤리가 신분 사회를 배경으로 삼고 형성되었다는 사실과 관련시켜서 쉽게 이해할 수 있을 것이다.

3. 시민 윤리의 기본 특색

근세 이후의 서구 사회를 그 본거지로 볼 수 있고, 근래에 우리 나라 윤리 가운데도 부분적으로 수용되고 있는 근대적 시민 윤리는, 개인의 자유와 인권의 평등을 믿는 민주적 시민 사회를 배경으로 삼고 형성되었다. 따라서 그것은 가족주의적 신분 사회를 배경으로 삼고 형성된 우리나라의 전통 윤리와는 여러 가지 면에서 대조적인 특색을 가지고 있다.

첫째로, 근대적 시민 윤리는 개인적 인간 관계의 특수성을 중요시하는 우리 나라 전통 윤리와는 달리, 모든 인간 관계에 있어서 보편적으로 적용될 규범으로서의 성격이 강하다. 뿐만 아니라, 시민 윤리에 있어서는 개인과 사회 또는 개인과 국가 사이의 문제가 차지하는 비중이 전통 윤리의 경우보다도 크다. 우리 나라 전통 윤리에 있어서는 "나와 개인적 관계가 다른 여러 사람들에게 각각 어떻게 대할 것인가?"가 가장 중요한 문제였으나, 서구적 시민 윤리에 있어서는 "타인들에게 일반적으로 어떻게 대할 것인가?" 또는 "내가 속해 있는 사회에 대하여 나는 어떠한 권리와 의무를 가지고 있는가?"가 더욱 중요한 문제이다. 예컨대, 약속 이행, 책임 완수, 공정성 등 시민 윤리가 강조하는 덕목은, 부모 또는 형제와 같은 특수한 관계에 있는 사람들에 대해서만 해당하는 것이 아니라, 모든 사람들에 대하여 보편적으로 이행해야 할 의무를 명령하는 덕목이다.

시민 윤리에 있어서는 권리와 의무 또는 주는 것과 받는 것에 관한 의식이 균형을 이루고 밀착되어 있다는 뜻에서 상호적이다. 이점도 충, 효, 열(烈) 등의 전통적 덕목이 거의 일방적인 의무를 규정하고 있는 것과 대조적이다. 전통 윤리의 바탕에 운명적인 인연을 중요시하는 관념이 깔려 있다면, 시민 윤리의 바탕에는 자유로운 개인을 주체로 삼는 계약론적 사고가 깔려 있다고 볼 수 있을 것이다.

시민 윤리의 또 한 가지 특색은 윤리 의식에 있어서 이지(理智)가 차지하는 비중이 압도적으로 크다는 사실이다. 시민 윤리에 있어서 가장 중요한 덕이라고 할 수 있는 공정성(公正性)은 어떤 감정이나 정서가 요구하는 덕목이기보다는, 인간의 평등과 논리의 일관성을 부정하지 못하는 지성이 요구하는 덕목이다. 책임감, 정직, 근면, 절제 등도 시민 윤리가 강조하는 덕목이거니와, 이들 역시 지성의 요구가 크게 작용하는 덕목이다. 근대적 시민 윤리가 강조하는 주요 덕목들이 실천되기 위해서 일반적으로 가장 중요한 것은, 특정인에 대한 사랑의 정(情)이기보다도, 사리(事理)에 대한 지성적 판단이 요, 사리(事理)를 따르고자 하는 강한 의지력이다.

윤리에 있어서 지성적 요소가 중요시되는 서구적 시민 사회에서는, 사리에 따라서 논리적으로 생각하고 실천에 있어서도 사리(事理)에 밝은 사람들이 환영을 받는다. 공과 사를 가리고 시(是)와 비(非)를 따지는 것은 당연히 해야 할 일이며, 비리를 온정으로써 눈감아 주는 것이 미덕이 될 수도 있는 우리나라 전통 윤리의 경우와는 달리, 강한 고발 정신이 민주 시민의 미덕으로서 권장된다.

끝으로, 민주적 시민 윤리에 있어서는 수직적 질서 의식 또는 권위주의적 사고 방식은 원칙적으로 용납되지 않는다. 민주적 시민 윤리는 인간의 평등에 대한 신념을 바탕으로 삼고 있다. 인간은 다같이 존귀하며 기본적 인권에 있어서 모든 사람들은 동등하다고 믿는 까닭에, 모든 사람들은 원칙적으로 동등한 대우를 받아야 한다는 신념이 민주적 시민 윤리를 떠받들고 있는 근본 사상이다. 따라서 의례적인 예절의 범위를 넘어서는 수직적 질서나 권위주의적 태도는 용납되기 어렵다.

민주주의의 이념에 따르면, 사회는 평등한 인권과 독립성을 가진 여러 개인들이 공동의 목표를 추구하는 가운데 각자의 자아 실현을 꾀하는 협동체이다. 따라서 시민 각자가 자신의 삶을 추구할 권리와 남의 삶을 방해하지 않을 의무를 동시에 갖게 되거니와, 이 권리와 의무의 균형을 지키는 가운데 협동 생활의 내실을 거두기 위해 지켜야 할 규범의 체계가 곧 윤리에 해당한다. 민주주의 이념에 따르면, 윤리를 지키기 위하여 인간이 있는 것이 아니라, 인간의 삶을 위해서 또는 삶의 일부로서 윤리가 존재한다. 그리고 사회의 성원인 모든 개인은 동등한 인권을 가진 자유인으로서 참여하는 것이라고 믿는 까닭에, 수직적 질서 의식 또는 권위주의를 윤리의 원칙으로서 받아들이기는 어렵다.

4. 일장 일단

오늘날 한국인의 마음 속에는 전통 윤리의 사고 방식과 시민 윤리의 사고 방식이 아울러 자리잡고 있다. 같은 개인의 마음 속에도 두 가지 사고 방식이 섞여 있을 경우가 많으며, 세대의 차이 또는 성장 과정의 차이에 따라서 전통 의식이 강한 사람도 있고 시민 의식이 강한 사람도 있다. 더러는 고유한 미풍이 사라져 가는 것을 개탄하면서 전통 의식의 온존을 강조하기도 하고, 더러는 현대가 가족주의적 농경 사회가 아님을 지적하여 민주적 시민 의식의 함양을 역설하기도 한다. 그러나 전통 의식과 시민 의식 가운데서 하나만을 택해야 한다고 주장하는 사람은 적으며, 식자층의 여론은 두 가지 의식을 잘 조화시켜야 한다는 방향으로 기울어지고 있다. 다만, "구체적으로 어떻게 조화시키느냐?" 하는 문제에 대해서는 아직 확고한 정론이 없는 것으로 보인다.

가족주의적 친애의 정에 심리적 기반을 둔 전통적 윤리의 힘만으로 거대하고 복잡한 현대 사회의 문제들을 원만하게 해결하기 어렵다는 것은 의심의 여지가 없다. 첫째로, 개인주의의 경향이 우세한 현대인에게는 집단 전체를 '나'와 동일시하는 '우리 의식'의 정열이 약한 까닭에, 그 미약한 친애의 정만으로 인간의 이기심과 자의(恣意)를 제압할 수는 없을 것이다. 둘째로, 현대 사회에서는 모든 사람들이 무수한 미지의 사람들과 광범위한 관계를 이루어 가며 살게 마련인 까닭에, 혈연 또는 지연 등으로 연결된 소수의 대인 관계에 치중한 전통 윤리의 규범만으로는 현대 사회가 경험하는 광범위한 인간적 갈등을 해결하기 어렵다. 셋째로, 윤리 문제를 주로 개인적 행위 또는 인격의 문제로서 이해하고 출발한 전통 윤리에는 정의로운 사회의 이념에 관한 사회 윤리적 문제 의식이 부족하다. 넷째로, 인간 관계의 수직적 질서를 중요시하는 권위주의적 색채가 강한 전통 윤리의 사고 방식과 인권의 평등에 대한 요구가 강한 현대인의 사고 방식 사이에 조화되기 어려운 거리가 있다.

한편, 서구적 시민 윤리의 처방만으로도 한국 사회가 경험하는 인간적 갈등을 모두 원만하게 해결하기 어려울 것으로 보인다. 첫째로, 많은 한국인에게 아직도 전통적 윤리 의식이 끈질기게 남아 있다는 바로 그 사실이 한국의 윤리적 상황을 고유한 것으로 만드는 동시에, 단순한 외래의 윤리 사상만으로는 해결하기 어려운 문제들을 야기한다. (예컨대, 많은 한국 사람들이 여자의 정절을 매우 귀중한 가치라고 믿고 있는 한, 한국의 성윤리의 문제는 그러한 의식이 없는 외국의 경우와는 상황이 다르다.) 아마 이러한 전통적 윤리 의식이 언젠가는 한국인의 마음으로부터도 자취를 감출 날이 올는지도 모른다. 그러나 전통적 의식이란 단시일 안에 없어지는 것이 아니며, 적어도 전통 의식이 상당히 남아 있는 동안 우리는 이 사실을 무시할 수 없을 것이다.

둘째로, 이지적 판단력에만 주로 호소하는 서구적 시민윤리에는 실천력의 한계에 부딪치기 쉬운 약점이 있다. 인간을 움직이는 보다 강한 힘은 냉정한 이지보다도 뜨거운 정열에 있다. 머리로 생각한 이지적 판단이 지시하는 바와 가슴 속의 정열이 원하는 것 사이에 갈등이 생겼을 때, 실천적 행위를 좌우하는 힘은 정열 쪽이 강할 경우가 많다. 따라서 도덕적 판단은 이지적으로 했다 하더라도 그 판단과 부합하는 실천적 행위가 뒤따른다는 보장은 없는 것이며, 이 경우에 지적 판단과 일치하는 실천이 뒤따르기 위해서는 그 판단과 방향을 같이하는 뜨거운 정열의 힘이 합세해야 한다. 그런데 서구적 시민 윤리의 의식 구조에는 이 뜨거운 정열의 요소가 부족한 것이다.

실천을 위한 뜨거운 정열의 부족을 보완하는 방법으로서 우리는 적절하고 강력한 제도의 확립을 생각할 수 있을 것이다. 즉, 법질서 내지 제도의 확립을 통하여 인간에게 있기 쉬운 도덕적 의지의 취약성을 보완하는 방안을 생각할 수 있을 것이다. 그러나 법이나 제도로써 사람의 행위를 바른 길로 인도할 수 있는 힘에는 한계가 있을 뿐 아니라, 설령 법이나 제도의 힘으로써 사회적 질서와 물질적 번영을 초래하는데 성공한다 하더라도, 뜨거운 정열의 교환이 없는 사회라면 친화의 욕구를 버리지 못하는 인간의 행복을 보장하기에 충분한 사회가 되기 어려울 것이다. 인간은 현대에도 여전히 애정을 필요로 하는 존재이거니와, 산업 사회의 시민 윤리에는 그 애정의 요소가 부족하다.

이상의 고찰은 유교적 전통 윤리와 서구적 시민 윤리에 모두 일장 일단이 있음을 말해 주는 동시에, 두 가지 윤리의 장점을 살리는 조화와 종합을 꾀함으로써 새로운 윤리의 체계를 세워야 한다는 상식적 견해를 긍정적으로 받아들일 것을 촉구한다. 그러나 단순한 평면적 절충만으로 우리의 문제가 풀릴 것으로는 보이지 않으며, 차원 높은 조화 내지 종합을 위한 원칙에 관한 성찰이 있어야 할 것으로 생각된다. 이에 필자는 그 원칙에 관한 성찰의 윤곽을 밝히려는 시도를 위하여 이 소론의 남은 지면을 할애하고자 한다.

5. 취사 선택과 종합

"어떠한 윤리 의식이 가장 바람직한 윤리 의식인가?"라는 문제를 처리함에 있어서 첫째로 생각해야 할 것은, 우리들이 당면한 사회 문제 내지 공동의 과제를 해결하기 위하여 어떠한 윤리 의식이 요구되고 있는가 하는 고찰이다. 우리는 지금 갖가지 사회적 갈등과 공동의 과제를 안고 있거니와, 이들을 해결하기에 적합한 행위의 지침이 될 수 있는 윤리 의식이 절실하게 요청되고 있는 것이다.

우리가 오늘날 경험하고 있는 사회적 갈등 또는 혼란의 가장 큰 원인은 개인적 이기심이 지나친 나머지 남의 권익 또는 사회의 공익을 침범하는 행위가 많다는 사실일 것이다. 따라서 이러한 행위를 자제할 수 있는 윤리 의식이 절실하게 요구되거니와, 부당하게 이기적인 행위를 자제할 수 있는 윤리 의식은 권리와 의무의 상대적 관계를 중요시하고 공사(公私)의 구별 및 공정성을 강조하는 근대적 시민 윤리에서 찾는 것이 옳을 것이다. 사회의 구조가 복잡하고 대인 관계의 범위가 넓은 현대에 있어서, 이기적 행위의 갈등 문제를 가족주의적 온정의 윤리로써 다스리기는 어려울 것으로 보인다.

우리가 경험하고 있는 사회적 갈등의 또 하나의 근원은 안정과 균형을 얻지 못한 위태로운 경제 생활에 있다. 경제적 불안과 불균형에 기인하는 갈등과 문제들이 무수히 많거니와, 이 부류의 갈등과 문제를 해결하는 데도 근대적 시민 윤리가 더 큰 힘이 될 것이다. 우선 시민 윤리의 기본 정신인 평등과 인권의 개념은 분배를 공정히 함으로써 빈부의 격차를 좁히는 데 기여하는 바가 클 것이다. 그리고 근대적 시민 윤리가 숭상하는 근면과 절약의 덕도 수입을 늘리고 지출을 줄이는 것이 바람직한 우리 현실에 적합할 것이다. 이에 비하여 전통 윤리에 따르기 쉬운 권위 의식은 계층 사이의 위화감을 조장하기 쉬우며, 또 전통 의식에 따르기 쉬운 허례 허식은 사치와 낭비의 풍조에 가세할 우려가 있다.

대체로 말해서, 우리나라의 전통 윤리는 가족주의적 농경 사회를 배경으로 형성된 것이었다. 그런데 우리가 살고 있는 현대 한국 사회의 구조는 민주적 시민 윤리의 바탕이 된 근대 사회에 가깝다. 따라서 윤리 의식의 가장 큰 사명이 사회의 질서를 유지하는 행위의 지침이 되는 데 있다는 사실에 비추어 볼 때, 규모가 크고 관계가 복잡한 현대의 우리 사회에 적합한 윤리의 바탕은 민주적 시민 윤리에서 구해야 한다는 결론을 얻게 된다. 우리의 목표가 민주주의 사회의 건설이라면, 우리를 위한 윤리의 체계도 평등한 인간의 권리를 기본 신조로 삼는 민주적 시민 윤리에 바탕을 두어야 할 것이다.

그러나 자유와 평등에 대한 강한 의식과 투철한 개인주의에서 출발한 근대의 시민 윤리는, 권리와 의무를 빈틈 없이 따지고 네 것과 내 것을 세밀하게 가리는 작은 자아의식을 지나치도록 굳게 형성하는 결과를 초래하였다. 가족이나 친구 또는 사제와 같은 가까운 인간 관계에 있어서까지 권리와 의무 또는 네 것과 내 것을 따지는 사고 방식이 형성되어 가고 있거니와, 이러한 경향은 삶을 삭막하게 만들기 쉬우므로 결코 바람직한 현상이 아니다. 따라서 현대 사회에 있어서 아주 가까운 인간관계를 위해서는 전통적 윤리 의식을 온존하는 편이 바람직한 경우가 많다. 특히 가족 내부에 있어서는 전통적인 '우리 의식'을 잃지 않는 것이 좋을 것이다. 인간은 역시 사회적 존재이며, 사회적 존재인 인간의 행복을 위해서는 개인의 벽을 넘어서서 하나로 융화되는 인간 관계가 어디엔가 남는 것이 바람직하다. 그리고 그러한 인간 관계를 형성하기에 가장 적합한 공동체는 역시 가족이라고 생각된다. 따라서 가족 또는 그에 준하는 작은 공동체 내부에서는 전통적 윤리 의식이 원만한 인간 관계를 위한 값진 심성으로 작용할 수 있을 것이다.

그러나 가부장적 권위주의를 근간으로 삼는 옛날 그대로의 전통 의식은, 가족 또는 가족적 공동체 내부의 질서를 위한 규범의식으로서도, 현대의 상황에는 적합하지 않은 점을 많이 가지고 있다. 전통의식의 바탕에 깔린 친애의 정과 '우리 의식'은 살리되 그 가운데 섞여 있는 비민주적 사고 방식은 제거해야 할 것이다. 시민 윤리의 기본 정신인 평등한 인권의 관념은 가족 윤리에 있어서도 응분의 자리를 차지해야 할 것이다.

사실은 가족과 같이 가까운 사이에 있어서만 친애의 정과 '우리 의식'이 귀중한 것은 아니다. 더욱 광범위한 인간 관계 즉, 사회 일반에 있어서도 참으로 인간다운 사회가 실현되기 위해서는 뜨거운 사랑의 정과 강한 '우리 의식'이 작용해야 한다. 그러나 가까운 사람만을 차별적으로 사랑하고 좁은 범위만을 '우리'로 느끼는 가족주의적 친애의 정 또는 '우리 의식'이 그 소박한 형태 그대로도 일반적 사회 윤리를 위해서 바람직한 심정이 될 수 있다는 뜻은 물론 아니다. 앞에서도 말했듯이 가까운 사람들만을 차별적으로 사랑하고 좁은 범위만을 '우리'로 느끼는 전통의식 즉, 가족주의적 이기주의는 넓은 범위의 이성적 민주 사회의 건설을 위해서는 역기능으로서 작용하는 경향이 크다. 현대 사회를 이상적 수준으로 끌어올리기 위해서 크게 요청되는 것은 모든 인간을 동류(同類)로 느끼는 승화된 사랑, 즉 종교적 차원의 사랑이다.

돈과 권력 그리고 관능적 쾌락 등 외면적 가치를 삶의 최고 목표로 추구하는 현대 산업 사회의 일반적 추세를 그대로 두는 한, '인류를 한 가족처럼 느끼는 종교적 사랑'이란 한갓 위선적 언어에 불과할 것이다. 경쟁성이 강한 외면적 가치를 무절제하게 추구하는 동안 사람들의 이해 관계는 대립할 수밖에 없으며, 대립된 이해 관계는 개인을 이기주의로 몰고 간다. 그리고 실천적 행위에 있어서 이기주의를 고수하는 사람의 인류애 또는 애국심은 한갓 언어에 그치는 관념의 범주를 벗어나기 어렵다.

돈 또는 권력 따위의 외면적 가치 이상의 어떤 내면적 가치를 삶의 궁극 목표로 삼는 사람들의 경우에 있어서만 애국심 또는 인류애가 실천적 행위를 위한 심성으로서 작용할 수 있다. 외면적 가치를 삶의 최고 목표로서 추구하는 일과 국가 또는 인류를 위한 사랑을 실천하는 일은 양립하기 어렵다. 따라서 폭넓은 인간애 또는 광범위한 '우리 의식'이 일반적 사회 윤리를 위한 실천적 역량이 될 수 있기 위해서는, 외면적 가치를 우선적으로 추구하는 가치관을 극복하고, 생명과 인격, 학문과 예술, 도덕과 종교 등 내면적 가치를 가치 체계의 정상으로 회복히키는 일이 선행돼야 할 것이다.

유교적 전통 윤리에 바탕을 이룬 것은 '인륜(人倫)'이라는 내면적 가치를 최고의 가치로 여기는 가치관이었다. 흔히 '정신적 가치' 또는 '인간적 가치'로 불리는 내면적 가치를 숭상하는 것도 우리들의 전통 의식의 일부라면, 우리들의 이 전통의 유산을 소중히 계승 발전시키는 것도 오늘의 한국인을 위하여 매우 귀중한 과제가 될 것이다.

현대 한국의 윤리적 상황

1. 힘의 질서

황석영의 『어둠의 자식들』은 우리 나라의 뒷골목 행태와 밑바닥 인생의 모습을 그린 소설이다. 소설이라고는 하나, 이동철이라는 실재 인물의 체험담을 정리하고 윤색한 것이므로, 실화에 가까운 내용을 담았다. 이 작품을 통하여 우리가 발견하는 사실의 하나는 우리 나라 뒷골목의 밑바닥 사회를 지배하는 것은 힘의 질서라는 그것이다.

뒷골목 사회의 생태에 '질서'라는 말이 합당하냐 하는 의문을 제기할 수도 있을 것이다. 그러나 뒷골목에도 뒷골목 나름의 관습이 있어서 언제나 수라장의 연속만은 아니니, 거기에도 넓은 의미의 질서가 존재한다고 보아도 무방할 것이다. 그리고 그 '질서' 유지의 핵심을 이루고 있는 것이 바로 폭력이라는 사실을 발견하고, 필자는 윤리 문제에 있어서 힘이 차지하는 위치에 대하여 깊은 고찰이 필요하다는 것을 새삼스럽게 느꼈다. 우선 철저한 약육 강식의 원리가 지배하는 뒷골목 상태의 몇 가지 유형을 소개함으로써, 우리나라 윤리적 상황의 단면을 살피는 실마리로 삼고자 한다.

『어둠의 자식들』의 주인공, 즉 기지촌의 가난한 홀어머니

밑에서 자라난 이동철의 생활 환경은 그 출발점부터 아주 냉혹한 것이었다. 그는 어려서부터 약간 다리를 절었고, 국민학교의 같은 반 아이들은 그의 걸음걸이를 흉내내며 놀려댔거니와, 그 짓궂은 희롱을 막는 길은 오직 칼을 휘둘러 독종으로서의 근성을 발휘하여 무섭게 보이는 방법 뿐이었다. 그러나 그의 그러한 행동은 담임 선생의 미움을 사게 되었고, 담임 선생 역시 폭력으로써 이동철의 거친 행동을 다스렸다. 국민학교를 중도에 그만두고 뒷골목으로 떠돌아다니던 이동철은 남대문 시장에서 물건을 훔치다 붙잡혀 아동 보호소로 넘겨진다. 아동 보호소의 직원들이 아이들의 행동을 규제하는 방법도 역시 주로 무서운 매질이었다.

아동 보호소를 도망쳐 나온 이동철은 한동안 넝마주이로 입에 풀칠을 했지만, 오래지 않아 다시 소년원의 신세를 지게 된다. 소년원이라는 곳도 역시 폭력이 지배하는 사회였다. 소년원의 직원들은 소년수들 가운데서 힘이 강한 놈들에게 특권을 주어 폭력으로 원생들을 휘어잡도록 한다. 그 힘센 놈들은 자연히 소년수들 가운데서 온갖 세도를 부리게 되거니와, 이른바 이 '왈왈구찌'도 직원들의 폭력 앞에서는 꼼짝도 못한다. 소년원을 나온 이동철은 한동안 짬짬이 또는 꼬지 생활을 하다가 다시 거지 수용소로 끌려갔다. 거지 수용소에 있어서도 수용자들로 하여금 말을 듣게 하는 방법은 역시 폭력이다. '선생님'이라고 불리는 수용소 직원들도 잡혀 온 걸인들을 개 패듯 때리지만, 거지들 가운데서 뽑히어 직원들의 보조역을 맡은 이른바 '통장'들도 저희들이 같은 처지의 신분임을 망각하고 다른 거지들을 무섭게 두들겨 팬다. 이를테면 공포심을 줌으로써 수용소의 기율을 잡는 것이다. 성미가 독종인 이동철은 이유 없이 공매를 맞는 것이 억울하여 반격을 했다. 숟가락을 빼돌려서 시멘트 벽에 갈아 칼처럼 뾰족한 무기를 만들었고, 그것으로 통장을 급습하여 내리찍은 것이다. 그리고 다음 순간에 제 배도 열댓번을 그어 버렸다. 그제서야 당황한 직원들은 "야 동철아, 뭐가 못마땅해서 그러냐. 말을 해 봐, 들어 줄께" 하며 타협을 구했다.

거지수용소를 빠져 나온 이동철은 뒷골목과 형무소 사이를 전전하다가 양동 사창굴로 들어갔다. 이 사창가의 생태는 더욱 철저하게 약육 강식의 그것이다. 이동철이 양동의 사창굴에 발을 들여놓던 첫날밤에 이미 폭력이 난무하였고, 그는 가랠 수 없는 독종이라는 사실을 알림으로써, 그 동네의 식구가 될 수 있었다.

사창가가 무법 천지라는 것은 이미 알려진 사실이다. 취직이라도 할까 하고, 무작정 상경한 시골 아가씨를 속여서 우선 그들의 소굴로 유인한다. 일단 저희들 집안으로 끌어들인 다음에는 감금과 위협 그리고 감언 이설 등 온갖 방법을 동원하여 매춘을 강요한다. 그리고 그 매춘의 대가를 그 곳의 강자인 포주와 기둥서방 등이 나누어 먹는 것이다. 여기서 특히 주목을 끄는 것은 이 사창가의 경우도 강자 위에 강자가 있고, 또 약자 밑에 약자가 있다는 사실이다. 사창가에서 포주나 기둥서방보다도 더 강한 자란 관할구역의 경관 또는 담당 형사를 두고 하는 말이다. 색시 장사뿐 아니라, 장물애비, 깡패 등 뒷골목의 "범죄꾼들은 형사와 악수하지 않고는 아무 것도 해 먹을 방도가 없었다". 형사들에게 약점을 잡히고 있는 그들은 형사들에게 아쉬운 일이 생길 때 협조해 주어야 한다. 형사들이 협조를 요구하는 일 가운데 가장 거북스러운 것은 후리가리 즉 일제 단속 때 형사가 책임지워진 머리 수를 채울 수 있도록 밀고를 하는 일이다. 경찰 고위층에서 일제 단속의 명령이 떨어지면 형사들에게 각각 일정한 숫자 이상의 범인을 검거할 책임이 지워진다. 이 책임을 완수하는 데 가장 효과적인 방법이 우범 지대의 악당들로부터 정보를 제공받는 일이다. 따라서, 형사는 범죄자를 밀고하도록 강요하게 되고, 평소 약점을 잡히고 있는 우범자들은 그 요구를 들어주기 위하여 갖은 방법을 동원하다. 그들은 제가 살기 위해서 남을 일러바쳐야 하고, 심지어는 잘 아는 친구의 비밀을 고발하는 수도 있다.

사창가의 창녀보다도 더 약한 자란 시골에서 멋도 모르고 상경하여 어물어물하다가 걸려든 소녀들을 두고 하는 말이다. 어떤 경로를 밟아서였든 창녀라는 불행한 신세로 전락한 여자들은 자기네와 같은 불쌍한 사람이 다시는 생기지 않기를 바라는 마음도 아마 한편으로 있을 것이다. 그러나 실제에 있어서 그들 가운데는, 약간의 부수입을 올리기 위하여, 사창가의 악당들과 공모하여 시골 처녀들을 꾀어서 팔아먹는 나쁜 짓에 가담하는 사람들도 있다. 쉽게 말해서, 강한 자가 더 강한 자의 밥이 되듯이, 약한 자는 그보다 더 약한 자를 잡아먹는 것이다.

사창가 기둥서방 생활에 싫증을 느낀 이동철은 절도범, 전과자들과 공모하여 금은방을 털었고, 수사망을 벗어나기 위하여 강원도 어느 공사장으로 몸을 숨겼다. 터널도 파고 철교도 놓는 철도 공사판이었다. 그 공사판도 역시 힘 없이는 살 수 없는 비정의 세계라는 점에서 크게 다를 바가 없었다. 공사장에 모여 든 노동자들은 대개 독신자들이었다. 노임이 워낙 싸서 가족을 거느릴 형편이 못 되었고, 대부분이 함바집 신세를 지는 형편이었다. 현장 감독은 공구장, 도십장, 십장으로 계층을 이루고 있었으며, 인부들을 능률적으로 부리기 위하여 도급 제도와 책임지고 떼어맡기 제도를 만들었다. 토건 회사로부터 하청을 맡은 공구장은 다시 도십장에게 도급을 준다. 도십장은 마음에 드는 사람들을 십장으로 삼고, 십장으로 하여금 인부들을 부리도록 한다. 십장은 인부 열 사람이 하루 걸리는 작업량을 일곱 사람에게 책임을 지워 떼어 맡기는 것이다.

일이 끝나면 일당을 주되 현찰을 지급하지 않고 전표로 대신 한다. 그러나 밥은 현금을 주고 사 먹어야 하는 까닭에, 전표를 일할 정도 싸게 현금으로 바꾸게 마련이다. 매일같이 힘을 다하여 일을 하지만 결국 저축을 할 여유가 없으니, 노후의 보장은 고사하고 몸을 다치거나 병이 생겼을 경우에는 아주 비참하다. 이동철과 가까운 친구의 한 사람인 상필이라는 인부는 십장의 요청에 따라 교각 위에서 마무리 작업을 하다가 떨어져 큰 부상을 당했다. 십장은 본 체 만 체 했으며 아무도 치료에 대해서 책임을 지려고 하지 않았다. 뿐만 아니라, 상필의 그날 일당까지도 주지 않았다. 이 비정한 처사에 격분한 이동철은 깡패의 근성을 발휘하여 완력을 휘두르고 파업을 선동하는 등 소동을 벌였다.

탄광이나 철도 공사장에는 대개 대여섯 명의 깡패들이 있었다. 공사장의 '질서'를 잡는 것이 그들의 소임이다. 인부들의 반항에 대하여 회사측의 방패 노릇도 하고, 때로는 인부들을 선동하여 파업을 일으키기도 하고, 방패 노릇을 한 대가로서 돈을 받기도 하고, 자기네가 일으킨 파업을 무마해 주는 조건으로 돈을 뜯어 내기도 한다. 사리를 따라서 일을 처리하는 것이 아니라, 돈과 폭력의 힘이 그 고장을 지배하는 셈이다. 공사장의 비리는 그것만이 아니었다. 공사의 종류에 따라서 일정한 분량의 철근과 양회 등을 사용하도록 규정이 되어 있지만, 규정대로 재료를 쓰지 않고 부당한 이윤을 추구하는 사례가 많다. 콘크리트 작업을 할 때는 교통부나 현장 사무실에서 기사들이 나와 감시를 하게 마련이지만, 별로 소용이 없다. 철근이나 양회를 넣을 시간이 되면 공구장의 직원들이 감시원을 술집으로 안내하여 그들이 보지 않는 상황에서 작업이 진행되기 때문이다.

2. 윤리적 사회의 조건

황석영의 소설을 자료로 삼고 우리 사회의 치부에 해당하는 뒷골목의 어두운 이야기를 굳이 들추어낸 데는 두 가지 이유가 있다. 첫째로, 이미 앞에서도 말한 바와 같이, 윤리 문제에 있어서 '힘'이 차지하는 위치에 대하여 깊은 고찰이 필요하다는 것을 깨닫게 한 것이 바로 폭력이 지배하는 뒷골목 이야기였으니, 이 이야기를 독자와 나누는 것이 다음 문제를 함께 생각하기에 도움이 되리라고 보았기 때문이다. 그리고 둘째로, 이동철이 체험했거나 관찰한 것과 유사한 생활을 하는 사람들이 아직도 우리나라 이구석 저구석에 남아 있다고 보아야 할 것이며, 그러한 사람들이 그렇게 사는 뒷골목이 있다는 바로 이 현실이 결코 소홀히 생각할 수 없는 중대한 윤리 문제를 안고 있다는 사실 때문이다. 우선 윤리 문제에 있어서 '힘'이 차지하는 좌표부터 살펴보기로 하자.

무릇 사회가 질서를 유지하고 존속하기 위해서는 그 성원들의 행위에 어떤 규제가 가해져야 한다. 모든 사람들이 저마다의 충동에 따라서 멋대로 행동을 한다면, 잠시도 충돌과 혼란이 그칠 때가 없을 것이니, 사회가 사회로서 존립하기 어려울 것이다. 그런데 사회 생활에 있어서 사람들의 행동을 규제하는 작용을 하는 것에 세 가지의 종류가 있다. 첫째는 강제성을 띠고 밖으로부터 행위자에게 가해지는 강자의 힘이다. 둘째는 행위자에게 심리적 압박으로 받아들여지기 쉬운 사회적 이목(耳目)이다. 셋째는 행위자가 내심의 요청을 따라서 스스로 자기에게 가하는 자제력이다. 이 세 가지는 발생학적으로 서로 깊이 연결되고 있어서 한계가 분명하지 않은 경우도 없지 않다. 그러나 원칙적인 구별은 가능할 것이다.

첫째, 강제성을 띤 강자의 힘의 대표적인 것은 폭력과 그 위협이다. 약자로 하여금 말을 듣게 하는 강자의 실력은 일반적으로 폭력 또는 그 위협으로서의 성격을 띠고 있다. 남의 눈치를 볼 줄 알기 이전의 아주 어린 아이들의 행동은 주로 이 강자의 실력에 의하여 규제된다. (먹을 것이나 장난감을 주고 달래는 방법과 궁둥이를 때려서 버릇을 가르치는 방법은 근본이 서로 다른 것은 아니다.) 국민학교의 어린이들 사회에 있어서도 완력이 지배하는 경향이 있으며, 이동철이 경험한 우범 지대의 생태는 폭력이 지배하는 최악의 경우라 하겠다. 법에 의한 질서도 그 본래의 성격으로 말하면 '힘의 칠서'의 한 유형이라고 보아야 할 것이다. 법은 그것을 어긴 사람에게 강제적 제재를 가한다는 전제 아래 제정되는 것이며, 이 전제는 국가 권력이라는 막강한 힘에 의하여 뒷받침되고 있다. 다만 현대 민주 국가의 법은 두 가지 점에서 무법자의 폭력과 다르다. 첫째로, 민주 국가의 법은 그것의 규제를 받을 국민들 자신의 참여를 거쳐서 제정된다는 점에서 자유 계약에 의한 규범으로서의 성격을 띠는 것이므로, 단순히 밖으로부터 가해지는 남의 힘으로서의 폭력과 다르다. 둘째로, 민주 국가의 법은 국민 스스로 납득하고 자진하여 받아들일 수 있는 규제라는 점에서, 힘에 눌려 마지못해 굴종하는 폭력과 다르다. 물론 이것은 민주주의 정신을 따라서 제정된 법의 경우이며, 국민의 의사를 무시하고 만들어진 법의 경우는 폭력과 구별될 수 있는 근거를 갖지 않은 것으로 보아야 할 것이다. 법은 행위자가 이를 기꺼이 받아들여 자진해서 준수할 때, 외적 강제력의 범주를 벗어나 내적 자제력의 범주로 승화한다.

둘째로, 남의 이목도 우리들의 행동을 제약하는 힘으로서 작용한다. 사회적 존재로서의 인간은 남의 칭찬과 비난을 의식하게 마련이며, 이 의식이 우리들의 행동에 대하여 상당한 영향력을 가진다. 칭찬 또는 비난의 주체로서의 남의 이목은 그것이 나의 외부에 있다는 점에서 외적 규제력이다. 그러나 남의 비난을 무시할 수 있을 정도로 배짱이 두둑한 사람들에 대해서는 무력하다는 점에서, 즉 그것을 무시해도 강제적 제재가 따르지 않는다는 점에서, 폭력과 법이 대표하는 첫째 범주의 규제력과 다르다. 첫째 범주의 규제력이 본질에 있어서 물리적이라면, 이 둘째 범주의 것은 본질에 있어서 심리적이다. 남의 이목은 그것이 내 밖에 있다는 점에서는 첫째 범주인 '남의 힘'에 가깝고, 그것이 심리적이라는 점에서는 셋째 범주인 내적 자제력에 가깝다. 남의 이목의 주된 내용을 이루는 것은 그 사회의 도덕적 통념에 입각한 비난 또는 칭찬이다. 남을 평가하는 사람 자신의 이해 관계를 반영한 주관적 관점에서 비난 또는 칭찬을 보내는 경우도 많으나, 그러한 비난은 별로 두려워하지 않는 것이 일반적 경향이다. 우리가 진실로 두려워하는 것은 그 사회의 도덕적 통념에 입각한 비난, 다시 말해서 개인적 이해 관계를 초월해서 내려진 것으로 인정을 받을 수 있는 이른바 도덕적 비난이다. 도덕적 비난이기는 하나, 그것이 밖으로부터 오는 것이라는 점에서, 남의 이목을 걱정한 행위의 규제는 아직 타율의 단계를 벗어나지 못한 것으로 보아야 할 것이다. '남의 이목'은 강제적 집행력을 갖추지 않았다는 점에서 강자의 힘과 다르다. 그리고 남의 이목을 존중하느냐 안하느냐 하는 것은 어느 정도 내 의사로 결정할 수 있다는 점에서 우리들의 셋째 범주인 내적 자제력에 한 걸음 다가선 것이라고 볼 수 있다.

우리들의 셋째 범주, 즉 행위자의 내적 요구에 따르는 자제력은 흔히 '양심의 소리'라고 불리어 온 것을 그 대표로 볼 수 있을 것이다. 그러나 모든 사람들의 내적 자제력을 '양심의 소리'라고 일률적으로 말하기는 어렵다. 그 내면의 요구가 다분히 정서적이거나 직관적인 사람들의 경우는 '양심의 소리'라는 이름이 적합할 때가 많을 것이다. 그러나 논리의 일관성을 존중하고 거시적 관점에서 심사 숙고한 끝에 태도를 결정하는 사람들의 경우는 오히려 '이성의 소리' 또는 '지성의 소리'라는 표현이 더욱 적합할 것이다. '양심의 소리'든 '이성의 소리'든 그것은 자율의 능력이라는 점에서 타율의 요인으로서의 강자의 힘 또는 남의 이목과 크게 다르다. 강자의 제재 또는 남의 이목이 두려워서 자기의 욕망 내지 충동을 억제하는 사람들은 이 밖으로부터의 위협이 없을 경우에는 제멋대로 행동할 가능성이 많다. 그러므로, 비록 강자의 의사 또는 남의 이목이 정당한 것만을 요구한다 하더라도, 밖으로부터의 감시에는 한계가 있는 것이므로, 저 타율적 제약만으로는 이기적 인간의 방종에서 오는 사회적 불안을 막기 어렵다. 이에 비하여 자신의 내부에 있는 양심 또는 이성의 감시는 이를 벗어날 수 없는 까닭에, 이 내적 자제력은 만약 그것이 충분히 강력하기만 하다면, 질서 유지의 기능으로서 가장 믿음직한 것이 될 것이다. 여기에 과연 그토록 강력한 자제력을 사람들이 일반적으로 갖는다는 것이 현실적으로 가능하냐 하는 어려운 문제가 남아 있음은 물론이다. 그러나 인간에게 이 자율의 기능을 가능한 한 최대한으로 함양토록 하는 것이 우리들의 윤리적 이상임에는 의심의 여지가 없다.

이상에서 우리가 행동 규제의 기능을 가진 세 가지의 것을 부각시킨 것은, 한 국가나 사회의 윤리적 상황을 분석 내지 평가함에 있어서, '강자의 힘' '남의 이목' 그리고 '본인의 내적 자제력'이라는 이들 세 개념이 매우 중요한 길잡이가 된다고 보았기 때문이다. 이 글의 본래의 목적은 오늘날 우리 한국의 윤리적 상황을 자성(自省)의 각도에서 분석하고자 함에 있었다.

어떠한 사회를 막론하고, 강자의 힘, 남의 이목 또는 본인의 자제력 가운데 어느 한 가지만이 사람들의 행동을 규제하는 장치로서 작용하는 경우는 없으며, 반드시 세 가지 장치가 모두 행동 규제의 기능으로 작용한다. 그러나 세 가지 장치 가운데 어느 것이 어느 정도의 비중을 차지하느냐 하는 정도의 차이는 각각 다르다. 이를테면, 강자의 힘이 행동 규제를 위한 주된 장치로서 기능을 발휘하는 사회도 있고, 남의 이목이 비교적 큰 비중을 차지하는 사회도 있으며, 내면적 자제력이 가장 큰 힘으로서 작용하는 사회도 있다. 강자의 힘과 남의 이목 그리고 본인의 자제력의 질적 내용에도 많은 차이가 있다. 다시 말해서, 올바른 판단 또는 선량한 의지와 결합되어 있는 규제력도 있고, 그릇된 판단 또는 사악한 의지와 결합되어 있는 규제력도 있다. 강자의 힘에도 선량한 동기에서 옳게 작용하는 것과 그 반대의 것이 있고, 남의 이목이 반영하는 여론에도(즉 사람들의 눈초리 속에 포함된 평가적 판단에도) 옳은 것과 그른 것이 있으며, 자제력으로서의 양심의 내용도 객관적 타당성을 잃을 경우가 있다.

진실로 윤리적인 행위의 기본적 특색은 자율에 있다. 겉으로 보기에 같은 행위라 할지라도 그 행위를 일으킨 동기가 무엇이냐에 따라서 도덕적 가치는 달라진다. 예컨대, 강자의 힘에 눌려서 약속을 이행했을 경우와 자발적으로 그렇게 했을 경우는 그 도덕적 가치에 현격한 차이가 있다. 남의 이목을 의식하고 약속을 이행한 경우는 강압에 못이겨 그렇게 했을 경우보다는 높이 평가되어야 마땅하나 자신의 신념을 따라서 그렇게 했을 경우보다는 낮게 평가되어야 마땅할 것이다. 대체로 말해서, 남의 이목을 의식하고 방종을 억제하는 경우는 타율에서 자율로 이행하는 중간 단계의 과정이라고 보아도 무방할 것이다.

비록 강자의 힘에 눌려서 한 행위라 할지라도 결과적으로 객관적 타당성을 가질 경우가 있고, 신념을 따라서 자율적으로 한 행위라 할지라도 객관적 타당성이 없을 경우가 있다. 강자의 힘에 눌려서 타율적으로 행위한다는 것은 바람직한 일은 아니나, 어쨌든 사회적 요청에 맞추어 객관적으로 타당하게 행위한다는 것은 매우 중요한 일이다. 한편, 자신의 신념을 따라서 자율적으로 행위한다는 것은, 그것이 자율적이라는 점에서 바람직한 일이기는 하나, 만약 그 행위가 객관적 타당성을 잃는다면, 전체로서는 옳은 행위가 될 수 없다.

윤리적 견지에서 볼 때 가장 이상적인 행위는, 행위자의 신념을 따른 자율적 행위일 뿐 아니라, 사회적 요청에 비추어 보더라도 객관적 타당성을 갖는 행위이다. 그리고 윤리적 견지에서 볼 때 가장 좋지 못한 행위는, 강자의 힘에 눌린 타율적인 행위일 뿐 아니라, 사회적 요청을 배반함으로써 객관적 타당성마저 잃은 행위이다. 여기서 윤리적으로 가장 성숙한 사회 또는 윤리적 이상 사회가 어떤 것이냐 하는 물음에 대한 해답이 자연히 추리된다. 즉, 객관적 타당성을 가진 행위를 자율적으로 행위하는 사람들이 그 사회의 주축을 이루었을 때, 다시 말해서 자율적 질서가 유지되고 발전이 지속되는 사회가 윤리적으로 가장 성숙한 사회이다. 반대로, 타율적이면서도 객관적 타당성을 잃은 행위가 많은 사회일수록 윤리적 이상에서 먼 사회라 하겠다.

3. 수직적 인간 관계와 복종의 덕

황석영이 『어둠의 자식들』에서 소개한 뒷골목 사회가 주로 폭력이 지배하는 사회라는 사실은 결코 대수롭지 않은 사실이 아니다. 우리 한국 안에 그러한 어두운 곳이 있다는 사실도 심각한 문제이지만, '힘의 지배'라는 현상이 뒷골목에 국한된 현상이 아닐지도 모른다는 것을 암시하는 상징적 의미를 갖는다는 점에서 그것은 더욱 깊은 관심을 촉구한다.

힘밖에는 무서운 것이 없고 자신의 폭력밖에는 믿을 것이 없는 뒷골목의 사람들을 길러낸 것은 우리 한국 사회이다. 한국의 뒷골목은 완전히 고립해서 존재하는 것이 아니라, 양지 바른 앞골목과 이웃하여 한국 전체 속에 유기적으로 연결되어 있다. 뒷골목이 한국 전체와 단절되어 있지 않다는 사실은, 그 뒷골목의 윤리 풍토와 한국 전체의 윤리 풍토 사이에 연관성이 있다는 것을 의미한다. 여기서 우리는 다음과 같은 가설을 세워보게 된다. "만약 한국 전체의 윤리 풍토에 '힘의 지배'라는 특성이 없었다면, 뒷골목의 윤리 풍토도 폭력의 지배 아래 들어가지 않았을 것이다"라는 가설이다.

사회를 구성하는 성원들의 방종에 제약을 가하는 사회적 역학의 일반적 상황을 편의상 '윤리 풍토'라는 말로 표현한다면, 모든 사회의 윤리 풍토에는 '힘의 지배'의 측면이 있다고 보아야 할 것이다. 지구 위에 현존하는 크고 작은 모든 사회는 아직 윤리적 이상으로부터 먼 거리에 있다고 보아야 하거니와, 이는 곧 모든 사회가 '힘의 지배'의 측면을 불식하지 못했다는 사실을 의미한다. 현대에 있어서도 국제 사회는 여전히 힘의 지배 아래 있다. 가장 규모가 작고 혈연과 애정으로 뭉친다는 가족 사회에 있어서도 힘의 지배가 자취를 감추었다고는 보기 어렵다. 그러므로, 전체로서의 한국 사회에 힘의 지배 현상이 보인다 하더라도 특별히 놀랄 이유는 없을 것이다.

여기서도 우리에게 중요한 것은 정도의 문제이다. 한국 사회의 모든 구석으로부터 힘의 지배 현상을 몰아낸다는 것은 불가능한 일이다. 그러나 여러 문화적 선진국과 비교하여 만약 우리 한국에 있어서의 '힘의 지배'가 지나칠 정도의 것이라면, 그것은 깊이 고려해야 할 문제인 동시에, 시정을 위한 노력이 있어야 할 문제가 아닐 수 없다. 그리고 실제에 있어서, 우리 한국 사회는 '힘의 지배'의 요소가 비교적 강하다고 보는 것이 필자의 소견인 것이다.

덕치(德治)는 유교의 이상이었다. 가정은 말할 것도 없거니와, 국가도 법과 힘에 의해서가 아니라 도덕으로써 다스려야 한다고 공자와 맹자는 가르쳤다. 우리 나라는 고려 시대 이래 유교의 영향을 크게 받았으니, 만약 공맹(孔孟)의 이상이 이 땅에 실현되었다면, 우리 윤리 풍토에 있어서 '힘의 지배'의 요소는 비교적 약하다는 결과를 가져왔을 것이다. 그러나 유교의 본고장인 중국의 경우와 마찬가지로, 유교를 국교로 삼은 조선조의 정치 현실도 공맹의 가르침 그대로일 수는 없었다. 뿐만 아니라, 유교의 도덕 사상 그 자체에도 인간 관계를 수직의 그것으로 보는 경향이 강하다는 점에 문제가 있었다.

한 왕조를 창건하고 그것을 지키기에 가장 긴요한 것이 힘이라는 사실은 조선조의 경우도 예외가 아니었다. 이태조(李太祖)의 창업은 막강한 그의 무력으로써 비로소 가능했고, 힘이 약한 단종(端宗)은 수양(首陽)에게 자리를 내주어야 했다. 특히 정조(正祖, 1752~1800년) 이래의 세도 정치는 인의(仁義)를 무시한 패도(覇道)가 현실을 지배하는 본보기로서 부족함이 없었다. 일본 제국주의에게 유린당한 반세기는 더욱 말할 것도 없다. 결국 재야(在野)는 관권에게 눌리고, 상민은 양반에게 눌리며, 여자는 남자에게 눌리고, 아이들은 어른에게 눌리다가, 급기야 민족 전체가 일본에게 눌리는 불행을 겪은 것이다. 이토록 수직적 인간 관계의 전통이 강한 뿌리를 내렸으니, 평등을 전제로 한 자율의 윤리가 발전하기에는 매우 불리한 역사를 가진 셈이다.

1945년의 해방을 계기로 사정은 크게 달라졌다. 자유, 평등, 민주주의 등의 개념이, 비록 관념적이고 피상적이기는 하나, 일상적 용어로 쓰이게 되었다. 한국 사람도 본인만 실력이 있으면 대통령이나 그 밖의 높은 자리에 오를 수 있다는 것을 믿게 되었고, 여자도 조건만 좋으면 장관이 될 수 있다는 것을 보게 되었다. 물론 만인 평등의 사상이 8·15 이후에 처음 들어온 것은 아니며, 인권의 관념은 19세기 말엽부터 서서히 눈을 뜨기 시작했었다. 그러나 일제의 교육 정책은 그러한 사상 내지 관념을 억제하는 방향으로 작용했으므로, 사람들의 의식이 제대로 발달하기 어려웠던 것이 사실이며, 해방을 계기로 평등의 관념이 비로소 대중의 것이 되었다고 볼 수 있을 것이다.

그러나, 머리 속에서 평등을 생각하고 말로 민주주의를 외치는 것과 평등 또는 민주주의가 사회 현실 가운데 실현되는 것은 같은 일이 아니다. 8·15 이후의 많은 사람들은 머리 속에서 평등을 생각하고 말로 민주주의를 주장했지만, 우리들의 실천과 현실은 아직도 평등의 이념이나 민주주의 이상에서 멀리 떨어져 있다. 생각과 말은 많이 변했지만 우리들의 체질과 실천은 아직도 옛 상태를 크게 벗어나지 못하고 있는 것이다.

평등의 이념이나 민주주의의 이상이 실현되기 위해서는 내 권익과 마찬가지로 남의 권익도 존중히 대접해야 하며, 나의 권리와 상응하는 나의 의무를 자율적으로 수행할 줄 알아야 한다. 강자의 힘에 의한 타율만으로는 모든 사람들의 권익이 고루 보장될 수 없으며, 지위 높은 사람들의 가중된 의무가 제대로 실현되기를 기대할 수가 없다. 약자들의 경우는 감히 남의 권익을 침범하거나 자기들의 의무를 게을리하기 어렵겠지만, 강자들의 월권과 불법은 그들 자신밖에는 이를 막을 사람이 없기 때문이다. 논리의 일관성의 요구 즉 보편성의 원리를 따라서, 내가 남에게 요구하는 바는 나에게도 똑같이 요구하고 이를 자진하여 실천하는 자율의 윤리만이 평등한 민주주의 사회를 실현할 수가 있다. 만약에 모든 사람들의 힘이 균등했더라면, 타율적 상호 견제만으로도 공정한 사회의 실현이 가능했을 것이다. 그러나 강약의 차이가 인간 존재의 엄연한 현실로 남아 있는 한 그것은 불가능하다. 최강자의 횡포를 막아줄 수 있는 외부의 힘이 없기 때문이다.

한국의 인간 교육은 자율의 힘을 길러주지 못했다는 점에서 근본적 실패를 자인해야 한다. 복종의 미덕과 결합된 자율 즉 약자의 입장에서 실천되는 자율은 공정한 사회의 실현을 위해서 크게 이바지하지 않는다. 공정한 사회의 실현을 위해서 가장 긴요한 것은 공정을 파괴할 힘을 가진 강자의 자율이다. 그런데 우리나라의 윤리 교육은 복종의 미덕을 우선적으로 주입시키는 동시에, 여타의 모든 덕목은 복종의 덕과 범벅을 만들어서 가르쳤다. 본래 복종의 덕이란 약자를 위한 행동 규범인 까닭에, 모든 덕을 복종의 종속 개념으로서 가르치는 우리나라의 윤리 교육은 자신이 강자의 위치에 올라섰을 때 어떻게 해야 하는지를 모르게 만든다. 요컨대 그것은 공정한 사회의 실현을 위해서 가장 긴요한 것을 빼놓은 알맹이 없는 교육인 것이다.

한국의 국민학생들은 무서운 선생님 앞에서나 아버지 앞에서는 말 잘듣는 착한 어린이 노릇을 한다. 그러나 만만한 하급생이나 여자 아이들을 대할 때는 태도를 바꾸어 짓궂은 악동이 된다. 중학교에 다닐 때까지는 착하고 효성스럽던 아이가 고등학교 상급반이나 대학생이 된 뒤에는 반항아로서의 색채를 드러내는 사례도 많다. 시어머니 앞에서 고분고분하고 착하던 며느리가 안방을 차지한 뒤에는 다음 세대의 며느리에게 호된 시집살이를 시키던 전통의 잔재가 도처에 깔려 있는 것이 아닌가 싶다. 강자 앞에서는 저자세를 취하고 약자 앞에서는 고자세를 취하는 차등의 태도는 참된 자율의 정신에 어긋나는 것이며, 민주적 사회를 위한 기본 자세가 아니다.

약자의 윤리로서의 복종의 도덕이 발달한 사회에서는 눈치가 발달하게 되고, 따라서 남의 이목에 대하여 민감한 경향이 생기게 된다. 눈치란 본래 강자를 의식하는 약자의 심리에 바탕을 두고 발달하는 것이며, 우리가 두려워하는 남의 이목도 그것이 두려움의 대상인 한 역시 강자의 속성에 가깝다. 한국인에게 '눈치'라는 것이 매우 중요한 의미를 가졌다는 것은 옛날부터의 전통이며, '눈치'라는 말의 외국어 번역을 찾아내기 힘든다는 사실만으로도 그것이 자못 한국적인 심리임을 짐작할 수가 있다.

한국인은 남의 이목에 대해서도 민감한 편이다. 식견이 탁월하고 존경의 대상이 될만한 사람들의 이목 또는 국민 대다수의 이목에 해당하는 여론을 두려워할 경우에는, 이목에 대한 민감성이 밝은 사회의 건설을 위해서 도움이 될 수 있다. 그러나 강자의 이목 또는 의견을 달리하는 여러 사람들의 이목을 지나치게 의식할 때는, 본인의 주견이 죽게 되고 진정한 자율을 잃게 되는 폐단이 생긴다. 또 여자의 경우에 흔히 볼 수 있듯이, 이목에 대한 민감성이 허영심과 결합할 경우에는, 사치 풍조 또는 유행의 노예 등 좋지 못한 결과를 부르기 쉽다. 남의 이목에 대한 감수성은 바람직한 결과로 연결되기도 하고 나쁜 결과로 연결되기도 하는 것이므로, 그 장단을 일률적으로 말하기는 어렵다. 다만 남의 이목에 대한 의식에 기준을 둔 행위의 결정은, 아직 타율의 경지를 벗어나지 못한 것이므로, 자신의 신념에 기초를 둔 자율의 경지를 이상으로 삼는 우리의 견지에서 볼 때, 역시 넘어서야 할 단계임에 틀림이 없다.

4. 규제력의 질적 수준

오로지 강자의 의지 또는 명령에 따르는 타율의 질서라 하더라도 명령하는 강자가 완전하게 선량할 경우에는 결과적으로 우선은 큰 지장이 없다. 플라톤의 철인왕(哲人王)의 경우와 같이, 전혀 사리 사욕에 흔들리지 않을 뿐 아니라 전지(全知)에 가까운 지혜를 가진 지도자가 국사(國事)의 결정권을 갖는다면, 그것이 비록 전제(專制)에 해당한다 하더라도, 국민들이 그의 지시에 순종하는 한, 결과에 있어서 나라 일은 잘 풀려나갈 것이다. 한편, 모든 사람들의 모든 행동이 자율적으로 이루어진다 하더라도, 자율적 행위의 바탕을 이루는 각자의 신념이 그릇된 내용의 것이라면, 사회는 혼란과 파멸을 면치 못할 것이다. 신념이 서로 다른 사람들이 각기 제멋대로 행동한다면, 도대체 사회가 성립하지 않을 것이다. 신념과 행동이 일치할 경우에도 그들의 공통된 신념이 그릇된 것이라면, 그들의 집단은 현실에 대한 적응력을 잃고 조만간 파탄에 봉착할 것이다. 그러므로 행동을 규제하는 것이 행위자 자신이냐 타인이냐 하는 문제뿐 아니라, 그 규제의 내용 또는 질이 어떠냐 하는 것도 매우 중요한 문제이다. 우리 나라의 경우는 행위를 규제하는 세 가지 요인 즉 강자의 의지와 남의 이목 그리고 행위자의 도덕적 신념의 질적 수준도 비교적 낮은 편에 속한다. 우선 강자의 의지의 경우부터 고찰해 보기로 하자.

우리는 강자라는 말을 매우 넓은 뜻으로 사용하였다. 정치 권력을 쥔 사람들 뿐 아니라, 모든 분야에 있어서 나보다 우월한 힘을 가진 사람은 나에 대해서 강자이다. 직장의 상사, 학교의 교사, 가정의 부모, 압력 단체로서의 성격을 띤 집단 등은 모두 그 영향 아래 있는 사람들에게는 강자로서의 일면을 가졌다. 그러나 이 가운데서 부모나 교사의 경우는 일단 제외하여도 무방할 것이다. 강자의 지시가 심각한 도덕적 문제를 일으키는 것은 강자 자신의 이기적 동기에서 지시를 내릴 경우인데, 부모와 교사는 자녀와 학생들을 위한 교육적 동기에서 지시를 내리는 것이 보통이기 때문이다. 다음에 우리 나라에서는 압력 단체도 큰 문제는 아닐 것이다. 어떤 이기적 목적을 위해서 크게 세력을 떨치는 압력 단체가 우리나라의 경우 아직 많지 않기 때문이다. 결국 정치와 경제의 세계에 있어서의 강자의 경우만을 고찰하면 될 것으로 보인다.

우선 정치 권력의 경우부터 살펴보기로 하자. 이 경우에 있어서 가장 이상적인 것은, 정권을 장악한 사람들이 (1) 일체의 이기적 동기를 떠나서 국가와 국민 전체를 위하는 자세로 공무에 임하되, (2) 그들이 내리는 결정이 국가 전체의 이익에 객관적으로 부합하는 것이다. 이 두 가지 기준에 비추어서 한국 정치 세력의 체질을 평가한다는 것은 쉬운 일이 아니다. 문제가 지극히 복잡하게 얽혀 있을 뿐 아니라, 역사의 와중에서 진행중의 현실에 대하여 편견이 없는 평가를 내린다는 것은 일반적으로 어려운 일이기 때문이다. 따라서 이 문제에 대한 본격적인 고찰은 후일의 역사적 연구 과제일 수밖에 없으며, 여기서 우리는 기본적인 사실 몇 가지만 지적하는 것으로 만족해야 한다.

필자는 8·15 이후의 한국 정치 지도자들의 애국심을 일단 인정하는 편에 서고 싶다. 한 나라의 대권을 잡게 되면 자연히 책임을 느끼게 되고, 정치를 잘하여 부강한 국가를 만들고 싶은 것이 인지 상정이다. 옛날의 국왕이 대개 백성을 사랑했듯이, 오늘의 지도자들도 대다수는 나라를 사랑한다. 우리 나라의 경우도 예외는 아닐 것이다. 그러나 일반적으로 정치가에게는 애국심보다도 더욱 강한 것이 있다. 정권에 대한 집념이다. 정치인의 일차적인 목표는 정권의 장악이 아닐 수 없다. 선정을 베풀어 나라를 부강하게 만드는 일은 정권을 잡은 연후에 비로소 가능한 목표이다. 문제는 바로 여기에서 생긴다. 정권을 잡기 위해서는 애국심과는 정반대되는 행위를 해야 할 경우가 많기 때문이다. 애국의 선량한 의지가 정권의 장악 또는 유지에 대한 집념에 의하여 압도를 당하는 사례는 동서 고금에 흔히 있는 일이다. 애국과 집권욕의 갈등의 문세에 있어서, 우리 한국은 특히 불리한 여건을 가지고 있다. 그 하나는 평화적 정권 이양의 전통을 세우지 못했다는 사실이요, 또 하나는 한반도가 해방 이후 줄곧 전시에 가까운 위태로운 상태에 놓여 있다는 사실이다. 헌법까지 고쳐 가면서 정권을 연장한 대한민국 초대 대통령의 행적은 매우 좋지 못한 선례를 남겼고, 이 선례의 답습은 국민과 집권자 사이에 큰 간격을 초래하였다. 국민은 위정자의 사심(私心)을 의심하게 되었고, 그 의심은 집권자의 경계심을 자극하였다. 집권자는 정해진 임기 동안 국정에 전념해야 하거니와, 임기가 끝난 뒤에까지 정권을 연장할 것을 생각하고, 또 재임 기간 중에도 정권에 대한 도전이나 없을까 하고 경계하게 되면, 국정을 위하여 최선을 다하기가 어렵다. 이러한 논리로 말미암아, 정권의 평화적 교체의 전통을 세우지 못한 우리 한국의 사정은, 이 나라 집권층의 의지의 질을 저하시키는 결과를 가져왔다.

한반도가 전시에 가까운 불안을 계속 안고 있다는 사실은 강력한 중앙 집권을 요구하는 상황이다. 그리고 강력한 중앙 집권은 집권층으로 하여금 국민에 대한 봉사자로서의 본분을 잊고 국민 위에 군림하는 자세를 취하게 만들기 쉽다. 국민 위에 군림하는 자세를 갖게 되면, 자연히 오만하게 되며, 이 오만한 자세는 집권층의 의지의 도덕성을 파괴하는 결과를 초래한다. 뿐만 아니라, 한반도의 위기 상황은 이 지역에 있어서 평화적 정권 이양의 전통 수립을 방해한 가장 큰 요인이기도 하다. 전시에 가까운 상황에서는 같은 지도자의 장기 집권에 유리한 면이 있는 것이 사실이며, 이러한 사실은 집권층의 장기 집권 획책을 정당화하는 이론적 근거로서 이용되곤 하였다.

다음에 경제계의 강자의 경우도 우리 나라의 상황은 수준 높은 도덕적 의지를 발휘하는 데 유리한 편은 아니다. 첫째로, 현대의 산업 사회는 금전 제일의 가치 풍토를 조성하였고, 이러한 가치 풍토 속에서 기업가를 포함한 대부분의 직업인들은 직업의 본질이 분업을 통한 사회 참여에 있다는 사실을 망각하고 돈벌이를 위한 수단으로 생각하는 경향이 강하다. 이러한 경향은 기업가의 의지 결정에 있어서도 도덕적 동기의 힘을 약화시키는 결과를 낳는다. 둘째로, 우리나라 기업들의 성장 과정에 있어서 정도(正道)를 벗어난 변칙적 방법이 성공을 거둔 사례가 많았다는 역사적 사실도 경제계 강자들의 도덕적 수준을 낮추는 요인으로서 작용하였다. 정부의 과잉 보호, 부동산 투기, 고용인들의 저임금 등 도덕적으로 찬양받기 어려운 방법들이 우리 나라의 기업을 급속도로 성장케 하는 비결 또는 요체의 구실을 하였으며, 이러한 변칙적 현상은 우리 한국의 기업계에 악화가 양화를 쫓아내는 추세를 조장하였다. 성실하고 정당하게 운영해서는 기업이 번영할 수 없는 풍토 속에서 기업가들의 높은 도덕성을 기대하기는 어려운 노릇이다.

최근에 이르러 정계와 재계 일각에 윤리적 반성의 기풍이 일어나고 있음은 다행한 일이다. 어느 나라, 어느 사회를 막론하고 그 발전 초기에 있어서 많은 시행 착오를 겪는 것은 일반적 현상이다. 이제부터라도 우리가 진정으로 반성하고 진심으로 바른 길을 원한다면, 과거의 실패가 도리어 좋은 교훈이 될 수도 있을 것이다. 우리가 우리 현실의 어두운 측면을 굳이 들추어 내는 것도 부정(否定)을 통하여 전화 위복의 효과를 얻고자 함에 진의가 있다.

다음에 이목(耳目)의 수준은 어떠할까? 우리들의 행위에 대하여 견제의 구실을 하는 남의 이목에는 여러 가지 경우가 있으며, 상황 또는 계층에 따라서 칭찬과 비난의 기준도 다양하다. 젊은 세대들의 환영을 받는 행위가 늙은 세대의 눈살을 찌푸리게 하는가 하면, 늙은 세대에 있어서 권장되는 행위가 젊은이들 사이에서는 비난의 대상이 되기도 한다. 정부와 여당 주변에서 칭송이 자자한 언행이 비판적인 사람들 사이에서는 혹독한 비난을 당하기도 하고, 또 그 정반대의 현상이 생기기도 한다. 이와 같이 다양하고 엇갈리는 여러 이목을 두고 그 도덕적 수준을 일률적으로 논하기는 매우 어렵다. 쉽게 말해서 여러 가지 수준의 이목이 존재한다고 보아야 할 것이다. 어느 사회에 있어서나 행위의 시비에 대한 사람들의 의견은 다소 엇갈리는 것이 보통이다. 그러나 그 의견의 불일치 내지 대립의 정도가 지나칠 경우에는, 그것은 바람직하지 못한 조짐일 가능성이 크다. 우리 한국의 경우도 행위의 시비에 관한 엇갈림이 지나친 것으로 생각되거니와, 우리는 이 사실이 두 가지의 부족을 의미하는 것으로 분석할 수 있을 것이다.

첫째로, 그것은 우리나라에 확고한 정론(正論)으로서의 권위를 가진 여론을 형성할 만한 사상적 중심 세력이 아직 존재하지 않는다는 사실을 의미한다. 급변하는 역사적 현실 속에서 사회가 안정을 얻지 못한 위에 동(東)과 서(西)의 서로 다른 가치관이 뒤섞인 가운데 권위 있는 평가 기준이 서지 못했고, 정계가 학계를 압도하는 현실 속에서 여론을 이끌 만한 사상적 지도층이 형성되지 못한 까닭에, 같은 언행에 대해서도 평가가 크게 엇갈리는 것이다.

둘째로, 행위의 시비에 대한 평가가 중구 난방으로 엇갈리는 것은 우리 한국인의 사고가 감정의 영향을 유독 많이 받는다는 것을 의미할 것이다. 이성으로써 냉정하게 판단한다면 일치된 결론에 도달할 수 있는 문제도 감정적으로 생각할 경우에는 감정이 편견을 낳는 까닭에, 끝내 견해가 엇갈리기 쉽다. 사고에 있어서 감정의 영향을 완전히 배제한다는 것은, 적어도 현실적인 문제에 관한 한, 거의 불가능할지도 모른다. 그러나 감정에는 이성에 의하여 시인될 수 있는 것과 그렇지 못한 것의 구별이 있다. 우리 한국인의 경우는 이성과의 조화를 얻기 어려운 감정이 사고를 좌우하는 경향이 일반적으로 강하지 않을까 한다.

끝으로, 행위자 자신의 자제력의 근거가 되는 양식(良識) 또는 신념의 질적 수준은 그 사람의 윤리 의식의 수준에 해당한다. 우리들의 윤리 의식의 수준에도 개인차가 많으므로, 한국인의 도덕적 신념의 질적 수준을 일률적으로 평가할 수는 없을 것이다. 그리고 도덕적 신념을 평가하는 객관성 있는 기준이 무엇이냐는 어려운 문제도 여기에 제기될 수 있다. 그러나 현실주의의 견지에 선다는 전제 아래서 한국인의 윤리 의식에 관한 극히 개괄적인 견해를 말할 수는 있을 것이다.

한국인 가운데서 윤리의 본질을 현실 문제의 해결이라는 관점에서 이해하는 사람은 많은 편이 아니다. 우리가 당면하는 현실적인 문제의 해결을 위한 처방의 체계로서 윤리를 이해하기보다는 선천적 원리 또는 옛 성현의 가르침에 근거를 둔 신비스럽거나 모호한 규범으로서 이해하는 경향이 있다. 선천적 원리 또는 성현의 가르침에 근거를 둔 규범으로 이해한다 하더라도, 그것이 독실한 종교적 신앙으로서 마음의 지주가 되고 있다면, 그 종교적 윤리의 교훈을 따름이 결과적으로 현실 문제 해결의 첩경이 될 수도 있을 것이다. 그러나 현대인의 윤리 의식은 확고부동한 신앙의 경지와는 거리가 멀다. 흐리멍텅한 도덕과 희미한 종교가 서로 떨어져서 한 마음 속에 자리잡고 있는 것이다. '이래서는 안되겠다'는 생각이 어렴풋이 뇌리를 스치지만, 그것이 절대적 신념의 경지는 아닌 까닭에 행위는 결국 충동을 따르곤 한다. 예컨대, 우리들의 마음 속에는 '약속은 지켜야 한다' 또는 '남의 권익을 침해해서는 안 된다' 등등의 윤리 의식이 어렴풋이 형성되어 있다. 그러나 약속을 지키고 남의 권익을 존중하는 것이 우리 현실 문제 해결을 위해 가장 지혜로운 행위라는 신념도 없고, 또는 그렇게 하는 것이 '신의 뜻을 따르는 절대적 의무'라는 믿음도 약하다. 그러므로 우리의 도덕적 의지는 나약할 수밖에 없고 강력한 자제력으로 작용하지 못한다.

보편적 사고에 약하다는 사실도 한국인의 윤리 의식 수준에 부정적으로 작용한다. 가족주의의 전통이 강한 우리 한국인은 나에게 가까운 사람을 더 위하고 먼 사람은 덜 위해도 좋다고 생각하는 경향이 있다. 이 논리를 극단으로 몰고 가면 나만 위하고 남은 소홀히 대접해도 무방하다는 사고 방식에 도달한다. 논리의 일관성을 해치는 일이 없도록 자타(自他)의 인격과 권익을 존중하는 보편적 사고는, 칸트가 역설한 바와 같이, 윤리의 기본 원칙이다. 그러나 우리 한국인은 바로 이 보편적 사고에 있어서 약한 편이다. 사고에 있어서 감정의 영향을 크게 받는 경향이 있다는 사실도 보편적 사고를 잘 못하는 원인의 하나일 것이다. 보편적 사고는 가장 이성적인 사고의 기본이기 때문이다.

무릇 높은 수준의 윤리 의식의 소유자가 되기 위해서는 적어도 두 가지의 심성을 갖추어야 한다고 생각된다. 윤리적으로 탁월한 인격이 되기 위해서 갖추어야 할 첫째 심성은 넓은 의미의 '사랑'의 감정 또는 인정(人情)이다. 그리고 또 하나는 이성을 따르는 보편적 사고의 습성이다. 우리 한국인은 전통적으로 인정이 풍부한 민족으로 알려져 왔을 정도이므로, 첫째 조건에 있어서는 별로 손색이 없다고 보아도 좋을 것이다. 그러나 보편적 사고 내지 합리적 사고에 있어서는 매우 약한 편이어서, 이것이 한국인의 윤리 의식의 수준 향상을 저해하는 큰 문제점이라고 생각된다.

이제까지 우리는 한국의 윤리적 상황을 두 가지 관점에서 살펴보았다. 하나는 사람들의 방종에 대한 규제가 자율적으로 이루어지느냐 또는 타율적으로 이루어지느냐 하는 관점이고, 또 하나는 사람들의 행위를 규제하는 강자의 의지와 남의 이목 그리고 본인의 윤리 의식의 질적 수준을 평가하는 관점이다. 이 두 가지 관점을 통하여 우리가 관찰한 바는 우리들의 현 단계가 윤리적 이상으로부터 멀리 떨어져 있다는 사실이었다. 우리는 타율적 기능으로서의 강자의 의지와 남의 이목에 비중이 지나치게 크다는 것을 보았고, 또 강자의 의지와 남의 이목 그리고 국민 각자의 윤리 의식의 질적 수준도 높은 편이 못된다는 사실을 보았다. 한 나라의 윤리적 수준은 그 나라의 흥망과 깊은 상관 관계를 가졌다. 강자의 압력이나 남의 이목의 비중을 줄이고 본인의 자제력의 비중을 늘이는 동시에, 국민 모두의 윤리 의식의 수준을 끌어올리는 일은, 우리 한국이 당면한 중대한 과제의 하나이다. 그리고 이 과제를 달성함에 있어서 가장 큰 관건이 되는 것은 사유와 행동에 있어서 우리가 얼마나 이성적일 수 있느냐 하는 문제이다.

개인의 생활 목표와 국가의 공동 목표

1. 문제 제기

많은 국민 가운데 제 나라를 사랑하지 않는 사람은 거의 없을 것이다. 국가의 현실에 대해서 불평이 많은 사람들까지도 제 나라 또는 겨레에 대해서 어느 정도 애정을 가지게 마련이다. 운동장 또는 그 밖의 장소에서 국제적인 경기가 진행되는 광경을 직접 또는 간접으로 관람하는 사람들 가운데, 남의 나라 편을 응원하는 사람은 거의 없다. 일제 시대에 친일파라는 욕을 얻어먹은 사람들도 우리 나라의 선수와 일본 선수가 겨룰 때에는 거의 모두 우리 선수를 응원하였다. 이 한 가지 사실만으로도 애국심이 일반적 현상이라는 것을 뒷받침하기에 충분하다.

나라를 사랑하는 '마음'이 흔한데 비해서 나라를 사랑하는 '행동'은 아주 귀하다. 입으로 애국을 주장하는 사람은 많지만 실제 행동으로 애국을 실천하는 사람은 드문 것이다. 적극적인 애국의 행위를 하지 않을 뿐 아니라, 국가의 이익에 위배되는 행위를 하는 사람들도 많다. 특별히 지탄을 받는 사람들만이 그런 것이 아니라, 보통 선량한 국민으로 알려진 사람들까지도 국가의 이익에 역행하는 행위를 가끔 하는 것이 일반적인 현상이다.

도대체 이러한 모순은 무엇에 연유하는 것일까? 애국하는 마음이 있음에도 불구하고 종종 비애국적인 행위를 하게 되는 원인을 어떻게 설명할 것인가? 그 애국심이 거짓이었다는 설명도 생각할 수가 있다. 그러나 필자는 거의 모든 국민이 거짓 아닌 애국심을 가졌다고 믿는다. 제 나라의 선수를 열렬히 응원하는 순간에 있어서 뿐 아니라 우리는 항상 마음 한 구석에 나라 사랑하는 심정을 품고 있다.

우리가 국가의 이익에 역행하는 행위를 하게 되는 원인의 하나는 무엇이 참으로 나라를 위하는 길인지 모르는 무지에서 찾을 수 있을 것이다. 본인으로서는 나라를 위하느라고 한 노릇인데 실제로는 나라에 손해를 끼치는 결과를 초래한다는 것은 현재 상황의 여러 조건에 대한 지식과 미래에 일어날 일에 대한 예측에 있어서 완전무결할 수 없는 우리 인간에게 언제나 일어날 수 있는 일이다.

애국심을 가지고 있음에도 불구하고 그 마음에 부합하는 행동을 하지 못하는 또 하나의 사유는, 우리 마음 속에는 애국심과는 양립하기 어려운 다른 정열도 있으며, 그 다른 정열이 애국의 정열보다도 강할 경우에, 행동의 결정에 있어서 애국심이 뒤로 밀릴 수 있다는 사실에서 찾을 수 있을 것이다. 쉽게 말해서, 우리 마음 속에는 자애심(自愛心)이 있거니와 이 자애심은 애국심보다도 강할 경우가 많은 까닭에, 애국심이 지시하는 행위와 자애심이 요구하는 행위가 서로 다를 때에는 애국심은 이를테면 불발탄으로 잠재워질 수밖에 없을 것이다. 비유컨대, 본처에 대한 애정이 없지 않더라도 애첩에 대한 정열이 압도적으로 강할 경우에는, 본처에 대한 사랑은 행동에까지는 나타나지 못하고 잠재워지고 마는 심리와도 같다.

만약 애국심이 지시하는 길과 자애심이 원하는 길이 일치하거나 조화를 이룰 수 있다면 애국심이 마음으로만 그치고 행동에는 이르지 못하는 아쉬움은 일어나지 않을 것이다. 다시 말해서, 나의 개인적 생활 목표와 국가의 공동 목표 사이에 아무런 갈등도 없다면, 우리는 두 길을 함께 추구함으로써 자애심과 애국심의 요구를 모두 따를 수가 있을 것이다. 여기서 우리에게 떠오르는 문제는 애국심의 지시와 자애심의 요구가 서로 잘 조화되는 그러한 의식 구조를 가질 수 없을까 하는 물음이다.

현재 우리들이 가지고 있는 의식 구조에 있어서는 애국심이 지시하는 길과 자애심이 요구하는 길 사이에 분열이 생기는 경우가 많다. 도대체 그러한 분열은 어디서 오는 것일까? 그러한 분열을 근원적으로 막거나 줄이기 위해서 우리가 할 수 있는 일이 무엇일까? 바로 이 물음에 대한 해답의 실마리를 찾아보고자 하는 것이 이 시론(試論)의 목표이다. (무지로 인한 국가 이익에 위배되는 행위를 최소한으로 줄이는 방안의 문제는, 다른 분야에 속하는 문제이므로, 이 소론에서는 다루지 않기로 한다.)

2. 국가의 공동 목표와 개인의 인생 설계

'국가의 공동목표'라고 하였다. 그러나 국가의 공동 목표가 국민의 마음에 앞서서 하나의 기정 사실로서 객관적으로 주어져 있는 것은 아니다. 국민 전체의 소망이 어떤 공통점을 얻고서 크게 뭉칠 때, 그것이 곧 국가의 공동 목표로서의 성격을 띠게 되는 것이다. 예컨대, 한국 사람의 절대 다수가 우리 민족과 국토의 통일을 염원한다는 사실로 말미암아 남북의 통일이 우리의 공동 목표가 되었다. 또 우리 모두가 한국 경제의 발전과 안정을 희망한다는 사실이 '경제 발전과 안정'이라는 공동 목표를 우리에게 안겨 준다.

그러므로, 국가의 공동 목표가 확고히 형성되기 위해서는 국민들의 소망이 하나의 구심점을 얻어서 전체로서의 통일성을 가져야 한다. 국민의 여론이 분분하고 내심에 있어서 바라는 바가 여러 갈래로 나누어진다면, 그 나라의 공동 목표가 확고하게 정립되기 어렵다. 가령, 사람들이 모두 '민주주의'를 내세운다 하더라도 그들의 의미하는 민주주의의 내용에 차이가 많을 경우에는 민주주의라는 공동 목표가 그 나라에 정립되었다고 보기 어렵다.

온 국민이 한 사람의 예외도 없이 모두 같은 소망을 갖는다는 것은 사실상 어려운 일이다. 국민의 대부분이 국토의 통일을 염원하는 가운데도, 몇몇 예외적인 사람들은 내심 현상의 유지를 바랄 것이다. 한국인 모두가 한국 경제의 발전과 안정을 희망한다 하더라도, 그들의 바라는 '발전'과 '안정'의 내용이 완전히 일치하지는 않을 것이다. 따라서, 완전한 의견의 일치에 도달했을 때 비로소 공동 목표가 존재한다고 보아야 한다면, 공동 목표의 성립은 거의 불가능하다는 결론에 이를 것이다.

그러나 우리가 '국가의 공동 목표'를 말할 때 완전한 의견의 일치를 전제로 하는 공동 목표를 염두에 두고 말하지는 않는다. 비록 완전한 의견의 일치가 아니더라도, 대다수의 여론이 지지하는 어떤 목표의 윤곽이 뚜렷하게 드러났을 때, 우리는 그 나라에 공동 목표가 형성되었다고 말한다. 앞으로 이 소론에 있어서 '공동 목표'를 말할 경우에 있어서도, 그와 같은 상식적인 의미의 '공동 목표'를 염두에 두게 될 것이다.

현재 우리 한국에 국가적 공동 목표가 확립되었는가 하는 물음을 제기할 수 있을 것이다. 우리의 국론이 만족스러운 통일에 이르렀다고 보기는 어려우며, '우리의 가장 바람직한 국가 발전의 목표가 무엇이냐?' 하는 물음은 그 자체가 하나의 독립된 물음으로서 우리들의 깊은 연구를 요청한다. 그러나 이 소론에서는 문제의 범위를 축소함으로써 서술의 편의를 도모하기 위하여, 우리나라에 막연하나마 공동 목표의 윤곽이 잡혀있다는 것을 전제로 삼고 논의를 전개할 것이다. 실제로 우리는 국토의 통일, 경제의 발전, 민주 사회의 건설, 민족 문화의 창달 등에 관해서 어느 정도 수렴된 여론을 가지고 있다. 그리고, 이 정도의 여론의 윤곽만으로도 '한국의 공동목표'를 상식적인 의미로 말할 수 있을 것으로 보인다.

우리는 대개 한국이 자유민주주의의 나라로 발전하기를 희망하고 있다. 우리는 대개 한국이 풍요로운 나라로 성장하는 동시에 빈부의 격차가 지나치지 않은 균형된 사회로서 발전하기를 염원하고 있다. 그리고 또 우리는 한국의 전통 문화가 바르게 계승되고 앞으로 세계에 자랑할 만한 문화의 대국을 이룩하기를 바라는 점에 있어서도, 대체로 의견이 일치한다.

그러나, 우리가 언제나 마음 속으로 희망하는 한국의 미래상을 실현하기에 적합하도록 행동하지는 않는다. 많은 경우에 있어서 스스로 긍정한 국가의 공동 목표와 어긋나는 행동을 한다. 우리 나라가 민주주의의 나라가 되기를 바라면서도 민주주의 정신에 어긋나는 행동을 하는 사람들을 도처에서 볼 수 있다. 풍요롭고 균형잡힌 경제의 발전을 희망함에도 불구하고 이 목표에 역행하는 행위를 하는 사람들도 허다하다. 관념적으로는 우리 민족 문화의 창달을 희구하면서도, 자신의 문화적 소질을 개발하는 일은 게을리 하는 사람들이 대부분이다. 이러한 자기 모순의 근본 원인은, 앞에서 말한 바와 같이, 국민 각자에게는 국가의 공동 목표와는 상충하는 개인적 생활목표가 있으며, 개인적 생활 목표에 대한 우선적 추구가 저 공동 목표와는 조화되기 어려운 행동을 하게 한다는 사실에 있다.

내가 만약 나 개인의 생활 목표를 국가의 공동 목표 달성을 위해서 최선을 다하는 일로 정한다면, 나의 개인적 생활 목표의 추구는 자연히 국가의 공동 목표와 부합할 것이다. 그러나, 모든 국민에게 그러한 인생 설계를 강요하거나 기대할 수는 없으며, 우리가 민주주의에 입각하는 한, 국민 개개인은 각자의 취향을 따라서 자기의 개인적 생활 목표를 세울 자유가 있다는 것을 원칙적으로 인정해야 한다.

그러나 개인이 인생 설계를 함에 있어서 누릴 수 있는 자유에는 뚜렷한 한계가 있다. 국가의 공동 목표 달성과 모순되는 인생 설계는 허용될 수 없으며, 공정한 사회로의 국가 발전을 위해서 요구되는 원칙 또는 규범이 허락하는 범위 안에서 각자의 인생을 설계할 자유가 있을 따름이다. 개인의 전 생애를 국가의 발전을 위해서 바칠 의무가 모든 국민에게 있다고 보기는 어려우나, 각자가 가진 힘의 일부를 할애하여 국가의 공동 목표 달성을 위해서 응분의 공헌을 해야 할 의무가 있다는 것은 명백한 사실이다.

만약 내가 공정한 사회로의 국가 발전을 위해서 요구되는 규범이 허락하는 범위 안에서 내 인생을 설계하고 또 그 설계에 충실한 생활을 한다면, 나는 국가의 공동 목표에 위배되는 파괴적 행위는 하지 않게 될 것이다. 다시 말해서, 파괴적으로 반사회적인 행위를 하지 않기 위해서는, 공정한 사회가 요구하는 규범을 어기지 않는 것만으로도 충분할 것이다. 그러나 그것만으로는 공정한 사회를 건설하는 일에 적극적으로 공헌하는 데까지는 이르지 못하는 수가 있다. 예컨대, 정직한 방법으로 돈을 벌어서 세금낼 것 모두 내고, 남에게 특별한 피해를 입히지 않는 범위 안에서 물질의 풍요를 즐기는 생활을 목표로 삼은 사람이 자기가 뜻한 바 대로 세상을 살았다면, 그는 국가의 공동 목표 달성 또는 공정한 사회의 건설에 각별히 위배되는 파괴적 행위는 한 바 없다고 볼 수 있을 것이다. 그러나 그것만으로 그가 국가의 공동 목표 달성 또는 공정한 사회의 건설을 위해서 적극적으로 공헌했다고 보기는 어렵다.

뿐만 아니라, 국민 모두가 돈을 많이 벌어서 물질의 풍요를 즐기는 것을 삶의 목표로 삼을 경우에, 공정한 사회가 요구하는 규범을 어기지 않고 모든 사람들이 그 목표를 달성하기는 현실적으로 어려울 것이다. 가령 한국 사람 모두가 좋은 집터에 호화로운 저택을 짓고 그 안에 피아노를 비롯한 여러 가지 제품과 가구를 갖추어 놓은 다음에, 운전기사와 가정부도 두고 아무런 불편 없이 쾌적하게 사는 것을 삶의 궁극적 목표로 삼았다고 가정하자. 실제로는 그러한 목표를 달성할 수 있는 사람은 전 인구의 일부밖에 안될 것이다. 운전기사와 가정부는 모두 외국에서 데려와야 한다는 어려운 문제를 거론하지 않는다 치더라도, 한국 사람이 누구나 그 정도로 부유하게 된다는 것은 현실의 여러 가지 여건에 기적적인 변화가 일어나지 않는 한 불가능한 일이다.

한국인 모두가 큰 부자가 되어 물질적 풍요을 누리는 것으로 삶의 목표로 삼는다면, 사회 경쟁이 매우 치열하게 되는 동시에 서로의 이해 관계가 정면으로 대립하게 될 것이며, 삶의 낙오자가 되지 않기 위해서 남을 쓰러뜨리는 이기적 행위가 불가피할 것이다. 따라서 국가의 공동 과제를 해결하고 공정한 사회를 건설하기 위해서 크게 단결하여 협동하기는 매우 어렵게 될 것이다.

국민 각자의 인생 설계를 성공적으로 수행하여 개인적 생활 목표를 달성할 수 있기 위해서는, 우선 사회의 질서가 유지되어야 하고 정치와 경제가 안정되어야 하며, 국가의 여러 제도와 기관이 각각 그 기능을 순조롭게 발휘해야 한다. 이와 같은 사회적 기반을 준비하기 위해서는 국민의 전반적 협동이 앞서야 하거니와, 앞에서 본 바와 같이, 국민 각자가 배타적 생활 목표를 추구하는 가운데 국가의 공동 목표를 위해서 협동할 여력을 갖지 못한다면, 필경 공동체의 파괴를 자초함으로써 개인의 생활 목표 달성을 위한 기반조차 잃는 결과가 되고 말 것이다.

3. 내면적 가치와 외면적 가치

오늘날 한국 사람들이 어떠한 인생 설계를 따라서 살고 있는지 일률적으로 묶어서 말하기는 어려울 것이다. 사람들의 생활 태도에 개인차가 많을 뿐 아니라, 이것이 내 인생 설계라고 자기의 내심을 공공연하게 표명하는 사람을 찾아보기도 어렵다. 그러나 주위 사람들의 생활 태도에 대한 일상적 관찰과 대중 매체와 그 밖의 문헌에 나타난 기록 등을 통하여, 현대 한국인의 생활 태도에 대체로 어떠한 경향이 있는가를 개략적으로 말할 수는 있을 것 같다.

8·15 이후 오늘에 이르기까지 국민 대다수의 생활 목표가 되어온 것은 재물과 지위 그리고 관능적 쾌락이었다고 말할 수 있을 것이다. 서구적 물질 문명의 수용, 전환기에 있어서의 사회적 혼란과 빈곤, 그리고 인간의 야생적 본능 등의 여건 속에서 우리는 영속적이며 내면적인 가치보다도 일시적이며 외면적인 가치로 쏠리는 경향으로 흘렀던 것으로 보인다.

재물과 지위 또는 권력 그리고 관능적 쾌락 등은 모두 경쟁성이 지나치게 강한 목표들이다. 한 국가가 보유하고 있는 재물과 높은 지위는 그 총량에 한도가 있고 그것들을 얻고자 하는 욕망에는 거의 한정이 없는 까닭에 이들 외면적 가치는 경쟁성이 강한 목표일 수밖에 없다. 관능적 쾌락은 그 자체가 반드시 경쟁성이 강한 목표라고 보기는 어려우나, 현대 사회에 있어서 관능적 쾌락을 누리기 위해서는 재물 또는 지위를 매개로 삼아야 하고, 재물과 지위에 강한 경쟁성이 딸려 있는 까닭에 결과적으로 관능적 쾌락도 강한 경쟁성을 띠게 되었다. 경쟁성이 지나치게 강한 가치를 사람들이 삶의 최고의 목표로 삼고 추구할 때, 경쟁에서 낙오자가 되지 않기 위해서는 애써 남을 물리쳐야 하며, 대립된 이해 관계 속에서 사람들의 생각과 행동은 자연 이기적일 수밖에 없게 된다. 그리고 배타적이며 이기적인 정신 풍토 속에서는 공동의 목표를 위해서 협동하고 단결하기가 매우 어렵다.

오늘의 한국이 당면한 크나큰 공동의 과제가 허다하며, 그 과제들을 제대로 수행하기 위해서는 우리 모두의 대국적 협동이 요청되고 있으나, 실제에 있어서 우리는 이 요청을 외면할 경우가 많다. 우리는 모두 자기 나름의 애국심을 가지고 있으며 한국이 자랑스러운 대국으로 발전하기를 염원하고 있음에도 불구하고, 이 공동목표의 달성을 위해서 필요한 협동적 노력은 인색하게 아끼고 있는 것이다. 이러한 모순된 태도의 원인을 우리는 여러 방면에서 찾을 수 있을 것이다. 그 가운데서 비중이 가장 큰 것으로서 한국인의 개인적 생활 목표가 지나치게 외면적 가치에 치중하고 있다는 사실을 지적할 수 있다고 보는 것이다.

우리 한국인 가운데 많은 사람들이 한국의 민주적 발전을 위해서 공헌함에 최고의 보람을 인정하는 따위의 인생 설계를 따라서 생활한다면, 우리들의 협동은 비교적 수월하게 이루어질 것이다. 개인의 목표를 공동체의 목표 속에 동화시키는 영웅적 내지 대아적(大我的) 인생 설계에까지는 이르지 못하더라도, 경쟁성이 강한 외면적 가치 대신에 배타성이 별로 없는 내면적 가치를 최고의 목표를 삼는 인생 설계만 따르게 된다면, 우리들의 협동은 순조롭게 이루어질 수 있을 것이다. 이를테면, 도덕적이고 교양있는 인격, 예술 또는 학문에 있어서의 창작적 활동, 저속한 집착을 초월한 신앙 생활, 서로 돕고 사랑하는 아름다운 인간 관계의 형성 등 내면적 가치의 실현을 가장 큰 보람으로 삼는 인생 설계를 따른다면, 악의의 경쟁에 휘말려서 서로 배척할 필요는 없게 될 것이며, 개인적 생활 목표의 달성을 위한 터전이 되는 국가의 공동 과제를 향하여 함께 힘을 나누는 일이 그토록 어렵지는 않을 것이다.

 필자가 '내면적 가치'라고 부르는 것 가운데는 흔히 말하는 '정신적 가치'에 속하는 목표들이 모두 포함된다. 알기 쉬운 '정신적 가치'라는 말을 쓰지 않는 것은 우리들의 건강과 생명 등의 인간적 가치를 '정신적 가치'라고 부르기가 어렵기 때문이며, '인간적 가치'라는 말을 쓰지 않는 이유는 필자가 외면적 가치의 대표적인 것으로 생각하는 관능적 쾌락이나 권력을 '비인간적'이라고 말하기가 어색하기 때문이다. 스포츠의 기량, 고상한 취미 생활, 공정한 사회 또는 정의로운 사회의 건설, 평화스러운 국제 관계의 수립 등 인간의 깊은 내면의 요구를 충족시켜 주는 가치들을 필자는 통틀어서 '내면적 가치'라는 말로 부르고자 한다.

 내면적 가치의 실현을 위한 노력의 과정에서도 경쟁이 따를 경우가 있다. 예컨대, 학문이나 예술의 세계에서 높은 경지에 오르자면 적합한 교육을 받아야 하고, 그 교육의 기회를 얻기 위해서는 경쟁의 관문을 통과해야 한다. 그러나 이 경우에 있어서의 경쟁은 재물이나 지위를 대상으로 삼는 경쟁과는 성질이 다르다. 첫째로, 특정한 교육 기관이 아니면 학문이나 예술을 할 수 없을 정도로 그 경쟁에서의 승패가 결정적인 것은 아니다. 둘째로, 학문과 예술 및 그 밖의 내면적 가치의 세계에 있어서는, 한 사람이 높은 경지에 오르게 되면 그와 이웃한 다른 사람들까지도 끌어올리는 파급 효과를 가져오는 경우가 많다. 한 사람의 탁월한 예술가나 학자 또는 사상가가 나타나면 같은 분야의 다른 사람들이 배타적 피해를 입기보다는, 그의 모범을 따름으로써 자기들의 수준 향상에 도움을 받는 경우가 많다.

 개인들이 인생을 설계함에 있어서 배타적 경쟁성이 별로 없는 내면적 가치를 최고의 목표로 삼는다면, 그리고 각자가 모두 자기의 소질과 그가 사는 사회의 일반적 여건을 깊이 고려해서 자신의 생활 목표를 선정하고 그 목표의 달성을 위해서 최선을 다한다면, 너 나 없이 돈이나 지위를 목표로 삼고 배타적 경쟁에 열중할 때와 같이, 많은 사람들이 뜻을 이루지 못하고 좌절하는 사태는 일어나지 않을 것이다. 세상 사람들이 하나 같이 재벌이 되거나 하나 같이 높은 지위에 오른다는 것은 원칙적으로 불가능한 일이나, 모든 사람들이 각각 타고난 소질을 개발하여 훌륭한 인물로 성장한다는 것은 원칙적으로 불가능하다고 볼 이유가 없는 인간적 이상이다. 그리고, 우리가 어떤 내면적 가치의 실현을 개인적 생활 목표로 삼을 때, 자애심(自愛心)의 세력에 밀려서 애국심이 한갓 관념 속에 갇힌 불발탄으로 그칠 수밖에 없는 사례도 크게 줄어들 것이다.

배타적 경쟁성이 약해서 사회적 협동을 용이하게 한다는 것만이 내면적 가치를 생활 목표의 으뜸으로 삼아야 한다는 이유의 전부는 아니다. 가치 그 자체로 보더라도 일반적으로 말해서 내면적 가치들의 서열이 외면적 가치의 그것보다도 높다고 보아야 한다는 사실이 내면적 가치를 생활 목표의 정상에 놓아야 한다고 주장하는 이유의 더욱 근본적인 것이다.

가치의 서열 또는 고저를 논하는 데는 이론적 난점이 있다. 가치의 고저나 대소를 객관적 사실로서 주장하고자 할 때는 가치의 세계가 주관을 초월한 실재의 세계라는 것을 먼저 입증해야 하는 어려움이 따른다. 한편 가치의 세계를 주관과의 관계에서 생기는 심리적 현상이라고 전제할 경우에는, 가치의 서열 또는 고저에 관한 논의도 결국 주관적인 주장 이상의 것이 될 수밖에 없지 않으냐는 반문에 대답하기가 어렵다. 그러나 이 어려운 문제를 여기서 본격적으로 다룰 계제는 아니다. 따라서 필자는 우리들의 양식과 합리적 사고를 기준으로 삼는 극히 상식적인 설명으로 만족할 수밖에 없다.

가치를 비교하는 기준으로서 첫째로 생각할 수 있는 것은, 가치의 지속성 내지 수명이다. 가치에는 수명이 오래 가는 것도 있고 그 반대의 것도 있다. 예컨대, 예술이나 학문 또는 사상과 같은 내면적 가치는 그 생명이 수천 년 이상 지속할 수가 있지만, 지위나 향락 따위의 외면적 가치는 아주 짧은 시간의 생명을 유지할 뿐이다. 일반적으로 말해서, 외면적 가치들이 누릴 수 있는 수명은 내면적 가치들의 그것보다 훨씬 짧다는 것은 우리 인간의 역사와 일상의 경험에 비추어 의심의 여지가 없는 사실이다. 그리고 다른 조건이 같다면, 생명이 더욱 오래 지속하는 가치가 그렇지 못한 가치보다 낫다고 보아야 할 것이다. 이에 우리는 가치의 지속성이라는 척도에 비추어 볼 때 내면적 가치가 외면적 가치보다 일반적으로 높은 위치를 차지한다는 결론을 얻게 된다.

가치 비교의 기준으로서 둘째로 생각할 수 있는 것은, 본래적 가치와 수단적 가치의 구별이다. 목적과 수단의 구별이 절대적인 것이냐 상대적인 것이냐에 대해서는 전문가들 사이에 이론이 있으나, 우리는 목적으로서의 성격이 강한 가치와 수단으로서의 성격이 강한 가치를 일단 나눌 수가 있다. 예컨대, 학용품이나 의약품은 수단으로서의 성격이 강하며 그 자체에 목적으로서의 성격은 거의 없다. 한편, 사람의 생명이나 인격은 다른 무엇을 위한 수단이기보다는 그 자체가 목적으로서의 성격이 강하다. 돈은 생활을 위한 방편이며 관직은 국민의 생활에 이바지하기 위해서 마련한 제도이다. 그러나 예술이나 종교는, 그것들이 수단으로서 활용될 경우도 없지 않으나, 단순히 무엇을 위한 수단이기 보다도, 그 자체가 목적으로서의 성격을 강하게 띠고 있다. 예술가에게는 예술이 생활의 으뜸이며, 종교가에게는 신앙 그 자체가 생활의 중심이다. 일반적으로 말해서, 외면적 가치들은 대개 다른 무엇을 위한 수단으로서의 성격이 강한 반면에, 내면적 가치들은 그 자체가 목적인 바 본래적 가치로서의 성격이 강하다. 그리고 A가 B를 위한 수단일 경우에 A보다 B의 가치를 높이 보는 것이 사리에 합당할 것이므로, 목적과 수단의 관계를 기준으로 삼을 경우에도 일반적으로 내면적 가치의 우위를 인정해야 한다는 결론에 이른다.

가치 비교의 기준으로서 셋째로 생각할 수 있는 것은, 비교의 대상이 된 가치가 얼마나 많은 사람들에게 얼마나 큰 혜택을 줄 수 있느냐 하는 점이다. 다른 조건이 같다면, 되도록 많은 사람들에게 큰 혜택을 줄 수 있는 가치가 그렇지 못한 가치보다 높은 가치라고 보아야 할 것이다. 그리고, 이 셋째 기준에 비추어 보더라도 우리는 역시 내면적 가치가 외면적 가치보다 상위에 와야 한다는 결론을 얻게 된다.

외면적 가치의 전형으로 볼 수 있는 재물은, 돈으로 환산함으로써 여러 사람이 나눌 수는 있으나, 그 분배에 참여하는 사람의 수가 늘수록 한 사람 한 사람에게 돌아오는 혜택은 반비례적으로 감소한다. 예컨대, 1000만 원에 해당하는 재물을 1000명이 고르게 나눌 경우에 한 사람이 받는 혜택은 그것을 10명이 고르게 나눌 경우의 100분의 1에 불과하다. 외면적 가치의 또 하나의 대표인 권력이나 지위는 소수의 인원만이 나눌 수가 있거나 전혀 나눌 수가 없는 것이 상례이다. 관능적 쾌락의 경우도 극히 제한된 숫자 이상의 인원이 나누어 갖기가 어렵다. 그러나 진리, 예술, 평화 등 내면적 가치는 많은 사람들이 나누어 가질 수 있을 뿐 아니라, 여러 사람들이 나누어도 각자에게 돌아가는 혜택이 여전히 크다. 예컨대, 탁월한 음악의 연주는 그것을 감상하는 청중에 수에 반비례해서 각자가 받는 혜택이 줄지 않으며, 위대한 사상 또는 진리를 담은 양서(良書)는 출판부수가 증대함에 따라서 각권의 가치가 줄어들지 않는다.

4. 맺음말

우리는 인간이 소중한 존재임을 믿으며, 모든 사람이 각자의 뜻을 이루고 보람찬 삶을 갖기를 희망한다. 그러나 인간은 사회적 존재인 까닭에 개인이 독립적으로 그의 뜻을 성취할 수는 없으며, 여러 사람들과 관계를 맺는 집단 생활을 통해서 각자의 목표를 추구하게 마련이다. 따라서, 개인이 그 뜻을 이루기 위해서는 그가 속해 있는 사회 내지 국가가 질서를 유지하고 건전한 발전을 지속해야 한다. 그리고 사회 내지 국가가 질서를 유지하고 건전한 발전을 지속하기 위해서는 그러한 공동 목표를 향한 협동적 노력이 있어야 한다. 결국 우리는 자기 개인의 생활 목표를 추구하는 한편 사회 내지 국가의 공동 목표를 위한 협동적 노력도 해야 한다.

한국의 현실은 국가의 공동 목표 달성을 위한 국민의 협동이 각별히 요구되고 있는 어려운 상황이다. 역사적 전환기에 처해서 해결해야 할 중대한 과제가 유난히 많은 것이다. 그러나 우리가 실제로 하고 있는 협동은 현실이 요구하고 있는 수준에 크게 못 미치고 있다.

우리들의 협동이 현실의 요청을 따르지 못한 사유 가운데 가장 큰 것의 하나는, 우리들의 개인적 생활 목표가 많은 경우에 외면적 가치를 정점으로 삼고 있다는 사실이라고 필자는 보았다. 배타적 경쟁성이 강한 외면적 가치를 으뜸으로 추구하는 까닭에 개인들의 이해 관계는 정면으로 대립하게 되고, 이해 관계의 대립은 이기적 행위를 조장하는 동시에 공동 목표를 위한 협동을 어렵게 한다. 뿐만아니라, 외면적 가치에 치중한 개인의 생활 목표는 국가나 사회의 공동 목표와 조화되기 어려운 성격을 가졌다. 국가의 공동 목표는 많은 경우에 내면적 가치의 계열에 속하기 때문이다.

가치론의 견지에서 볼 때, 외면적 가치의 계열보다는 내면적 가치의 계열에 우위를 인정해야 할 것이다. 가치의 지속성으로 보나, 목적과 수단의 관계로 보나, 또는 가치의 혜택으로 보나, 내면적 가치의 계열을 더욱 높이 평가하는 것이 사리에 합당하다. 더욱 높은 내면적 가치를 외면하고 그만 못한 외면적 가치를 목표로 잡는 것은 가치 체계의 전도(顚倒)에 해당한다. 외면적 가치에 치중하는 가치 체계의 전도의 어리석음을 범하는 가운데 우리는 국가의 공동 목표에 대한 협동도 외면하는 결과를 가져오는 것이다.

여기서 우리에게 요청되고 있는 것이 무엇인가는 명백하다. 내면적 가치를 우위(優位)에 놓는 방향으로 개개인의 생활 목표를 바로잡아야 할 것이다. 관념상으로만 내면적 가치의 우위를 표방하는 것이 아니라, 실천 생활에 있어서도 그 길을 선택한다면, 개인을 위해서나 국가를 위해서나 더욱 밝은 내일을 기대할 수 있을 것이다.

근대화의 과제와 한국인의 의식 구조

1. 머리말

제2차 세계대전의 종말을 계기로 주권을 회복한 동남아의 여러 나라들이 그랬듯이, 우리 한국도 서양의 선진국에 비하여 크게 뒤떨어진 상태에서 새로운 출발을 서둘러야 했다. 정치와 경제, 과학과 기술, 그리고 생활 양식 전반에 걸쳐서 뒤떨어진 우리의 상태에 대하여 '전근대적'이라는 형용사가 적용되었고, 따라서 '근대화'(modernization)는 불가불 우리들의 당연한 목표로서 의식하게 되었다. 우리도 하루 바삐 서양의 앞선 나라들의 발전을 본받아야 했고, 그렇게 하는 길이 다름 아닌 근대화의 길일 수밖에 없다고 느꼈다. 50년대 또는 60년대 초반의 우리 나라 지도층이 우리의 공동 목표를 '근대화'라는 이름으로 표현했을 때, 그것은 '서구화'(westernization)라는 말과 거의 같은 뜻을 담고 있었다.

그러나 '근대화'에 대한 명확하고 통일된 개념이 있었던 것은 아니며, 무엇을 어떻게 하겠다는 뚜렷한 구상은 더욱 없었다. 우선 그저 막연하게 떠오른 목표에 대하여 적당히 붙인 막연한 이름에 지나지 않았다. 특히 정치가들은 국민에게 설득력이 있음직한 언어를 직관적 판단에 따라서 구사하는 경향이 있거니와, '근대화'라는 말도 그러한 바탕에서 정치가들에 의해 더욱 활발하게 사용되었다.

'근대화'의 이념이 먼저 정립되고 그 이념의 실현을 위한 실천적 노력이 뒤따랐다기보다는, 시행 착오를 거듭해 가는 가운데 현실적으로 형성된 공동의 목표들이 있었고, 그 목표들을 한데 묶어서 '근대화'라는 이름으로 불렀다고 보는 편이 정확할 것이다.

그러므로 근대화의 개념이 우리의 국가 목표를 설정함에 있어서 결정적인 구실을 했다고 보기는 어렵고, 따라서 우리의 과거를 회고하고 미래를 전망하는 마당에서 우리가 반드시 '근대화'라는 말에 크게 구애될 필요는 없을 것이다. 다만 이제까지 우리가 추구해 왔으며, 앞으로도 마땅히 추구해야 할 국가 발전의 목표에 대하여 붙일 수 있는 가장 편리한 이름이라고 생각되는 까닭에, 우리는 이 근대화의 개념을 매개로 삼아 우리의 문제를 생각해 보고자 할 따름이다.

'근대화 20년'의 발자취를 반성으로 회고하고 앞으로 더욱 나은 발전의 길을 전망하고자 하는 우리는, (1) 우선 우리가 그동안 추구해 온 공동의 목표가 무엇이었던가를 살펴보아야 할 것이다. 그 다음에, (2) 우리는 그 공동 목표로 접근함에 있어서 어느 정도 실질적인 성과를 거두었는가를 냉철한 분석으로 평가해야 할 것이다. 그리고 끝으로, (3) 장차 더욱 충실한 발전을 성취하기 위하여 우리가 앞으로 어떻게 해야 할 것인가 하는 문제를 살펴보아야 할 것이다.

위의 세 가지 문제는 정치, 경제, 사회 등 여러 각도에서 여러 전문가들이 나누어 접근하는 것이 바람직할 것이다. 필자는 근대화 또는 발전의 문제를 전반적으로 고찰하되, 모든 분야의 사회 변혁에 있어서 공통된 요인으로 작용하는 국민의 의식 구조의 문제에 특히 역점을 두고자 한다.

우리의 첫째 문제는, "우리는 그동안 어떠한 국가의 건설을 공동의 목표로 삼아 왔는가?"라는 말로 표현할 수 있을 것이

나. 이 물음은 두 가지의 뜻으로 해석할 수가 있다. 첫째로, "우리는 그동안 어떠한 국가의 건설을 이상으로 삼아 왔는가?"라는 의미로 해석할 수도 있고, 둘째로, "우리는 그동안 어떠한 국가의 건설을 실천적으로 추구해 왔는가?"라는 뜻으로도 해석할 수 있을 것이다. 사상적 지도층을 위시하여 국민의 대다수가 마음 속으로 희구한 한국의 미래상과 집권층을 선두로 우리가 현실적으로 걸어 온 길 사이에는 상당한 거리가 있다. 따라서 우리는 이 두 측면을 구별해서 고찰할 필요가 있을 것이다.

이상적 한국의 미래상에 대하여 모든 국민이 똑같은 생각을 품어왔다고 보기는 어려우며, 해방 후 30여 년 동안에 국가와 사회를 보는 사람들의 견해에도 발전 내지 변화가 있었다고 보아야 할 것이다. 그러나 한국인의 대다수가 근래 대체로 어떠한 국가 발전을 염원했는가, 즉 우리 한국이 장차 어떠한 나라로 건설되기를 희망했는가를 대략 알아볼 수는 있을 것이다. 우리는 그것을 그 동안에 나온 여러 문헌을 통해서도 알아볼 수 있을 것이며, 정부가 표방한 기본 정책 또는 선거 연설 등에서 발표된 정치가들의 포부를 통해서도 알아볼 수 있을 것이다.

특히 정부 고위층의 국정에 대한 공약, 그리고 여야 입후보자들의 선거 공약은 국민의 대다수가 염원하는 국가의 미래상과 밀접한 관계가 있는 것으로 볼 수 있을 것이다.

정치가들은 무엇보다도 국민의 지지를 받아야 하고, 국민의 폭넓은 지지를 받기 위해서는 국민이 원하는 나라를 건설함에 원칙적으로 노력할 듯한 기세를 보여야 한다. 따라서 그들은 실제로 그 약속을 지키지는 못하더라도 우선 국민 대다수의 마음에 드는 말을 할 필요가 있다. 정치가들의 발언은 국민 여론의 민감한 반영이라고 보아서 틀림이 없을 것이다.

2. 근대화의 과제

해방을 계기로 미국을 비롯한 선진국과의 교류가 빈번하게 되었을 때, 우리는 한국이 경제적으로 너무나 뒤떨어져 있다는 사실을 새삼 발견하고 큰 충격을 받았다. 풍요롭게 살고 싶은 것은 인간의 일반적인 소망이거니와, 비교가 안될 정도로 남의 나라들이 잘 살고 있다는 사실을 눈으로 보았을 때, 우리도 가난을 면해야 하겠다는 생각이 더욱 강하게 일었다. 거기에 산업 사회의 물질 만능적 가치관까지 합세하여 경제적 풍요에 대한 욕구는 국민 전체의 공통된 소망이 되었고, 정부와 여야의 정치인들도 이 소망의 달성을 위하여 최선을 다하겠노라고 약속하였다.

현저한 경제 성장을 이룩하여 가난하지 않은 나라가 되는 것은 그동안 우리들의 끊임 없는 소원이었고, 또 어느 정도의 생활 수준을 보장할 수 있을 정도의 경제 성장은 '근대화'의 기본적인 기준의 하나이기도 하다. 그리고 60년대 이래 정부가 가장 큰 역점을 둔 것도 고도의 경제 성장을 달성하고자 하는 정책이었다.

고도의 경제 성장을 달성하여 전체 국민 소득이 높아지는 것만으로 만족스럽다고 생각하기는 어렵다. 전체 국민 소득을 올리는 것도 중요하지만, 그 소득을 공정하게 분배하는 것도 그에 못지 않게 중요하다는 것이 현대인의 통념이요 상식이다. 한국의 경우에 있어서도 공정한 분배로써 빈부의 격차를 좁혀야 한다는 것이 일반의 여론이었고, 정부도 사회 발전이 균형을 잃지 않도록 정책적 고려를 게을리 하지 않을 뜻을 꾸준히 표명해 왔다. 사회 보장에 관한 논의가 종종 대중 매체의 화제가 되었고, 근래에는 '복지 국가의 건설'이 국가 발전의 기본이 목표의 하나로서 표면에 나타나기에 이르렀다.

경제의 발전과 발을 맞추어 정치에 있어서도 발전이 있어야 한다는 것이 국민의 한결같은 여망이었고, 정부도 이 당연한 여망을 존중할 뜻을 거듭 공언한 바 있다. 여기서 말하는 '정치발전'의 방향이 민주주의의 그것이 되는 것은 의심의 여지가 없다. 실로 '민주주의'는 대한민국의 정부가 수립된 이래 움직일 수 없는 우리들의 지표였으며, 아무도 이를 공공연하게 부정할 수 없는 기본 노선이었다.

우리가 민주주의의 실현을 공동의 목표로 삼아왔을 때, 우리는 정치에 있어서 뿐 아니라, 사회 생활 전반에 걸쳐서 민주주의적 인간 관계가 실현되기를 염원했던 것이다. 우리는 직장과 가정을 포함한 사회 생활의 모든 영역에 있어서 사람들의 인격과 권익이 평등하게 존중되는 공정한 사회 즉, 민주 사회의 실현을 위하여 함께 노력할 것을 암암리에 다짐해 왔다 해도 과언이 아니다.

학문과 예술 그리고 오락 등 문화적 가치의 혜택이 모든 국민에게 고루 미치는 것도 민주 사회의 당연한 요청이다. 전근대적 사회에 있어서 일부 특권층만이 향유했던 문화의 혜택을 온 국민이 고르게 누리는 좋은 의미의 '대중문화'의 시대를 여는 것도 우리들 공동의 목표였다. 과학과 기술 그리고 예술 따위의 상층 문화도, 일부 전문가들만의 힘으로 이루어지는 것이 아니라, 피라밋의 기층처럼 아래서 떠받치는 국민 전체의 힘이 있기에 결실을 볼 수 있는 것이다. 따라서 그 성과의 혜택은 마땅히 국민 모두가 함께 나누어야 한다는 것이 오늘날 우리들의 상식이다.

문화적 혜택을 온 국민이 고르게 나누는 일도 중요하지만 그에 못지 않게 또 한가지 중요한 것은, 우리 문화 그 자체의 질과 양을 높이는 일이다. 8·15 이후에 급격히 밀려 들어온 서양 문화의 물결은 우리의 전통 문화에 획기적인 충격을 가하여 문화적 혼란을 초래하였다. 그리고 "국민 모두가 함께 참여한다"는 명분을 앞세워 대중 문화가 대중에 영합하는 상인 근성과 결탁할 때, 우리의 문화는 저속한 그것으로 타락할 가능성이 크다. 여기서 우리는 (1) 질적으로 크게 다른 전통 문화와 외래 문화의 충돌에서 오는 혼란을 어떻게 자주적으로 수습하느냐 하는 문제와, (2) 어떻게 하면 저속하지 않고 수준 높은 대중 문화를 개발할 수 있느냐 하는 문제를 동시에 안게 되었다. 이 두 가지 문제를 슬기롭게 해결하는 일도, 근대화의 일환으로서 우리가 해결해야 할 중요한 공동 과제의 하나이다.

경제적 성장과 공정한 분배를 달성함에 있어서나, 민주주의적 인간 관계를 실현함에 있어서나, 또는 수준 높은 대중 문화를 이룩함에 있어서나, 성패의 관건은 바로 우리 자신에게 달려 있다. 그러므로 바람직한 국가 발전을 성공적으로 가져 오기 위해서는 그 국가 발전에 적합한 인간을 길러내야 한다. 다시 말해서, 성공적인 근대화 또는 참된 민주사회를 실현하기 위해서는 근대화 또는 민주 사회의 건설을 위한 일꾼으로서 적합한 가치관과 능력을 갖추도록 국민을 길러 내야 한다. 바람직한 국가 발전을 위한 수단으로서 그에 적합한 국민을 양성해야 한다기보다도, 실은 민주주의적 인간상을 실현하는 일 그 자체가 우리들의 공동 목표의 핵심이라고 보아야 할 것이다.

그 동안 우리 나라는 국민 교육에 대하여 실제로 상당히 많은 관심을 기울여왔다. 올바른 민주 시민 교육에 있어서 과연 어느 정도의 실효를 거두었느냐 하는 것은 별개의 문제이나, 역대의 문교 당국이 국민 교육 특히 도덕 교육 내지 국민윤리 교육에 각별한 관심을 기울인 것은 주지의 사실이다. 어쨌든 새 시대가 요청하는 새 인간상을 정립하고 실현하는 일은 모든 전환기에 있어서 일반적인 과제라 하겠으며, 우리 나라의 경우도 이 과제에 대하여 어느 정도의 문제 의식은 지녀왔다고 볼 수 있을 것이다.

이상에 고찰한 바를 정리하면, 우리는 우리 한국이 공동의 목표로서 그 동안 명시적으로 또는 암암리에 추구해 온 중요한 과제들을 다음 몇 가지로 요약할 수 있을 것이다.

1. 상당한 수준의 생활 안정을 온 국민에게 보장할 수 있을 정도의 높은 경제 성장.
2. 공정한 원칙을 따르는 분배와 균형된 사회 발전.
3. 참된 민주주의의 원리가 지배하는 정치의 실현 및 직장과 가정을 포함한 사회 생활의 모든 영역에서 사람들의 인격과 권익이 평등하게 존중되는 공정한 사회, 즉 민주사회의 실현.
4. 모든 국민이 고루 즐길 수 있으되 저속하지 않은 대중 문화의 개발, 그리고 전통 문화와 외래 문화의 충돌에서 오는 혼란을 극복한 새로운 차원의 민족 문화의 창달.
5. 올바른 국민 교육을 통한 민주주의적 인간상의 실현 즉, 새 시대의 이상과 조화를 이루는 새로운 가치 체계의 구현.

이상 다섯 가지의 목표는 우리들이 이해하는 '근대화'의 이념과도 대체로 일치하는 것들이다. 다시 말하면, 우리가 지향하는 근대화의 실질적인 내용들로서도 별로 손색이 없는 것들이다. 따라서, 우리가 다행히 위에 열거한 다섯 가지 목표를 달성하게 된다면, 우리는 '근대화' 운동이 성공했다고 말해도 좋을 것이다.

우리들에게는 '근대화'의 개념으로는 설명하기 어려운 또 하나의 공동 목표가 있다. 다름아닌 국토 통일의 민족적 과제이다.

국토와 민족의 통일은 우리들의 가장 절실한 염원이요 한국인이라면 아무도 외면할 수 없는 중대한 과제이다. 그러나 이 과제는 근대화의 일환으로서 다룰 성질의 것이 아니라, 각도를 달리해서 따로 다루어야 할 막중한 문제이다. 앞에서 열거한 다섯 가지 목표가 순조롭게 달성되면, 그것이 평화적 통일을 위한 강력한 토대가 된다는 뜻에서, 근대화의 과제와 국토 통일의 과제는 불가분의 관계에 있다고 보아야 할 것이다. 그러나 시간과 지면의 제한을 받고 있는 이 소론에서는 근대화의 문제에만 범위를 국한하고, 국토 통일의 문제는 그 방면의 전문가들이 다룰 별도의 문제로서 남겨 두는 것이 좋을 것으로 보인다.

3. 실적과 남은 문제들

어떤 목표를 세우거나 세운 목표를 표방하는 것은 그리 어려운 일이 아니다. 그러나 목표를 세우거나 표방하기만 하고 실제로 그 목표 달성에 어느 정도 성공하지 못한다면, 별로 의미가 없다. 우리에게 더욱 중요한 것은 현실적으로 목표를 달성하는 일이며, 그리고 이 어려운 일을 위해서 최선을 다하는 것은 그 목표를 세운 사람들의 책임이다. 앞에서 우리는 한국이 그 동안 근대화를 지향하면서 추구하거나 또는 표방해 온 공동의 목표를 다섯가지 항목으로 나누어서 정리해 보았거니와, 이제 그 목표로 접근함에 있어서 실제로 어느 정도 성공했는가를 살펴보아야 한다. 우리는 우리의 공동 목표의 달성을 위해서 앞으로 최선을 다해야 하며, 그렇게 하기 위해서는 이제까지의 실천을 반성적으로 분석해 볼 필요가 있기 때문이다.

첫째로, 경제 성장의 과제는 지난 20년 동안 한국의 정부와 민간이 가장 역점을 두고 노력한 목표이며, 근대화의 노력에 있어서 우리가 비교적 성공을 거두었다고 자부하는 것도 바로 이 분야에 있어서다. 지난 10년 내지 20년 동안에 우리 한국이 이룩한 높은 경제 성장은 정부가 발표한 통계 숫자를 떠나서도 피부로 느낄 수 있을 정도로 현저한 것이었다. 국민 총

생산, 공산품의 제조, 무역, 교통, 통신망, 농업 기계화, 인력의 해외 진출, 관광 시설과 그 수입 등 여러 분야에 있어서, 20년 전의 한국과 오늘의 한국은 그 면모가 전혀 다르다. 부존자원의 빈약이라는 어려운 여건 속에서 이 정도의 높은 성장을 기록했다는 것은, 한국인의 놀라운 힘을 과시한 것으로 평가되어도 좋을 것이다.

그러나 한국 경제가 근래에 눈부신 발전을 이룩한 것은 사실이나, 그 이면에 많은 문제점을 숨기고 있다는 것도 부인하기 어려운 실정이다. 문외한의 상식만으로 지적할 수 있는 문제점만 하더라도, 그칠 줄 모르고 높이 올라가는 물가, 자본과 원자재 그리고 기술의 높은 해외 의존도, 국제 수지의 적자, 경제 성장을 앞지르는 소비 수준의 향상, 기업체의 허약한 재무 구조, 대기업과 중소기업의 지나친 격차, 비현실적 공금리 수준과 높은 사금리에서 오는 금융의 불안정, 공정 거래의 질서를 파괴하는 악덕 상인의 발호 등이 있다. 이 가운데는 자본과 원자재의 해외 의존과 같이 부득이한 것도 없지 않으나, 분에 넘치는 소비 성향 또는 악덕 상인에 의한 거래 질서의 문란 등 사람의 잘못에서 오는 문제점도 많다는 점을 명심해야 할 것이다.

우리의 둘째 과제는 '공정한 원칙을 따르는 분배와 균형된 사회발전'이었다. 이 과제의 달성을 위해서도 일부에서는 다소의 노력을 기울였고, 따라서 어느 정도 성과를 거두었다고 볼 수 있을 것이다. 그러나 이 과제를 달성함에 있어시 전빈적으로 만족스러운 경지에 이르렀다고 보기는 어려우며, 공정한 분배와 관련된 여러 가지 사회 문제가 해결을 요망하는 중요한 과제로서 많이 남아 있음을 인정하지 않을 수 없다.

우리 사회는 아직도 빈부의 차이가 너무 크다. 인간 사회에 있어서 빈부의 차이를 완전히 없앤다는 것은 현실을 무시한 공상에 불과할 것이다. 그러나, 이성이 납득할 수 있는 수준까지 빈부의 격차를 좁히도록 슬기로운 대책을 강구하는 것은 우리 모두의 책임이다. 그런데 우리의 현실은 '부익부 빈익빈'이라는 불평이 입길에 오르도록 많은 문제점을 남기고 있다.

　자유주의 경제 체제를 전제로 삼고 있는 우리 한국의 객관적 여건에 비추어 볼 때, 우리의 현단계는 아직 분배의 문제에 주력할 처지가 아니라는 지적이 있다. 경제의 고도 성장을 위해서는 생산성의 향상이 요청되며 생산성의 향상을 위해서는 대단위의 기업이 유리하다는 실정, 그리고 저임금 제도를 제외하고는 수출 상품의 국제 경쟁력에 있어서 유리한 조건을 별로 갖지 못한 한국 경제의 현단계 등의 불리한 여건은, 분배에 관한 우리의 문제를 매우 난처하게 만들고 있다는 주장이다.

　그러나 우리는 우리들의 불리한 여건을 어떤 불공정한 처사를 정당화하는 구실로 악용해서는 안 될 것이다. 상품의 국제 경쟁력을 높이고 또 만성적 인플레를 극복하기 위해서 당분간 참고 견디어야 할 실정이라면, 우리는 마땅히 임금의 인상을 자제해야 할 것이다. 다만 이 경우에 우리가 명심해야 할 것은 참고 견디는 내핍 생활의 괴로움을 온 국민이 함께 나누어야 한다는 사실이다.

　일반 서민층에게는 내핍 생활을 강요하고 자기네만은 호화로운 생활을 계속하는 특권층이 있다면 불평과 불만을 갖는 사람들이 생길 것이다. 기본 봉급의 인상은 억제해 놓고 고위직의 판공비를 대폭 인상함으로써 실질적으로는 상후 하박의 차별 대우가 있을 때 하위직은 불평과 불만을 금하기 어려울 것이다.

　에너지를 절약해야 한다고 높은 목소리로 외친 사람들이 기름의 소모량이 큰 고급 승용차로 바꾸어 타고 다니는 사례가 있을 때도 국민은 납득하기 어려울 것이다. 인건비의 절약으로 얻게 된 이윤은 전액을 생산에 재투자해야 마땅하거니와,

'기업은 망해도 기업가는 망하지 않는' 현상이 있다면, 이도 역시 국민의 위화감을 조장할 것이다. 국민이 낸 귀중한 세금이 간혹 불요 불급한 일로 낭비되는 사례가 있을 때도 납세자들은 저항을 느낄 것이다.

우리들의 세 번째 과제는 정치를 비롯한 모든 생활 영역에 있어서 사람들의 인격과 권익이 평등하게 존중되는 민주 사회의 실현이었다. '민주주의'니 '민주 사회'니 하는 말은 그 뜻이 모호하므로, 우리 한국이 민주 사회의 실현이라는 과제를 달성함에 있어서 어느 정도 성공했느냐 하는 물음에 대한 대답도 사람에 따라서 다를 수 있을 것이다. 특히 우리의 경우는 국토의 분단에서 오는 어려운 사정과 관련하여 '한국의 특수 사정에 맞는 고유한 민주주의'를 역설하는 견해도 있어서 이 문제를 더욱 복잡하게 만들고 있다.

보는 사람에 따라서 견해의 차이는 있겠으나, 8·15 직후와 오늘을 비교할 때, 한국의 민주주의에도 어느 정도의 진전은 있었다고 보아야 할 것으로 생각된다. 특히 개인의 권리 의식이 높아졌다는 점에 있어서, 그리고 비민주적인 처사에 대한 비판적 안목이 높아졌다는 점에 있어서, 우리는 그 동안에 괄목할 만한 변화를 가져왔다고 말할 수 있을 것이다. 우리의 현실을 좀 비관적으로 평가하는 사람이라 할지라도, 오늘의 한국인이 가지고 있는 민주적 역량이 전체적인 면에서 볼 때 30년 전만 못하다고 말하기는 어려울 것이다.

그러나 진정한 민주 사회의 건설은 매우 원대한 목표의 하나이며, 오늘날 세계의 어느 나라도 만족스러운 민주주의를 실현했다고 단언하기는 어려울 정도로 요원한 과제이다. 더욱이 한국의 경우와 같이 어려운 여건을 안고 출발한 나라가 불과 30여 년 동안에 명실 상부한 민주주의의 실현을 기대했다면, 도리어 성급한 욕심에 가까울 것이다. 사실 한국의 민주주의는 앞으로 많은 과제를 안고 있다고 보아야 할 것이다.

아직도 한국에는 관존 민비의 잔재가 남아 있고 관료주의의 근성을 버리지 못한 사람들이 적지 않다. 입으로는 '국민의 공복'이니 '대민봉사'니 하는 따위의 기특한 언어를 구사하지만, 실천 행동에 있어서는 국민 위에 군림하는 관리들이 있다. 일반적으로 말해서, 사사 건건 직위에 따라서 사람 대접을 달리하는 경향이 있으며, 또 그 차별 대우의 정도가 너무 지나치다. 무릇 민주주의의 기본 정신은 모든 사람들의 인격을 동등하게 대접하는 데 있음에도 불구하고, 우리의 인간 관계에는 아직도 수직적 색채가 완연하다.

한국의 현실이 민주 사회의 목표에 멀리 미치지 못하고 있다는 것은 남녀의 차별 대우에서도 쉽게 찾아 볼 수 있다. 관념상으로는 남녀가 동등한 것으로 되어 있지만, 현실에 있어서는 여자들이 불리한 대우를 받는 경우가 적지 않은 것이 우리나라의 실정이다. 남존 여비의 관념이 공공연하게 지배했던 해방 이전과 비교한다면 오늘의 한국은 여권 신장에 있어서 현저한 발전을 했음에 틀림이 없다. 그러나 아직도 고쳐야 할 불합리한 점이 많이 남아 있는 것이다.

민주 사회란 본질에 있어서 이성이 지배하는 사회라고 볼 수 있을 것이다. 이해 관계의 대립 또는 견해의 충돌에서 오는 사회적 갈등을 해결함에 있어서, 이성적 방법에 의존하느냐 또는 폭력의 동원에 의존하느냐에 따라서, 민주 사회냐 아니냐가 결정된다 하여도 과언이 아니라고 생각된다.

물론 오로지 이성적 방법에만 의존하는 사회는 아직 지구 위에서 찾아 보기 어려울 것이다. 그러나 민주주의의 실현에 앞섰다고 인정되는 서양의 여러 나라들과 우리 나라를 비교할 때, 그 사이에 상당한 정도의 차이가 있음을 자인하게 된다. 격정과 폭력에 눌려서 이성이 제구실을 못하는 사태가 우리 나라에 훨씬 많은 것으로 느껴져 이 점이 새삼 뉘우쳐지는 것이다.

우리들의 네번째 과제는 저속하지 않은 대중 문화를 개발하는 동시에, 전통 문화와 외래 문화의 충돌에서 오는 혼란을 극복하여 한 차원 높은 민족 문화를 창건하는 일이었다. 이 과제에 있어서도 우리는 부분적인 성공은 거두었으나, 아주 만족스러운 경지에 이르기까지에는 먼 거리가 남아 있다고 보아야 할 것이다.

우선 대중 문화의 현황을 살펴 보건대 문화의 혜택에 참여하는 인구가 크게 늘었다는 점에서는 일단 성공했으나 질적으로 낮지 않은 대중 문화를 보급하고자 했던 희망은 충족되지 못한 것으로 생각된다. 신문과 잡지의 발행 부수가 크게 늘었으며, 텔레비젼 수상기가 방방곡곡에 보급되었다. 대중 가요는 방송과 음반 또는 녹음 테이프 등에 실려 남녀 노소를 위한 일상 생활의 반려가 되고 있다.

그러나 이 대중 문화의 질적 수준을 높이고자 하는 우리들의 목표는 오직 부분적인 성공을 거두었을 뿐이다. 연극과 고전음악 또는 양서(良書) 등을 즐기는 인구는 극히 서서히 증대할 뿐이며, 대중의 여가를 대부분 흡수하는 대중 잡지, 영화, 텔레비젼의 오락프로 그리고 대중 가요 등에 있어서는 저속한 것들이 주종을 이루고 있는 실정이다.

다음에, 전통 문화의 정수를 계승하고 외래 문화를 자주적으로 소화함으로써 차원 높은 민족 문화를 창조하고자 하는 목표는 본래 오랜 시일을 요구하는 요원한 과제이며, 아직 성급한 판단을 내리기에는 시기가 이르다는 느낌이 든다.

다만 우리의 전통 문화와 서양의 외래 문화를 대하는 올바른 태도가 무엇이냐에 관해서, 여론을 주도하는 확고한 중심 세력으로서 편견 없는 식견이 정착해야 할 때는 된 것으로 보인다. 그러나 우리는 이 단계에도 아직 이르지 못한 아쉬움이 있다.

지금 한국에는 전통 문화와 외래 문화의 만남을 놓고 크게 두 가지 견해의 대립이 있다. 1945년에 미군이 진주하고 이어서 미군정이 실시되었을 때, 우리는 미국인을 '해방자'라고 찬양했고, 사교춤과 츄잉 껌을 포함한 미국의 문물을 무분별하게 흡수했다. 영어를 지껄이는 통역 출신들이 벼락 출세를 했고, 양담배가 행세를 위한 필수품으로서 환영을 받았다.

이와 같은 경박한 풍조가 일본의 침략으로 이미 큰 상처를 입고 있던 우리 문화에 미치는 폐단은 결코 가벼울 수가 없었다. 오랜 미풍 양속이 파괴되고, 언어 생활마저 난맥상을 나타냈다. 이러한 사태에 대한 반작용으로서 전통 문화의 회복을 역설하는 소리가 높게 일어난 것은 당연한 추세였다.

그리고 반작용의 심리를 따라서, 전통 문화에 애착하는 태도 역시 정도가 지나치기 쉬웠다. 그 뒤에 세월이 흐르는 가운데 양극으로 맞섰던 태도는 크게 누그러졌으나, 아직도 그 여운이 상당한 세력으로 남아 있다.

지금 미국 또는 서양의 것이라면 무엇이든 맹목적으로 받아들여야 한다고 주장하는 사람은 적다. 전통만을 숭상하고 외래의 문물은 철두철미 배척해야 한다고 공언하는 사람도 별로 없다. 전통 문화 가운데서도 정수만을 계승하고 외래문화 가운데서도 좋은 점만을 선택적으로 수용함으로써, '새문화'를 창조해야 한다는 것이 일반의 여론이다.

그러나 이러한 견해의 일치는 아직 형식적이며 외면적인 단계를 벗어나지 못하고 있다. 첫째로, 전통 문화의 정수와 외래문화의 장점을 살리자고 주장하는 사람들도 그 정수와 장점을 가려내는 기준에 관해서 설득력 있는 원리를 제시하지 못하고 있다. 그리고 둘째로, 말로는 옛것과 새것의 좋은 점을 모두 살리자고 주장하면서, 마음 속으로는 그 가운데 하나에만 애착하는 편견이 아직도 많이 남아 있다. 이러한 실정이므로 겉으로 보기에는 새 문화 창조를 위한 원칙이 서 있는 듯한 느낌을 주기도 하나, 실질적으로는 아직 모색 단계에 있다고 보아야 할 것이다.

 우리들의 다섯 번째 공동 목표는, 새 시대의 이상과 조화를 이루는 새로운 가치관의 정립, 즉 민주적 인간상을 실현하는 일이었다. 국민 교육의 문제와도 관련되는 이 과제는 앞에서 살펴본 네 가지의 과제와 구별되는 또 하나의 목표라기보다는, 이상의 네 가지 과제의 달성을 위한 원동력의 구실을 해야 할 주체로서의 인간 자신의 개조에 관한 문제이다. 이 다섯 번째 과제의 달성이 다른 네 가지 과제의 달성을 위한 근본이라는 뜻에서, 즉 이 다섯 번째 과제의 성공 여부가 다른 네 가지 과제의 달성 여부를 크게 좌우한다는 뜻에서, 이 과제는 더욱 근본적인 것이다. 더욱 근본적인 이 인간상의 문제에 좀더 큰 비중을 두기 위하여, 다음에 절을 바꾸어 이 문제를 고찰하기로 한다.

4. 의식 구조 혁신의 허실

 한국의 최근세사는 한국인의 공동체 의식을 파괴하는 결과를 가져왔다. 강한 공동체 의식이 형성되기 위해서는, 첫째로 개인들이 소속감을 느끼는 공동체가 실제로 있어야 하고, 둘째로 그 공동체의 혜택을 성원들이 피부로 느낄 수 있어야 한다.

 그런데 한국의 최근세사는 이 두 가지 조건을 갖추지 못했던 것이다. 구한말에는 국가 공동체는 있었으나, 국민이 그 혜택을 느낄 수 있을 정도의 실력을 가진 국가가 아니었고, 일제의 통치 하에서는 그나마의 공동체조차 말살되었었다.

 가족이라는 작은 공동체가 살아 있었고, 민족이라는 공동체도 그대로 있었다. 그러나 가족주의적 공동체 의식은 현대의 민주 국가의 건설을 위해서는 그 사고 방식이 너무 협소하다. 그리고 민족에 대한 공동체 의식은 타민족과 대결하는 상황에서는 협동의 원동력이 될 수 있으나, 같은 민족 내부의 갈등을 해소하는 데는 거의 무력하다.

결국 제2차 세계 대전이 끝나고 독립국으로서 새 출발을 시작하게 되었을 때, 우리에게는 새나라의 건설을 위해서 매우 중요한 조건의 하나인 공동체 의식이 너무나 미약했다.

경찰과 군대를 앞세운 힘의 탄압으로 일관한 일본의 식민지 통치도 우리 민족성에 나쁜 영향을 남겼다. 강자의 눈치를 살피며 총칼의 위협 앞에 복종을 가장하는 전근대적 처세술이 습성화한 반면에 민주 사회의 기본적 미덕의 하나인 자율적 협동의 정신은 자연히 약화될 수밖에 없었다. 일본의 세력이 후퇴하고 8.15 해방을 맞이했을 때, 하나의 반동 심리로 남녀노소가 모두 '자유'를 외쳤거니와, 아무도 그 '자유'에 대한 책임을 느끼려 들지 않았다.

자유에 대한 권리의 주장과 불가분의 관계를 가지고 개인주의적 사고 방식이 밀려 들어왔다. 본래 '개인주의'란 모든 개인의 권익을 한결같이 존중해야 한다는 주장으로서 이기주의와는 크게 다른 사상이지만, 한국 사람들의 경우는 남의 권익은 등한시하고 오로지 자기의 이익만을 지나치게 추구하는 것이었으므로 오히려 이기주의에 가까운 사고방식으로 흘렀다. 남의 권익을 존중하는 도덕적 의지와 결합된 개인주의만이 민주주의의 실현을 가능케 하는 것인데, 우리들의 경우는 공동체 의식도 약하고 남의 권익을 존중하는 공정심도 결여했던 까닭에, 매우 허약한 의식 구조로서 새나라 건설에 임하는 처지가 되었다.

국가의 주권이 회복되있을 당시, 우리 나라의 경제 사정은 극히 빈약하였다. 일본의 상품 시장으로서 반세기 가까이 묶여 있는 동안에 공업의 발달은 불모지의 상태를 면하지 못했고, 따라서 민족 자본의 축적이 거의 없는 상태에서 자본주의 체제를 도입한 형편이 되었다. 일상 용품 하나 제대로 만들어 내지 못하는 전근대적인 농업국으로서, 식량마저 미국의 원조에 크게 의존하는 가난한 나라였다.

따라서 민생 문제가 심각한 가운데 사람들은 생존을 위하여 우선 물질에 애착하지 않을 수 없었다. 물론 빈곤에서 유래하는 물질에의 애착은 해방 전에도 일반적 현상이었으나, 옛날에는 전통 사회의 미풍 양속 덕분으로 그 폐단이 심할 정도는 아니었다. 그러나 일본인의 총과 칼에 의존하였던 힘의 질서가 무너지면서 과도기적 혼란을 맞이하게 되었고, 생존을 위한 사회 경쟁이 도덕적 무정부 상태를 초래하였다.

불행한 상태는 6·25 전란에 의하여 더욱 조장되었다. 전쟁이란 본래 도덕 관념을 파괴하게 마련이거니와, 내일을 알 수 없는 불안한 생활 속에서, 오늘의 찰나를 즐기고 보자는 향락주의가 고개를 들었다. 일부 특권층 사이에 사치와 낭비의 풍조가 일어났고, 서구 산업사회의 물질주의의 바람마저 가세하여 금전만능의 위태로운 가치관이 뿌리를 내렸다.

금력은 권력과 밀접한 관계를 가졌다. 관존 민비의 전통이 오랜 한국에는 옛날부터 권력 지향의 경향이 강하거니와, 이 권력 지향과 저 금력 추구의 두 경향은 자연히 결합하게 되었고, 이 결합은 우리 의식 구조의 근간을 이루면서 한국인의 행동양식을 크게 좌우하였다. 권력 또는 금력에 접근하는 것이 삶의 궁극적 목적으로 생각되었고, 이 경쟁성 강한 목표의 달성을 위해서는 수단과 방법을 가릴 여유가 없는 세태를 초래하였다. 그리고 이러한 가치 풍토는 앞에서 다섯 가지로 요약했던 우리들의 공동 목표를 달성함에 있어서 결정적 저해 요인으로 작용했다고 판단되는 것이다.

'근대화'로 요약되는 우리들의 공동 목표 달성을 저해한 또 한 가지 심리적 요인은, 이지보다도 감정이 우세한 한국인의 기질이었다. 다정다감한 한국인의 기질은 인정에 바탕을 둔 미풍 양속을 낳기도 하고, 수준 높은 예술적 감각으로 발전하기도 하는 등 좋은 점을 많이 가지고 있다.

  그러나 이 기질은 아직 냉철한 지성과의 결합을 통한 높은 경지에 이르지는 못한 상태여서 합리적 협동이 요청되는 여러 상황에 있어서 대국적인 목표에 역행하는 행위의 요인으로 작용하곤 하였다.

  현대 사회는 매우 복잡한 구조를 가지고 있으며, 개인 또는 집단 사이의 이해 관계도 매우 복잡하게 얽혀 있다. 복잡한 사회 구조와 이해 대립은 여러 가지 사회 문제와 의견 대립을 초래하거니와, 이 여러가지 문제와 갈등을 해결함에 있어서 가장 바람직한 길은 사리(事理)를 따라서 합리적인 방안을 강구하는 일이다.

  그리고 어려운 내외의 여건 속에서 생산을 높이고 소비를 줄임으로써 경제의 성장과 안정을 이룩하기 위해서도 생활의 모든 측면에 있어서 고도의 합리적 정신이 요청된다. 주먹구구나 감정만으로는 해결되기 어려운 너무나 많은 문제들이 끊임없이 우리 앞에 나타나는 것이다. 그런데 감정적 기질이 우세하여 냉철한 판단을 가로막기 쉬운 우리들의 사고 방식은 오늘의 상황에 맞지 않는 경우가 많다.

  우리들의 의식 구조의 결함에 대한 반성은 일찍부터 있었다. 해방 전에도 계몽주의 사상가들의 지적과 제언이 있었고, 해방 후에는 50년대 말엽부터 다시 반성론의 소리가 들리기 시작했다. 특히 4·19를 계기로 대학생들과 지식인들 사이에 우리들의 가치관 내지 의식 구조의 문제가 활발한 논의의 대상이 되기도 하였다. 바로 이러한 여론의 방향을 5·16 주체 세력은 민감하게 포착하였고, '구악의 일소'와 '인간 개조'를 공약 또는 슬로우건으로 내걸기도 하였다.

  '인간 개조'의 슬로우건에 대한 후속적인 움직임을 정부가 보인 것은 60년대 후반부터였다. (경제개발을 통한 민생 문제의 해결을 역설하는 가운데 60년대의 초반은 지나갔던 것이다.) "제 2 경제"라는 새로운 말로 정신 자세의 중요성을 강조하는 대통령의 담화가 1967년에 발표되었고, 다음 해에는 국민교육헌장의 제정을 대통령이 직접 지시하였다.

국민교육헌장의 제정을 계기로 각급 학교에서는 국민윤리 교육을 강화하기 시작하였고, 대학에서도 '국민윤리'를 필수과목으로 신설하였다. 각종의 연수원을 통하여 공무원과 일반 국민에게까지도 정신 교육을 실시하였고, 특히 70년대 초반부터는 새마을 교육을 통하여 농촌 지도자를 위시한 전국 지도층의 정신 개조를 시도하였다. 텔레비젼과 라디오 등 대중 매체를 통한 반공 교육도 강화되었다.

여러가지 방법을 동원한 국민윤리 교육 내지 정신 교육은 부분적인 성과를 거두었다. 새마을운동을 중심으로 부지런히 일하는 기풍을 세운 것은 그 성과 가운데서 가장 큰 것이었다. 다음은 경제 성장에 힘입어 우리도 '만년 약소민족'의 비애를 벗어날 수 있다는 자신감을 갖게 된 것도 큰 성과로 볼 수 있을 것이다. 그리고 6·25를 겪은 연령층에게 반공 사상이 지속되도록 일깨우고 국민학교 어린이들에게 반공 의식을 일단 심어 주는 일에도 성공하였다. 또 민족의 자주성을 강조하면서 우리 나라의 전통 문화에 대한 관심을 고취하는 일에서도 어느 정도 성과를 거두었다.

그러나 국민의 의식 구조를 근본적으로 뜯어고치고자 했던 의도에 비하면, 위에 열거한 정도의 성과만으로는 큰 성공이라고 보기 어렵다. 뿐만 아니라 정부가 주도한 '정신 교육'이 젊은 세대와 지식층의 적극적 호응을 받지 못했다는 사실도 근본적인 문제점으로 지적되어야 할 것이다.

국민의 의식 구조를 개조하는 운동을 정부가 주도했다는 사실에 이 운동의 한계성과 문제점이 있었다. 올바른 인간 교육은 첫째로 피교육자를 위한 것이라야 하며, 그것이 자기네 자신들을 위한 것이라는 믿음을 피교육자측에서 가질 때만 성공할 수 있다. 그런데 우리 나라의 국민윤리 교육 내지 정신 교육은, 피교육자에게 그런 믿음을 주기에 대체로 성공하지 못하였다. 정부가 주도한 교육 운동은 민주 사회를 위한 시민 교육이라기 보다는, '투철한 국가관'을 앞세운 '정치 교육'으로서의 성격이 강했던 까닭에, 피교육자의 위치에 선 국민 각자는 그것이 자기 자신을 위한 것이라는 절실함을 피부로 느끼기 어려웠다. 심지어는 국민으로 하여금 정부를 지지하게 만들기 위한 정책의 일부라고 분석하는 사람들도 적지 않았다. 고질적인 불신 풍조에 뿌리를 둔 이러한 상황은 정부 주도의 '정신교육'의 성과를 근본적으로 제한하는 성질의 것이었다.

우리에게 가장 필요한 것은 바르게 행동하는 실천력이다. 국민 각자가 자기의 사회적 위치에 따라서 해야 할 일을 하는 동시에, 민주 시민의 도리에 어긋나는 짓은 하지 않는 실천력이 중요하다. 궐기 대회의 흥분된 분위기 속에서 깃발을 흔들 때에나 발휘되는 막연한 감정으로서의 애국심만으로는 부족하다. 운집한 군중 앞에 나선 연사의 입을 통하여 추상적 언어로 표현되는 판에 박힌 민족 의식도, 그 말과 일치하는 실천이 없다면 한갓 위선에 불과하다.

따라서 국민윤리 교육에 있어서 가장 중요한 것은, 추상적 언어로 표현되는 막연한 감정을 불어넣어 주는 일이 아니라, 바르게 행위하고자 하는 의지력과 그 의지력을 실천하는 습성이다. 그런데 이제까지의 우리의 정신 교육은 이 점에 있어서 무엇인가 잘못된 것이 아닌가 의심스럽다.

거창하게 애국과 애족을 부르짖기에 앞서서 해야 할 일이 있다. 일상 생활에 있어서 민주 시민답게 행동하는 일이다. 예컨대, 교통 질서를 지키는 일 또는 아무 데에나 담배 꽁초를 버리지 않는 일부터 해야 한다. 공공 시설을 아낄 줄 알아야 하며, 약속을 지킬 줄 알아야 한다. 작은 일을 제대로 못하는 사람들은 큰 일은 더욱 하기 어렵다. 그런데 우리는 일상적인 작은 일에 있어서 민주 시민답게 행동하는 습성을 기르는 일에 성공하지 못하고 있다.

5. 민주 사회를 위한 인간상

우리가 세운 공동 목표를 달성하기 위해서는 우리 행동 양식이 그 목표 달성에 적합해야 하며, 우리의 행동 양식이 바람직하게 되기 위해서는 우리의 의식 구조가 그러한 행동 양식에 적합해야 한다. 민주 사회가 실현되기 위해서는 사람들의 사고 방식과 행동 양식이 민주 사회 건설에 적합해야 하며, 복지 국가를 실현하기 위해서는 국민의 사고 방식과 행동 양식이 복지 국가 건설에 적합해야 한다.

우리는 우리가 그 동안 추구해 온 우리의 공동 목표를 다섯 가지 항목으로 요약한 바 있거니와, 그 다섯 가지의 공동 목표가 실현되기 위해서도 우리 한국인의 사고 방식과 행동 양식이 그 목표의 달성에 적합해야 할 것이다. 그렇다면 우리에게 요청되는 사고 방식과 행동 양식이란 바로 어떠한 것일까? 그러나 이 문제를 소상하게 다루는 것은 이 소론의 한계를 넘어서는 또 하나의 과제이다. 다만, 이 자리에서는 이 문제에 대한 매우 기초적인 언급만으로 만족하고자 한다.

우리들의 간절한 소망은 모든 사람들이 각각 자기의 뜻을 이루고 사람다운 삶을 향유하는 일이다. 모든 사람들이 각자의 뜻을 이룰 수 있기 위해서는, 각자의 뜻하는 바가 서로 조화를 이룰 수 있어야 한다. 예컨대, 모든 사람들이 각각 타고난 소질을 연마하는 것을 목표로 삼는다면, 그들의 소망은 달성될 가능성이 있다. 또 모든 사람들이 그들이 속해 있는 공동체의 번영을 위하여 헌신하는 일을 삶의 보람으로 삼는다면 그들의 목표는 더욱 조화를 이루기 쉬울 것이다.

그러나 하나밖에 없는 자리를 얻는 것을 여러 사람들이 동시에 원한다면, 그들의 목표는 조화를 얻을 수가 없다. 또 모든 한국인이 재벌의 총수가 되고자 할 경우에도, 그들의 목표가 고루 달성될 가능성은 없다. 일반적으로 말해서, 남의 인격이나 권익을 침해하지 않고도 달성할 수 있는 목표들은 서로 조화를 이룰 수 있으나, 그렇지 않을 경우에는 모든 사람들의 뜻을 조화롭게 달성하기가 극히 어렵다.

위의 고찰을 통하여 우리는 다음과 같은 결론을 얻는다. 민주사회의 건설을 공동의 목표로 삼고 있는 우리들에게 요청되는 태도의 첫째는 모든 사람들의 인격과 권익을 존중하는 그것이라는 결론이다. 거창하게 자유니 인권이니 하고 떠드는 일이 중요하다는 뜻이 아니다. 일상 생활에 있어서 접촉하는 사람들의 인격을 존중하고 그들의 권익을 함부로 손상함이 없도록, 공정하게 행동하는 습성을 기르는 일이 중요하다. 그리고 이러한 습성을 기르기 위해서는, 어린 시절부터 그러한 생활 태도가 몸에 배도록 일상적인 훈련을 해야 할 것이다.

둘째로, 공동체 의식과 협동 정신도 우리들에게 요청되는 중요한 정신적 자세의 하나이다. 우리들은 지금 협동을 통해서만 달성이 가능한 공동의 목표를 추구하고 있다. 개인의 행복도 공동체를 떠나서는 실현될 수 없는 까닭에, 우리는 아무도 공동의 목표를 외면할 수 없으며, 따라서 강한 공동체 의식과 협동 정신이 우리 모두를 위해서 절실하게 요청되고 있다.

공동체 의식과 협동 정신의 문제에 있어서도, 거창하게 '투철한 국가관'을 앞세우고 '멸사 봉공'을 외치는 일이 가장 시급하고 중요한 일이라고 생각하지 않는다. 더욱 중요한 것은 말이 아니라 행동이다. 공동체를 위해서 협동하는 행동을 실제로 해야 하는 것이다. 그러기 위해서는 손쉬운 일부터 시작해야 한다. 우선 어린 시절부터 몸담고 있는 가정을 아끼고 가정을 위해서 땀흘리는 버릇을 길러야 한다.

학교에 가서는 학급이라는 작은 공동체를 위해서 협동하는 습관을 길러야 하고, 좀 더 성장한 뒤에는 직장 또는 마을과 같은 소규모의 공동체를 위하여 협동하는 습성을 길러야 한다. 이와같은 순서로 길러진 공동체 의식과 협동 정신은 나아가서 국가와 민족을 위한 일에서 발휘될 수도 있고, 세계의 평화를 위해서 공헌할 수도 있을 것이다. 저는 제 욕심만 차리면서 남들을 향하여 외치는 '애국'과 '애족'은, 연기만 요란한 굴뚝처럼 별로 쓸모가 없다.

셋째로, 사리를 따라서 생각하고 공정하게 행동함——즉 좋은 의미의 합리적 정신을 따라서 생각하고 행동하는 자세도, 우리에게 요청되는 중요한 것의 하나이다. 민주주의의 이상은 이성적 사회의 실현에 있다고 말해도 과언이 아닐 것이다. 그러므로 우리가 민주 사회의 건설을 위한 좋은 일꾼이 되기 위해서는 이성을 따라서 판단하고 이성을 따라서 행동하는 마음가짐을 견지해야 할 것이다. '사리를 따라서'니 '이성을 따라서'니 하는 말을 추상적으로 이해하고 관념 속에만 간직해 두는 것은 별로 의미가 없다. 이성적 태도도 일상 생활의 구체적 실천을 통하여 길러야 한다.

예컨대, 대화에 있어서 상대편의 발언에 귀를 기울이고 받아들일 말은 받아들이는 버릇을 기르는 것도 중요하고, 흑백 논리를 휘둘러 단정적인 결론을 내리는 대신, 여러 각도에서 문제를 분석적으로 검토하는 습성을 어릴 때부터 기르는 것도 중요할 것이다.

그리고 이해 관계나 의견이 대립되는 상황에 있어서, 일단 처지를 바꾸어 놓고 생각해 보는 마음의 여유도 이성적 태도의 일상적인 예가 될 것이다.

넷째로, 우리는 남의 은혜를 감사히 여기고 기회가 있을 때는 이에 보답하는 마음씨도 길러야 할 것이다. 인간은 누구나 부모를 비롯한 여러 사람들의 개인적 은혜를 입을 뿐 아니라,

사회의 조직과 자연의 섭리로부터도 많은 혜택을 입고 살게 마련이다. 이 크나큰 은혜에 감사하는 태도는 인간의 도리이 기도 하며, 현대의 살벌한 인간 관계를 극복하는 데 귀중한 시초가 될 것이다. 나에게 은혜를 베푼 특수한 개인과 특수한 자연에 감사하는 다정한 마음은, 일반적으로 인간과 자연을 사랑하는 풍부한 심성으로 발전할 수 있을 것이며, 그러한 심성은 극도로 각박한 현대 사회를 위하여 보배로운 미덕이 될 것이다.

다섯째로, "너 자신을 알라"하는 소크라테스의 가르침을 따라서, 개인의 차원에 있어서나 민족의 차원에 있어서나, 자기 자신을 깊이 들여다보는 마음가짐을 기르는 것도 중요할 것이다. 이러한 마음가짐은 편협하지 않는 자애(自愛)의 바탕이 될 것이며, 허세가 아닌 확고한 자주성의 핵심이 될 것이다. 그리고 그것은 또 우리 문화 전통에 대한 깊은 이해와 사랑으로 발전할 수 있을 것이며, 새로운 창조를 위해서 생산적인 원동력이 될 수 있을 것이다.

감은(感恩)의 덕을 쌓음에 있어서나 자주성의 덕을 기름에 있어서도, 처음부터 '충효'니 '민족 주체성'이니 하는 따위의 거창한 표어를 앞세우는 것보다는, 일상적 생활 주변의 체험을 출발점으로 삼고 한발 한발 착실하게 진행하는 편이 바람직할 것이다. 표어를 앞세우는 윤리 운동은, 그 표어를 앞세우는 사람이 솔선 수범하는 정직한 실천가가 아닐 경우에는, 내실 없는 위선으로 흐를 염려가 크다.

위에서 열거한 다섯 가지 이외에도 우리가 길러야 할 마음가짐은 많이 있을 것이다. 진취의 기상과 창의력도 길러야 할 것이고, 근면과 노력의 기풍도 길러야 할 것이다. 자기가 할 일은 자기가 완수하는 책임감도 길러야 할 것이고, 약속 이행의 덕도 함양해야 할 것이다. 검소와 절약의 덕도 길러야 할 것이고, 성실과 신의의 덕도 길러야 할 것이며, 그 밖에도 필요한 덕성이 또 많을 것이다.
 우리가 기르고자 하는 덕성이 무엇이든 간에, 우리의 윤리 교육이 명심해야 할 한두 가지 방법론적인 원칙이 있다. 그 첫째는 일상 생활의 작은 일에서부터 실천하는 습성을 일찍부터 기르기 시작해야 한다는 원칙이다. 거창한 표어로 시작하여 추상적 관념에서 머무는 윤리 교육은 별로 쓸모가 없다.
 우리가 명심해야 할 둘째 원칙은, 윤리교육의 교육자는 솔선 수범의 책임을 져야 한다는 평범한 상식이다. 교과서와 설교만으로는 윤리 교육의 성과를 올리기 어려우며 언어를 통한 윤리 교육이 실효를 거두기 위해서는 말하는 사람이 존경과 사랑을 받아야 한다. 그리고 실천 없이 말만 잘하는 것으로는 피교육자의 존경과 사랑을 받기 어려운 것이다.
 끝으로 명심해야 할 것은 정부 주도형의 윤리 운동은 성공하기 어렵다는 사실이다. 역사적 전환기를 맞이하여 새로운 가치관의 정립이 요청될 때 국민의 윤리 교육에 대하여 정부가 깊은 관심을 갖는 것은 당연한 일이다. 그러나 정부의 관여는 후원자로서 적극적으로 밀어주는 방향이 바람직하며, 윤리 운동의 주도권은 민간에게 맡겨두는 것이 정도(正道)이다. 외견상으로만 민간 운동 같은 형식을 취하고 실질적인 고삐는 관리들이 장악하는 방법도 좋지 않다.
 국민윤리 교육은 국민과 국가를 위한 운동으로서의 순수성을 지켜야 하거니와, 관리가 고삐를 잡게 되면 그 순수성을 잃기 쉬운 까닭에, 국민 특히 지식층의 적극적인 호응을 얻기가 어렵다. 교육이란 일반적으로 그렇거니와, 특히 국민윤리 교육이 성과를 거두기 위해서는 국민의 자율적 호응이 필수적이다.

국가 발전의 윤리적 방향

　모든 국가가 그렇듯이 우리 한국에도 국민 전원이 그 실현을 위하여 노력해야 할 공동의 목표가 있다. 그 공동의 목표가 무엇이냐에 관해서 사람들의 의견은 여러 가지로 나누어질 것으로 짐작되나, 적어도 다음과 같은 일반적 원칙에는 대부분의 지성인이 찬동할 것으로 믿는다. 즉,
　1. 국민의 누구도 굶주리고 헐벗는 사람이 없도록 국민 경제를 발전시킨다.
　2. 나라의 주권을 외우 또는 내환으로부터 지키고, 국민 각자에게 정당한 권리와 자유를 보장하기에 부족함이 없는 정치를 실현한다.
　3. 모든 국민의 타고난 소질을 연마하고 잠재한 능력을 개발함으로써 과학, 철학, 사상, 예술, 종교, 체육 그 밖의 여러 영역에서 찬란하고 자랑스러운 문화를 창조한다.
　한 나라의 공동목표를 떠나서 그 나라의 국민 윤리의 문제를 생각할 수는 없다. 훌륭한 도덕적 정신은 그 자체가 목적으로서의 가치를 짊어지고 있기도 하지만, 공동 생활의 원만한 영위를 위해서 도덕이 수행하는 도구로서의 가치도 크게 중요한 것이기 때문이다.
　그렇다면 위에서 말한 세 가지의 공동 목표에 비추어 볼 때 우리 한국의 도덕적 현실은 어떠한 평가를 받아야 마땅할 것

인가. 첫째 항목부터 살펴보기로 하자.

한국은 지금 급속한 경제의 발전을 요청하고 있다. 한국이 요청하는 경제의 발전은 두 가지 점을 특히 강조하고 있다. 그 하나는 국민 소득의 절대치를 실질적으로 높이는 일이요, 또 하나는 빈부의 지나친 불균형을 시정함으로써 사회의 불안을 제거하는 일이다. 그런데 오늘날 한국의 경제 윤리는 이 두 가지 점에 있어서 모두 크게 빗나가고 있음을 부인하지 못한다.

근래 국민 소득이 상당한 증대를 기록한 것은 다행한 일이라 하겠으나, 경제인들의 정신적 자세가 건전하지 못함으로 말미암아 그것이 공연한 숫자상의 증대에 그치고 실질적인 국가의 이익을 의미하지 못할 경우가 많은 것은 심히 유감된 일이다. 그리고 증대한 국민 소득은 저축을 통하여 다시 생산을 위한 투자에 동원되어야 함에도 불구하고 우리 나라의 경우는 그것이 주로 높은 소비 성향을 통하여 외국으로 흘러나가고 있는 실정이다.

빈부의 불균형을 시정하는 문제는 더욱 비관적이다. 현단계에 있어서는 우선 대기업을 육성함으로써 국제적 경쟁에 대처해야 한다는 고충도 문제이거니와, 금력 또는 권력을 장악한 특권층이 대중의 인권을 존중하는 사회 정의의 관념에 있어서 크게 부족하기 때문이다.

이상의 고찰은 경제의 문제에 관련된 한국의 윤리가 장차 어떠한 방향으로 개조되어야 할 것인가를 대략 암시해 주는 것으로 보인다.

첫째로 강조되어야 할 것은 경제인 및 경제 정책에 참여하는 정치인과 행정가의 강한 국가 의식이다. 다시 말하면, 한 개인이나 한 기업체 또는 한 가족의 이익을 도모하는 좁은 안목을 지양하고 국가 전체의 이익을 존중하는 대국적 견지를 취해야 한다는 것이다. 대국적 견재를 취해야 하는 이론적 근거를 묻는 사람이 있다면 우리는 적어도 두 가지 사실을 지적할 수 있을 것이다.

그 하나는 우리 인간성의 깊은 바닥이 좁은 의미의 이기심을 넘어서서 전체의 번영을 도모할 것을 요구한다는 사실이며, 또 하나는 국가 전체의 번영을 도모함은, 긴 안목으로 볼 때 자기 한 개인 또는 자기의 가족을 위해서도 가장 현명한 길이라는 사실이다.

우리 인간은 나 혼자뿐 아니라 이웃과 함께 모두 잘 살기를 원하면서도, 전체의 이익을 도모하는 일과 나 자신의 이익을 추구하는 일이 양립하기 어렵다는 판단에서 흔히 이기적인 자세를 취한다. 그러나 이기적 태도가 나의 이익을 극대화하는 적합한 길이 아니라는 사실을 현명한 사람들은 알고 있다. 불평과 불만이 없이 평안한 사회가 실현되었을 때 가장 많은 이익을 보는 것은 하층의 서민보다도 상층의 소수들이다.

강한 국가 의식이 요청된다는 사실은 우리들의 전통적 가족주의에 대한 반성을 촉구한다. 가족주의는 혈연 관계로 얽힌 사람들의 단결을 강화하는 반면에 더욱 넓은 범위의 대동 단결을 저해하였다. 혈연에 대한 지나친 애착은 가족적 이기주의를 초래하여 가족 내지 친족 밖의 사람들에 대한 배타성을 동반하기 때문이다. 따라서 우리의 가족주의는 더욱 큰 공동체에 대한 의무를 망각하지 않는 방향으로 발전해야 할 것이다.

국민의 국가 공동체에 대한 의식이 박약함에는 국가의 고마움을 체험할 기회가 적었던 우리의 구겨진 역사에도 원인이 있을 것이다. 범인(凡人)으로 하여금 국가에 대한 애착을 느낄 수 있게 하기 위해서는 그 국가가 영광스러워야 하며, 국민에 대하여 혜택을 주는 바가 있어야 한다. 이러한 점을 고려할 때 국민 윤리의 확립에 있어서 위정자의 책임이 무거움을 새삼 느낀다.

우리는 국가적인 목표의 둘째로서 "나라의 주권을 외우와 내환으로부터 지키고, 국민 각자에게 정당한 권리와 지위를 보장하기에 부족함이 없는 민주 정치의 실현"을 제시하였다. 이 둘째 목표에 있어서도 특히 두 가지 점이 강조되고 있음을 본다. 그 하나는 나라의 주권을 지키는 일이요, 또 하나는 국민 각자의 권익을 보장하는 일이다. 그리고 이 두 가지 중 어느 것에 있어서나 앞으로 남은 길이 요원함을 뉘우친다.
매우 복잡하고 긴장된 국제 관계 속에서 아직은 약소국임을 자인해야 할 우리 한국이 자주 독립국으로서의 주권을 수호하는 일이 얼마나 무거운 과제인가에 대하여는 새삼스러운 설명이 필요치 않을 것이다. 그리고 국민 각자의 권익을 보장하는 문제로 말하면 현단계에 있어서는 정당한 권리와 자유가 오직 문서상으로만 보장되었을 뿐 실질적인 사회정의의 실현에까지는 아직도 요원한 앞길이 남아 있다고 보아야 할 것이다.
주권을 수호하고 국민의 권익을 실질적으로 보장하기에 족한 민주 정치의 실현을 위해서 요구되는 윤리는 앞에서 고찰한 경제 건설이 요구하는 윤리와 대동 소이하다. 경제에 있어서의 민주화 없이 정치의 민주화가 있을 수 없으며 정치의 민주화 없이 경제의 민주화를 실현할 수도 없기 때문이다. 우리의 둘째 목표인 정치의 민주화를 위해서 요구되는 윤리에 다른 점이 있다면 그것은 강조되는 측면이 다를 뿐일 것이다.

우리의 셋째 공농 목표는, "과학, 철학, 예술 및 그 밖의 여러 영역에 있어서 찬란하고 자랑스러운 문화를 창조"하는 일이었다. 이 셋째의 목표에 도달하기까지에도 요원한 길이 남아 있다는 것 역시 우리 모두가 잘 아는 사실이거니와, 앞에서 고찰한 첫째와 둘째의 공동 목표를 위해서 요구된 윤리적 규범은 이 셋째의 목표를 위해서도 다시 요청된다. 오늘날 경제와 정치에 있어서의 민주주의적인 발전을 이룩함이 없이 학문이나, 예술 그 밖의 문화적 분야에 있어서 높은 업적을 기록하기는 매우 어려운 일이다.

그러나 경제와 정치에 있어서 민주주의가 실현되었다고 하여 반드시 자랑스러운 문화의 창조도 함께 이루어진다고 볼 수는 없다. 어떤 민족 문화가 자랑스러운 것이 되기 위해서는 고유한 특색과 독창성을 가져야 하기 때문이다. 그렇다면 우리 한국의 경우 고유한 특색과 독창성을 가진 문화가 창조되기 위해서 특별히 요청되는 것이 무엇일까.

혹은 동양 내지 한국의 전통을 발굴해야 한다고 주장하기도 하고 혹은 동양과 서양을 종합해야 한다고 주장하기도 한다. 물론 그것도 중요할 것이다. 그러나 더욱 중요한 것은 오늘의 한국이 놓여 있는 특수한 상황과 특수한 문제 속에서 고유한 문화를 위한 터전을 발견하는 일일 것이다. 다시 말하면, 옛날의 유산 또는 먼 나라의 문물을 빌어 새로운 문화를 창조하려고 꾀할 것이 아니라, 오늘의 이 땅의 특수한 상황에 주목하고 우리가 지금 이곳에서 당면한 문제를 창의성 있게 해결해 나가는 가운데 스스로 새로운 문화가 결과하기를 기대해야 할 것이다.

문화에 있어서의 생명력과 윤리성

1

'문화'라는 말은 그 의미가 다양하다. 불필요한 논쟁 또는 오해의 소지를 미리 막기 위하여 우선 그 개념을 정리하고 넘어가는 것이 좋을 것 같다.

'문화'라는 말을 '미개' 또는 '야만'의 반대어로서 사용할 경우가 더러 있다. 교양 또는 개화를 통하여 인류가 도달해야 할 하나의 보편적 이상이 있다는 가정을 배후에 깔고, 그 이상으로 접근하는 과정 또는 정신적 개발의 상태를 '문화'라고 부르는 것이다. 이 경우에 있어서 문화의 개념은 다분히 윤리적이며 정신적이다. 그리고 이 때 '문화'라는 것이 가치 중립적 개념이 아니고, 바람직한 것으로서의 찬양의 뜻을 담고 있음은 명백하다.

그러나 현대의 사회학자 또는 인류학자들은 어떤 사회가 가진 생활 양식 전체를 '문화'라고 부르는 경향이 있다. 생활에 있어서의 정신적 측면뿐 아니라, 그 물질적 측면까지 포함하여 있는 그대로의 생활 양식을 통틀어서 그 사회의 문화 속에 포함시킨다. 따라서, '문화'는 가치중립의 개념이 되는 동시에, 각각 서로 다른 사회는 각기 그 고유의 문화를 가져 마땅하다는 생각이 전면에 부각된다.

오늘날 우리 한국에서 '문화'라는 말로써 가장 흔히 의미하는 것은 위에서 말한 두 가지 개념을 절충한 듯한 제3의 것이다. 즉, 예술과 학문 그리고 윤리와 종교 등 정신 생활 및 그 업적을 '문화'라고 부르는 것이다. 인간 생활에 있어서의 물질적 측면을 물질 문명이라고 부르며, 그 정신적인 측면만을 문화라고 보는 견해이다.

한국정신문화연구원이 창립되던 시기를 전후하여, "문화라는 것은 이미 정신적인 것을 말하는 것인데, 새삼스럽게 정신문화라고 하여 정신을 강조하는 것은 논리에 맞지 않는다"는 견해를 표명하는 사람들이 있었던 것도, 이러한 맥락 속에서 이해할 수 있을 것이다.

필자는 앞으로 이 글을 쓰는 동안 '문화'라는 말을 가장 넓은 의미로 사용하여, 한 사회의 생활 양식 및 사고 방식 전체를 포괄적으로 가리키는 뜻을 가진 것으로 이해하고자 한다. '정신문화'라는 제호를 가진 이 잡지가 이미 그러한 뜻으로 '문화'라는 말을 사용하고 있을 뿐 아니라, 필자 자신도 평소에 '문화'라는 말을 넓은 의미로 사용해 왔기 때문이다.

그러나 필자는 이 소론에서 주로 문화의 정신적 측면에 중심을 두고 사견을 전개할 생각이나, 일일이 '정신문화'라는 말을 쓰지는 않을 것이다. 문맥에 따라 그 뜻이 명백할 경우에는 단순히 '문화'라는 말로써 '정신 문화'를 대신할 것이다.

2

우리는 고도로 산업화된 서양의 여러 나라들을 '신진국'이라 부르고, 산업화에 있어서 뒤떨어진 동남아나 남미의 여러 나라들을 '후진국'이라고 흔히 부른다. 이때에 선진국이니 후진국이니 하는 것은 경제력과 물질 문명에 기준을 두고 하는 말이며, 반드시 문화 전반에 걸쳐서 어느 나라는 앞서고 어느 나라는 뒤떨어졌음을 말하는 것은 아닐 것이다. 물질 문명과 정신 문화 사이에 밀접한 상관 관계가 있음을 부인할 수는 없을 것이나, 물질 문명에 있어서 앞선 나라가 반드시 정신 문화에 있어서도 앞선다고 보기는 어려울 것이기 때문이다.

선진국이니 후진국이니 하는 말은 본래 어떤 사실을 서술하는 언어이며 나라의 우열을 가리키는 평가어는 아니었을 것이다. 그러나 거의 모든 후진국들이 선진국의 대열에 끼이고자 발돋움을 하고 있다는 사실은, 이 말들이 이제는 단순한 서술어 이상의 것임을 일러 준다. 경제력에 있어서 앞선 상태가 뒤떨어진 상태보다 바람직하다는 통념이 생긴 것이며, 또 이러한 통념을 타당한 것으로서 받아들임에 별다른 의심의 여지는 없는 것으로 보인다. 여기서 문제는 문화 일반에 관해서, 특히 문화의 정신적 측면에 관해서도, 우열을 가릴 수 있는 기준이 있는가 하는 문제이며, 만약 있다면 그 기준으로서 어떠한 것을 생각할 수 있는가 하는 문제이다.

현실에 있어서, 여러 민족 또는 국가는 자기네 민족 또는 국가의 문화를 자랑하는 경우가 많으며, 문화의 우수성을 자랑한다는 것은 문화 일반 특히 정신 문화에 있어서도 우열의 차이가 있음을 전제로 하고 있음은 의심의 여지가 없다. 그러나 문제는 정신 문화에 있어서도 그 우열을 가릴 수 있는 객관적 기준을 생각할 수 있느냐 하는 그것이다. 단순한 주관적 자기 만족의 심리를 따라서 각각 자기네의 문화를 우수하다고 자랑하는 것에 그치는 것이 아니라, 객관적 기준에 의해서도 문화의 우열을 말할 수 있느냐 하는 문제이며, 만약 있다면 그 기준은 무엇이냐 하는 문제이다.

필자는 정신 문화를 포함한 문화 전반에 관해서도 바람직한 것과 그렇지 못한 것을 구별할 수 있는 기준이 있을 것으로 믿는다. 사람들이 서로 자기들의 문화가 우수하다고 말할 때 주관적 편견의 영향을 받을 가능성이 많은 것도 사실이다. 그러나 주관적 자기 만족을 떠나서도 문화의 우열을 따질 수 있는 근거를 말할 수는 있으리라고 생각된다.

3

 문화의 우열을 가릴 수 있는 기준이 무엇이냐는 문제를 다루기에 앞서서, 예술, 학문, 종교, 언어, 관습, 민속, 제도 그리고 물질 문명과 제반 생활 양식 등을 포함한 문화 전반에 있어서 가장 중요한 것이 무엇이냐 하는 문제부터 고찰하고 넘어가는 것이 좋을 듯하다. 문화를 구성하는 여러 가지 분야 내지 요소들 가운데 가장 중요한 것이 있다면, 그 가장 중요한 것이 바람직한 상태에 있느냐 또는 바람직하지 못한 상태에 있느냐 하는 것은 그 문화 전체를 평가함에 있어서 매우 중요한 문제가 아닐 수 없기 때문이다.

 문화를 물질 문명과 정신 문화로 크게 나눌 때, 그 가운데서 정신 문화 쪽이 더 중요하다고 생각하는 상식적 견해에는 상당한 근거가 있는 것으로 보인다.

 첫째로, 물질 문명은 그 자체가 목적이기보다는 값진 인간 생활을 위한 수단으로서의 성질이 압도적인데 비하여, 정신 문화는 그것이 수단으로서의 구실도 하지만 그 자체가 삶의 목적 가운데서 큰 비중을 차지한다는 사실은, 정신 문화의 가치를 더욱 높은 것으로 평가할 근거가 될 것이다.

 둘째로, 물질 문명의 발달은 인간 생활을 편리하고 쾌적하게 할 뿐 아니라 자연 자원의 고갈, 환경의 오염, 전쟁의 위협 그리고 인간의 자기 상실 등 무서운 부작용을 동반하기 쉽다. 그런데 발달된 물질 문명으로 하여금 인간 생활을 위한 좋은 도구로서의 구실을 충분히 하되 인간 사회에 대하여 해독이 되는 나쁜 영향은 최소한으로 줄이도록 함에 있어서 결정적인 힘이 될 수 있는 것은 인간의 지혜와 도덕적 의지이다. 그리고 인간의 지혜와 도덕적 의지는 정신 문화 가운데서 핵심적 위치를 차지한다.

뿐만 아니라, 물질 문명의 바탕도 따지고 보면 과학이라는 것을 고려할 때, 문화의 뿌리는 인간의 정신에 있다는 결론을 다시 확인하게 된다.

정신 문화를 우리는 흔히 학문, 예술, 종교, 민속 등 여러 분야로 나눈다. 그리고 각 분야에는 그 분야에 종사하는 전문가들이 있어서 각각 자기의 분야가 가장 중요하다고 생각하는 경향이 있다. 학자는 학문이 가장 중요하다고 생각하고, 예술가는 예술이 가장 중요하다고 생각하며, 종교가들은 종교가 제일 중요하다고 생각한다. 심지어 학문 가운데서도 자기가 전공하는 분야가 가장 중요하다고 생각하는 학자들이 많으며, 예술이나 종교에 있어서도 각각 자기가 종사하는 예술 또는 자기가 속해 있는 종교가 가장 소중하다고 생각하는 사람들이 많다.

자기가 종사하는 일을 중요하다고 생각하는 것은 자연스러운 심리이며, 그것이 너무 지나치지 않을 경우에는 바람직한 심리이기도 하다. 각각 자기가 하는 일이 중요하다고 믿는 애착과 신념이 있는 까닭에 각 분야에서 심혈을 기울여 노력하는 사람들이 있게 되며, 그러한 사람들이 있는 까닭에 문화의 여러 분야에 높은 수준의 업적이 나타날 수 있다.

그러나 냉철하고 공정한 관점에서 볼 때, 문화의 여러 분야 가운데서 반드시 어느 하나가 특히 중요하다고 말하기는 어려운 일이며, 문화의 여러 분야들에 대하여 우열 순위를 매기기는 더욱 어려운 일이다. 문화의 모든 분야는 한결같이 모두 소중할 뿐이다.

한 사회 또는 한 민족의 문화에 있어서 가장 중요한 것은, 문화의 어떤 특수 분야가 아니라, 문화의 모든 분야의 바닥을 공통으로 흐르는 기본 정신이라고 필자는 믿는다. 시대에는,

'시대 정신'이라고 불릴 수 있는 일반적 흐름이 있고, 민족에는 '민족 정신'이라고 불릴 수 있는 정신의 흐름이 있다. 문화의 모든 분야의 바닥을 공통적으로 흐르는 이 기본 정신이 가장 중요하다고 필자는 믿는 것이다.

4

 문화는 첫째로 생명력이 왕성해야 한다. 문화는 인간 정신의 산물이며 또 그 표현이다. 문화에 있어서 생명력이 왕성하다 함은 그 문화를 생산한 정신 또는 그 문화가 표현하는 정신이 건강하고 생명에 가득차 있음을 말한다.
 한 개인에 있어서나 민족 전체에 있어서나, 우리에게 가장 중요한 것은 삶 그 자체이다. 그리고 인간의 삶은 단순한 생물학적 생존임을 넘어서서 정신적 활동이라는 사실에 그 특색이 있는 것이며, 인생에 있어서 문화가 큰 비중을 차지하는 것도 이 때문이다.
 인간 정신의 산물 또는 표현으로서의 문화는 바로 인간적인 삶의 표현이기도 하다. 그러므로 한 문화의 생명력과 건강성은 그 문화의 바닥을 흐르는 기본 정신의 생명력과 건강성에 의하여 전달될 수 있으며, 한 문화가 생명력이 왕성하고 건강하다 함은 그 문화의 주인공들의 삶 자체가 생명력이 왕성하고 건강함을 말해 주는 것이다.
 비록 현란하고 화사하여 보기에 아름다운 문화라 하더라도 그 바탕을 흐르는 정신이 연약하거나 노쇠했을 경우에는 결코 훌륭한 문화로서 평가되기 어렵다. 오히려 세련됨이 부족하여 거칠고 소박함을 벗어나지 못한 면이 있다 하더라도 젊고 싱싱한 기운이 넘쳐 장래성이 있는 문화가 더욱 바람직한 문화가 아닐 수 없다.
 굳건한 기백과 발랄한 창의성이 풍부한 기풍을 바탕으로 삼은 문화는 장래성이 있는 문화이다. 건전한 문화와 건전한 사회는 깊은 상관 관계를 가지고 서로 조장한다. 건전한 사회는 건전한 문화의 산실이고, 건전한 문화는 건전한 사회의 원동력이다.

그러므로 건강하고 생명력 왕성한 문화를 창조하는 일과 건전하고 발전성 있는 사회를 건설하는 일은 같은 과업의 두 측면이다. 건전한 국가를 건설하는 일이 모든 국민의 공동 과업이듯이 건전한 문화를 창조하는 일도 모든 성원들의 공동 과업이다.

왕성한 생명력은 건전한 사회를 건설함에 있어서도 원동력의 구실을 한다. 그러나 생물학적으로 왕성한 생명력만으로 건전한 사회가 실현되기는 어렵다. 왕성한 생명력 말고도 건전한 사회의 실현을 위하여 필수적인 것이 있으니, 그것은 건실하고 슬기로운 가치관이다.

건실하고 슬기로운 가치관을 체득한 사람들만이 건전한 사회를 건설하는 일군으로서의 자격이 있다. 건전한 문화를 창조하기 위해서도 건실한 가치관은 필수적이다. 건전한 문화를 창조하는 일과 건전한 사회를 건설하는 일은 같은 공동 과업의 두 측면으로서 불가분의 관계에 있으며 건전한 사회를 건설하기 위해서는 건실한 가치관이 앞서야 하기 때문이다.

다시 말해서, 병든 가치관을 가진 사람들에게는 건전한 사회의 건설이 어려울 뿐 아니라, 건전한 문화를 창조하는 일도 어렵다. 불건전한 사회의 바탕 위에서 건전한 문화를 이룩할 수는 없기 때문이다.

요컨대, 생명력이 왕성하고 건전한 문화를 창조하기 위해서는 두 가지의 기본 조건이 갖추어져야 한다는 결론을 얻은 셈이다. 첫째로, 그 문화의 주체에 해당하는 사람들이 굳건한 기백, 진취의 기상 그리고 발랄한 창의성을 가져야 한다. 둘째로, 그 사람들의 가치관이 슬기롭고 건실해야 한다.

사실은 가치관도 문화의 한 요소이다. 그러므로, 문화의 원동력으로서의 생명력이 왕성하고 문화의 핵심으로서의 가치관이 건실할 때 전체로서의 문화도 훌륭한 문화로서 평가될 수 있다고 말하는 것이 더 정확한 표현이 될 것이다.

바꾸어 말하면, 문화에 있어서 가장 중요한 것은 그 바닥을 흐르는 기본 정신이며, 그 기본 정신에 있어서 가장 중요한 것은 그 속에 깃든 생명력과 가치관이다.

5

우리 한국 민족은 전통적으로 생명력이 왕성한 강인한 민족이라고 생각된다. 지정학적으로 불리한 위치에서 이민족과 끈질기게 싸우면서 단일 민족으로서의 고유한 문화를 지켜온 우리의 오랜 역사가 그러한 생각을 뒷받침하고 있다.

우리들의 조상에 있어서도 귀족 계급의 경우는 나약한 문화의 전통을 남긴 사례도 없지 않았다. 그러나 국민의 대다수를 차지하는 서민층의 생활에 중심을 두고 볼 때, 대체로 보아서 우리 민족은 질박한 정신과 강인한 생명력이 우세한 전통을 세웠다고 말할 수 있을 것이다.

한편, 산업 사회를 배경으로 삼는 현대의 서양은 난숙한 물질문명을 이룩하였고, 지금 이 난숙한 물질 문명을 앞세우고 우세한 서양 문화가 우리 한국에도 쏟아져 들어오고 있다. 그런데 저 난숙한 물질 문명의 바탕을 흐르고 있는 현대인의 정신적 자세에서 건강하고 왕성한 생명력을 찾아보기는 어려울 것으로 생각된다.

이미 여러 문명 비평가들이 우려했듯이, 현대 물질 문명의 바닥을 흐르는 인간 정신에는 분명히 병적이고 퇴폐적인 색채가 있음을 부인하기 어렵다. 그리고 저 병적이며 퇴폐적인 풍조가 우리 한국 사회에도 상당히 흘러 들어오고 있는 것이다.

오늘날 우리 주변에 한국의 전통 문화를 재발견해야 한다고 역설하면서 서양 문화에 대하여 부정적인 견해를 표명하는 소리를 가끔 듣는다. 그러한 소리의 핵심이 우리 민족성의 강인한 생명력을 살리고 서양 문화의 퇴폐적인 풍조를 경계하자는 데 있다면, 필자도 그러한 의견에 전적으로 찬동할 것이다.

그러나 논자들의 주장이 반드시 그러한 요지의 것인지 의심스러운 바 없지 않아, 필자는 그들의 주장에 대해서도 일말의 의구심을 금치 못한다. 그들 중의 어떤 이들은 서양 문화의 진수에 대한 이해가 거의 없는 상태에서 그저 맹목적으로 남의 것은 물리치고 우리의 것은 찬양한다. 또 다른 어떤 이들은 모종의 정치적 의도를 뒤에 숨기고 약간 복잡한 동기에서 '찬란한 민족 문화'를 앞세우기도 한다.

우리는 지금 민족 문화의 방향을 놓고 깊은 성찰이 필요한 시대에 살고 있다. 이미 많은 사람들이 누누이 강조해 왔듯이, 우리의 전통 문화로부터 무엇을 계승하고 서양에 근원을 둔 외래 문화를 어떻게 받아들여야 할 것인가에 대해서도 깊이 생각하고 대처해야 할 것이다.

전통 문화 또는 외래 문화 가운데서 어느 한쪽만을 취택하고자 하는 흑백 논리의 사고도 위험하지만, "좋은 점은 취하고 나쁜 점은 버리고" 식의 막연한 절충주의에도 문제가 있다. 우리 한국인의 전통 속에 깃든 강인한 생명력과 질박한 정신을 바탕으로 삼고 서양 사람들의 합리주의와 논리적 사고를 받아들이는 방향에서 우리 문화의 새로운 장을 열어야 할 것이 아닌가 생각한다.

불안정과 격동의 시대를 맞이하여 많은 어려움을 겪어야 했던 우리들은 가치관에 있어서도 여러 가지 문제점을 안고 있다. 바람직한 문화를 창조함에 있어서 요구되는 또 하나의 필수 조건인 건실한 가치관을 마련하는 일도 앞으로의 과제로서 남아 있는 것이다.

우리에게 요구되는 건실한 가치관이 어떠한 것인지를 길게 논하는 것은 이 소론의 범위를 벗어나는 일이다. 공정하고 건전한 사회――'민주주의적'이라는 말이 잘 어울리는 공정하고 건전한 사회를 건설함에 적합한 가치관이 우리에게 바람직한 가치관이라는 상식으로써 만족해야 할 것이다. 민주주의가 지향하는 공정하고 건전한 사회를 건설하기 위하여 어떠한 가치관이 긴요한지에 대해서는 식자들 사이에 어느 정도 일치된 견해가 있을 것으로 믿는다.

생명력이 왕성한 기백과 질박한 기상 그리고 사리를 따르는 건실한 가치관은, 건강하고 장래성 있는 문화의 창조를 위해서도 기본적인 바탕이고, 민주주의가 지향하는 공정한 사회의 건설을 위해서도 기본적인 바탕이다. 씩씩한 기상을 함양하고 사리에 맞는 가치관을 형성함에 있어서 교육이 해야 할 일도 적지 않을 것이다.

씩씩한 기상을 함양하고 사리에 맞는 가치관을 형성함에 도움을 주는 교육을 정신 교육 또는 윤리 교육이라고 부른다면, 사람들은 '정신 교육' 또는 '윤리 교육'이라는 이름에 대하여 별다른 저항을 느끼지 않을 것이다.

5

편편상(片片想)

죽음의 순간
길
현대인과 여가
어려우나 보람 있는 직업
여성과 철학
대화
세대 간의 갈등
교양이란 무엇인가
정신 문화와 물질 문명의 조화
개인의 계발과 문화의 창조

죽음의 순간

——이 글은 '죽음의 순간을 어느 때로 보느냐'는 설문에 대답하여 쓰여진 잡문이다.

막상 붓을 들어 다루기에는 너무나 엄숙한 제목이다. 그것을 엄숙한 사실로 느끼고 감히 붓으로 다루기를 두려워하는 심정 가운데, 한 인간으로서의 나 자신의 모습을 본다.
 죽음의 문제와의 사색적 대결은 우정 회피해 왔던 까닭에 삶과 죽음의 경계를 두고 골똘히 생각해 본 적이 없다. 의식을 잃고 숨이 떨어져서 다시 소생할 가망이 없다고 판단되는 순간을 삶의 끝으로 인정하는 상식만으로 충분하다고 믿어 왔던 것이다. 제22회 국제의학회의 총회에서 채택되었다는 이른바 '시드니 선언'이 지상에 보도되었을 때도 실은 자세히 읽어보지 않았다. 그러나 어떤 친구로부터 '시드니 선언'을 어떻게 생각하느냐는 질문을 받고 동문 서답으로 응할 수밖에 없었을 때, 나는 철학을 한다는 사람으로서 자신의 게으름을 반성하는 동시에, 그 선언을 다시 한번 읽어 보기로 마음을 돌렸다.
 '시드니 선언'의 내용을 읽어 보았으나 거기에도 삶과 죽음의 경계선을 밝히는 시원스러운 해결은 없었다. "죽음의 결정은 의학적 판단을 기초로 한다"고 전제한 다음, 그러나 곧 이어서 "현대의학의 수준으로는 완전한 기술적 판단의 기준이 없으며, 의사에게도 전적으로 의존할 만한 기술이 없다"고 자인하지 않을 수 없었던 국제의학회의는 결국 "필요한 모든 장치를 사용"하는 동시에 두 사람 이상의 의사의 진단으로써 생사 여부를 결정하라고 권고했다. 그들은 결국 "현재 가장 유효한 진단 장치는 오직 뇌파 측정기 뿐"임을 지적하는 정도로 만족할 수밖에 없었다.

의학계에서 생명의 한계를 문제로 삼게 된 계기는 심장을 이식하는 수술의 성공에 있었다. 만약, 종전의 관념을 따라서 심장의 고동이 정지하는 순간을 죽음의 시간으로 간주한다면, 심장의 이식은 아직 살아 있는 사람의 생명을 앞질러 끊는 셈이 된다고 보아야 하기 때문이다. 그리고 '시드니 선언'이 생명의 한계를 심장의 고동 정지로써 긋지 않고 뇌활동의 정지로써 그은 것은 심장의 이식을 도덕적으로 긍정할 수 있는 이론 근거를 마련하려는 배려였다고 해석된다.

문제의 핵심은 생명의 주체를 무엇으로 보느냐에 있는 것 같다. 아직 심장이 멎지 않았으며, 피부나 근육의 세포가 살아 있음에도 불구하고 생명의 한계에 이르렀다고 인정하는 것은, 심장 또는 세포 그 자체를 생명의 주인공으로 보지 않고 심장 또는 세포에 대하여 소유권을 가진 어떤 자아의 존재를 가정하여 그 자아를 생명의 주인공으로 인정하는 생각에 기초를 두고 있다. 그리고 뇌의 활동의 정지로써 죽음의 순간을 결정할 것을 주장한 '시드니 선언'은 생명의 주체인 자아의 본질을 정신적 기능에서 발견한 전통적 사상에로 연결되고 있다.

'시드니 선언' 및 그 선언을 둘러싼 중론의 바닥에는 개인주의의 철학이 깔려 있다. 갑의 심장을 을의 가슴 속에 이식하는 수술이 성공했을 때, 갑과 을이 다같이 생명을 연장했다고 생각하지 않고 갑은 희생되고 을만이 살아났다고 생각한다. 갑의 건강한 부분과 을의 건강한 부분을 결합하여 하나의 인간을 재생했을 때, 거기 제 3 의 새로운 인간의 형성을 통하여 갑과 을이 모두 살아났다고 믿지 않고 그 재생된 인간을 갑 또는 을의 어느 한쪽과만 동일시하려고 드는 사고의 바닥에 개인주의의 철학이 흐르고 있음을 우리는 간과할 수가 없다.

르네상스 이후 대다수의 찬동을 받고 자라 온 개인주의 철학에도 몇 가지 고민은 있다. 그 고민은 하나는 영생을 원하는 인류의 절실한 소망을 이 철학으로는 풀어주기 어렵다는 사실에 연결되었다. 옛날에는 영혼의 불멸에 대한 굳은 신념의 덕분으로 개인주의의 철학으로도 영원한 생명을 보장할 수가 있었다. 그러나 과학의 발달은 정신과 육체의 분리를 거부하는 동시에 육체의 기능이 정지한 뒤에도 영혼만은 살아남는다는 믿음을 묵살로써 대접하는 지경에 이르렀다. 이러한 현상은 '시드니 선언' 속에서도 역력히 찾아볼 수 있는 사실이다. 개인을 자아의 궁극적 주체로 보는 개인주의의 입장에 서면서, 육체의 파멸과 함께 생명에도 종말이 온다는 과학의 가르침을 믿을 때, 영원한 생명에 대한 희망은 완전히 포기해야 한다. 개인의 사망과 함께 만사는 끝났다고 볼 수밖에 없기 때문이다.

우리에게 남은 길은 세 갈래로 나누어져 있는 것으로 보인다. 첫째는 영원한 생명에 대한 소망을 아예 버리는 길이다. 그러나 이 길은 앞이 너무나 허전하다.

둘째는, 영혼의 불멸을 부인하기에 충분한 증거는 과학도 제공할 수 없다는 사실에 의지하여, 육신은 죽어도 영혼은 죽지 않는다는 믿음을 굳게 지키는 길이다. 그러나 믿음이라는 것이 마음대로 가질 수 있는 것이 아니라는 사실에 이 길의 근본적인 어려움이 있다. 그리고 믿음이 아무리 굳다 하더라도 그 믿음이 반드시 현실이라는 보장은 없다는 사실에 또 하나의 난점이 있다.

셋째는, 개인주의의 울타리를 넘어서서 더욱 넓은 범위 속에 자아의 연장을 발견하는 길이다. 나무의 묵은 줄기가 쓰러지고 그 밑에 새로운 움이 돋았을 때, 우리는 그 나무가 아주

죽었다고 보지 않으며, 새봄과 함께 잔디밭에 싹이 돋으면 우리는 잔디가 살아났다고 말한다. 우리는 이 식물에 사용하는 언어를 인간에게도 적용할 수 있을 것이다. 자손을 자아의 연장으로 보는 동양의 전통적 사고나 인류를 모두 동포로 인정하려는 기독교적 사상에는 별다른 불합리성도 비과학성도 없다.

길

 우리는 지금 삼신 할머니의 집 문턱에 서서 "사람의 세계에 태어날까 말까?" 하고 망설이고 있는 것이 아니다. 우리의 문제는 현재 여기 이렇게 살고 있다는 사실에서부터 시작된다. 주사위는 이미 던져진 것이다.
 '삶의 의의' 또는 '살아야 할 이유'를 알 수 없다는 사실이 스스로 목숨을 끊어야 할 이유가 되지는 않는다. 자살을 정당화할 이유가 발견되지 않는 한, 사는 날까지 살아 두는 것이 자연스러움에 가까울 것이다.

 "기왕 살 바에야 보람 있게 살아보자."
 이 너무나 자연스럽고 너무나 인간다운 욕망으로 말미암아 우리의 문제는 그만 착잡한 양상을 띠게 되었다.
 "도대체 어떻게 사는 것이 보람 있게 하는 것이냐?"
 수없는 사상가들이 이렇게 물음을 제기하였다. 학자가 아닌 평범한 시민들까지도 그렇게 물었다. 아마 인류의 대부분이 같은 물음을 물었는지도 모른다. 물음은 같았으나 그러나 그들이 얻은 대답은 한결같지 않았다.

 여러 가지 대답 가운데서 어느 것이 정말 옳은지를 밝힐 수 있는 방법이 없다. 수학이나 자연 과학의 문제와는 근본이 다른 것이다. 서로 다른 대답을 따라 살아 갈밖에 도리가 없다. 남들까지도 내 대답을 따라 살도록 강요할 때 독선과 횡포가 있다. 스스로 내 대답을 버리고 남의 길을 따라갈 때 비굴과 자기 기만이 있다.

서로 다른 대답을 따라 사는 사람들의 사회에는 고독이 있다. 타협 또는 자기 기만을 통하여 억지로 같은 길을 간다 하더라도 역시 고독은 따라 온다. 오직 외면적으로만 같은 방향으로 가는 동행인들이기 때문이다.

신이 주신 율법을 따라 사는 것이 가장 옳은 길이라는 신앙이 몸에 밴 사람들은 그저 그 신앙대로 살 일이다. 아리스토텔레스나 T·H·그리인을 따라 인생의 형이상학적 목적을 믿는 사람들——정말 그렇게 믿는 것이라면——그 목적의 실현을 위하여 힘을 다할 뿐이다. 문제가 간단할 수 없는 것은 이도 저도 믿지 못하는 사람들의 경우에 있어서다. 그들은 참되게 살고자 하는 까닭에 도리어 방황해야 한다.

선천적인 행위의 법칙도 형이상학적인 인생의 목적도 믿지 못하는 사람들은 자기네 스스로가 법칙을 정하거나 목적을 세우는 것이 바람직한 선후책이다. 만약 하나의 길이 주어져 있지 않고 몇 갈래의 갈림길이 우리를 팔방으로 부른다면 우리는 필시 어떤 선택의 원리를 가져야 할 것이다. 아무 길도 택하지 않는 자유, 즉 아무 행위도 하지 않는 자유는 우리에게 주어져 있지 않다.

비록 인간이 주관적으로 세우는 법칙 또는 목적일지라도 그것을 정당화할 수 있는 근거가 있어야 할 것이다. 자연주의라고 불리는 일군의 사상가들은 인간성, 사회의 현실, 또는 시대의 요구 등에 그 근거를 구하였다.

내가 정한 법칙, 내가 세운 목적이 사회의 요구와 조화되지 않을 경우엔, 나는 그 법칙을 실천하거나 그 목적을 달성할 가망이 없다. '사회 안의 존재'로서의 개인에게 엄밀한 의미의 독립성은 허용되지 않았다.

현대인과 여가

자유롭고 한가로운 시간을 '여가'라고 부른다면, 여가는 현대인에게 있어서 24시간 중 가장 귀중한 시간이라는 생각이 든다. 먹고 살기에 바쁘고 치열한 사회 경쟁에 쫓겨야 하는 현대인은, 강요된 일과를 따라서 기계의 부속품처럼 정신 없이 움직여야 하는 까닭에, 자기 자신의 조용한 시간을 발견하기가 매우 어렵다. 어쩌다 갖는 여가는, 물질 문명의 혼잡한 흐름 속에 자기를 상실한 현대인이 모처럼 자기 자신에로 돌아갈 수 있는 귀중한 시간이며, 자유의 주체로서의 인간이 자기를 회복할 수 있는 알뜰한 순간이다.

사람들이 어느 정도의 여가를 가지며 그 여가를 어떻게 보내느냐에 따라서 우리는 그 시대의 문화적 특색을 엿볼 수 있으며, 그 사회의 미래를 점칠 수 있다 하여도, 반드시 허무맹랑한 과언이 아닐 것이다. 여가를 즐기는 순간에 사람들은 그 본연의 모습을 나타낼 뿐 아니라, 오늘의 여가를 소모와 낭비 속에 보내는가 또는 회복과 준비의 기회로 살리는가에 따라서 내일의 모습이 달라지기 때문이다.

'여가'라는 단어와 가장 연상(聯想)되기 쉬운 것은 아마 '독서'라는 말이 아닌가 생각된다. 사실 그리 멀지 않은 과거만 하더라도, 사람들은 여가만 있으면 책방에 들렀으며 다음 여가는 읽는 데 보내는 경향이 강했다. 그래서 지금도 '여가'라는 말의 뒤를 이어서 '독서'라는 말이 머리에 떠오르는 것이다.

그러나 여가와 독서가 연결되는 것은 오직 연상의 세계에 있어서 뿐이요, 오늘날 실제 생활에 있어서까지 여가를 독서로 채우는 사람은 매우 적은 것으로 알려지고 있다. 시험에 대비하기 위해서, 또는 직업이 요구하는 전문적인 지식을 얻기 위해서, 강요된 독서에 골몰한 사람들은 많이 있을지 모르나, 틈틈이 생긴 여가를 선용하여 자기의 정신적인 성장을 도모하고자 고전 또는 현대의 교양 서적을 탐독하는 사람들의 수효는 매우 적은 것으로 전해지고 있다. 책을 사서 읽을 만한 돈과 시간의 여유가 생긴다면, 차라리 영화관에 가거나 대포잔을 기울이는 편을 택하는 것이다.

물론 여가에 활자를 읽는 사람이 전혀 없는 것은 아니다. 그러나 그 사람들이 손에 드는 책의 대부분은 주간잡지나 무협 소설 또는 운명이 기구한 여인의 수기 따위의 것들이다. 마음의 양식이 될 책보다는 당장 순간적인 오락을 약속하는 책에로 손이 가는 것이다. 온돌 바닥에 배를 깔고 주간 잡지를 뒤적거리는 심정은 어려운 단어를 사전에 물어가며 고전을 읽는 마음과는 전혀 성질이 다른 것이며, 잠시 피로를 풀기 위하여 술집이나 다방을 찾는 심리 상태에 오히려 가깝다.

현재 이 순간의 쾌락을 좇는 마음의 자세 또는 생활 태도가 반드시 나쁘다는 말을 하고 있는 것은 결코 아니다. 우리가 가진 시간 가운데서 가장 확실하고 귀중한 것은 역시 현재 이 순간이며, "항상 미래만을 걱정하고 사는 사람은, 행복을 찾아서 산너머 저 산 너머 항상 먼 곳만 바라보고 사는 사람처럼, 어리석은 사람"이라는 말에는 분명히 일리가 있다.

그러나 하등 동물과 구별되는 인간이 갖는 '현재'는 그 폭이 넓은 것이 특색이다. 지성을 자랑하는 우리 인간의 현재는 '바로 이 순간'만으로 구성되는 것이 아니라, 과거와 미래를 그 속에 끌어넣는 폭넓은 시간의 체계이다. 그리고 한 사람이 자기의 '현재' 속에 과거와 미래를 얼마나 폭 넓게 끌어넣느냐에 따라서, 우리는 그 사람의 지성의 높이를 짐작할 수가 있다.

마음의 양식이 될 좋은 책을 읽는 행위는, 육체의 건강을 위해서 영양 많은 음식을 먹는 행위가 그렇 듯이, 현재 속에 미래를 끌어넣는 인간적 분별의 대표적인 것이다. 그럼에도 불구하고, 오늘날 좋은 책을 읽는 일로 여가를 선용하는 사람들은 별로 많지 않은 것이다. 이것은 매우 걱정스러운 현상이라고 보아야 하겠거니와, 도대체 이러한 현상의 근원이 어디에 있는 것일까? 우리로 하여금 10년 뒤를 내다보는 긴 안목을 버리고 당장 이 순간의 즐거움을 택하게 하는 것이 무엇일까. 문제는 우리 사회의 전체적 상황 또는 현대 문명의 일반적 특색과 깊이 관련되어 있는 것으로 보인다.

현대의 문명을 '금전 문화'(金錢文化) 또는 '물질 문명'이라는 말로 특색짓는 사람들이 있다. 금전 또는 물질이 가치의 기본적 척도의 구실을 하고 있는 것으로 단정하는 것이다. 복잡다양한 내용을 담은 문화의 특색을 한마디의 언어로써 단순하게 규정짓는 것은 무리한 모험 같기도 하나, 금전이 오늘날 우리 가치체계 속에서 매우 높은 자리를 차지하고 있음에는 의심의 여지가 없는 것으로 보인다. 돈이 출세의 척도로서 군림하고 있으며, 돈의 손짓을 따라서 사람들의 마음과 몸이 움직인다.

돈이 행동의 주요 목표가 되는 사회에 있어서 사람들은 항상 바쁘게 마련이다. "시간은 돈"이기 때문이다. 그리고 시간에 몰리는 사람들로서 책을 읽는다는 것은 대체로 어려운 일이다. 깊이와 무게가 있는 책을 읽자면 대단히 많은 시간이 요청되는데, 책을 읽는 일이 돈벌이에로 직결되는 경우는 비교적 드물기 때문이다. 돈벌이가 안 되는 대신 존경을 받을 원인이라도 된다면, 사람들은 참고 책을 읽었을지 모르나, 돈이 가치체계의 상좌를 차지하고 있는 오늘날, 그리고 지성이 권력 구조의 저변에 깔려서 허덕이고 있는 오늘날, 책 읽는 사람을 존경할 정도로 어수룩한 사람들의 인구는 극히 소수에 지나지 않는다.

뿐만 아니라, 돈과 시간에 몰리고 쫓기는 사람들의 심신은 항상 피로하다. 피로한 사람들에게 여가가 생겼을 때 가장 먼저 해야 할 일 또는 먼저 하고 싶은 일은 피로를 푸는 일이 아닐 수 없거니와, 피로를 푸는 방법으로서 골치 아픈 책을 읽는 것이 좋다고 생각하는 사람은 대학 교수나 출판사 사장 가운데서도 찾아보기 힘들 것이다.

피로를 푸는 데는 역시 술과 여자, 영화와 텔레비전, 춤과 노래 따위의 것들이 효과적이라고 생각하는 것이 우리들의 상식이다. "그러한 것들로 피로가 풀리는 것은 일시적 현상에 지나지 않으며 사실은 피로가 더욱 겹치는 결과를 가져온다"고 경고하는 충고자가 전혀 없는 것은 아니다. 그러나 당장의 괴로움을 잊기 위해서 마약 또는 환각제라도 사용해야 할 이 판국에, 내일을 위해서 눈앞의 유혹을 뿌리친다는 것은 그러한 충고를 전문직으로 삼는 사람들에게도 어려운 일이다.

이러한 실정임에도 불구하고, 우리는 아직도 "책을 읽어야 한다"고 외친다. 독서 주간을 마련하고 독서 운동을 위한 단체를 조직한다. 아직도 우리 마음 한구석에 맑은 정신이 남아 있다는 증거라고 보아도 좋을 것이다. 여하간에, "좋은 책을 읽어야 한다"는 옛 선각(先覺)들의 결론은 아직도 살아서 남아 있다.

그러나 "좋은 책을 읽어야 한다"는 생각이 단순히 생각에만 그치지 않고 실천에 옮겨질 수 있기 위해서는 우리의 사회 현실에도 약간의 변화는 생겨야 할 것이며, 돈이 왕좌를 차지하는 가치 체계에도 약간의 변동이 생겨야 할 것이다. 나라의 살림을 맡은 사람들이 나라 전체의 번영과 백성들의 행복을 구호로만 외치고, 실제로는 자기네의 사유 재산을 키우는 일에 골몰하는 풍조가 사라지지 않는 한, 여가를 독서로 선용하는 기풍이 다시 살아나기는 어려울 것이다. 금자(金字)로 장정한 호화판 전집을 실내 장식으로 사들이는 것이 아니라, 내용이 충실한 책을 읽기 위해서 사는 기풍이 앞설 수 있기 위해서는, 고급 주택이나 자가용을 가진 사람보다도 학덕(學德)이 높은 사람을 더 훌륭하다고 생각하는 양식(良識)의 인구가 좀 더 늘어나야 할 것이다.

어려우나 보람 있는 직업

공자의 말씀에 "나의 훌륭함을 남들이 몰라주는 것을 걱정할 일이 아니다"(不患人之不己知)라는 구절이 있다. 남이야 알아주든 말든 나만 훌륭하면 그것으로 족다하는 뜻일 것이다. 열 번 읽어도 좋은 말임에 틀림이 없다.

그러나 직업 가운데는 남이 알아주지 않으면 그 직업인으로서의 구실을 제대로 할 수 없는 것이 있다. 예컨대, 의사와 같은 직업이다. 의사는 그 실력을 환자들이 믿어주지 않으면 환자를 치료함에 있어서 지장이 많다. 그러한 의미에서 의사라는 직업은 어려운 직업의 하나이다.

교사라는 직업은 의사보다도 더욱 어렵다. 의사는 전문적 기술이 탁월하고 그 기술의 탁월성을 환자로부터 인정을 받기만 하면 그 직책을 완수할 수가 있지만, 교사의 경우는 전문적 지식에 대한 인정을 받은 뒤에 또 그 인격에 대한 존경까지도 받아야 한다. 개별적 학과의 지식을 전달하기 위해서는 전문적 지식이 탁월하고 그 사실을 피교육자가 믿어주는 것만으로 족할 것이다. 그러나 교육의 진수는 전체로서의 인간을 길러 내는 데 있다. 그리고 인간 교육이 제대로 성과를 거두기 위해서는 교육자가 피교육자로부터 믿음과 존경을 받아야 하는 것이다.

자기가 맡은 학과에 대한 실력은 부지런히 공부하고 연구만

하면 누구나 어느 정도의 수준에 올라갈 수가 있다. 그리고 실력이란 속일 수 없는 것이어서, 그것을 남에게 알리고자 특별히 애쓰지 않아도 자연히 알려지게 마련이다. 그러나 인격에 대한 믿음이나 존경을 받는 일은 학문적 실력에 대한 인정을 받는 것처럼 간단한 일이 아니다. 탁월한 인격을 갖는다는 것 자체가 학과에 대한 실력을 기르듯이 간단하게 성취될 수 있는 일이 아니며, 설령, 고매한 인격자가 되었다 하더라도 그러한 인격자로서의 인정과 대접을 받기는 매우 어려운 일이다.

인격에 있어서 높은 경지에 도달한다는 것은 언제나 어려운 일이거니와, 오늘날 우리의 실정은 그것을 더욱 어려운 일로 만들고 있다. 인격을 함양하는 일이 오늘날 특별히 어려운 첫째 이유는, 가치관의 기준이 흔들리고 있다는 사실이다. 도대체 어떠한 유형의 인물을 높은 인격자라고 부를 것인지 그 기준이 확립되어 있지 않다. 전통적 관념에 따르면 정직, 검소, 겸허 등은 훌륭한 인격자가 되기 위한 필수의 덕목이요, 오늘날도 그러한 덕목들은 교과서 등에서 거듭 강조되어 가르쳐지고 있다. 그러나 한편 정직이 융통성 없는 바보로 업신여김을 당하는가 하면, 검소하고 겸허한 사람이 못난 사람으로서 비웃음을 당하는 경우가 일상 생활에 허다하다. 이러한 실정 속에서 우리의 마음은 두 갈래 세 갈래로 찢어지는 것이며 도대체 어떠한 자세로 살아가야 할지 갈피를 잡기가 어렵다.

오늘날 인격의 함양을 특별히 어렵게 하는 둘째 이유는, 물질적 가치에 의하여 정신적 가치가 압도당하고 있다는 사실이다. 인격의 높이를 재는 기준이 비록 흔들리고 있다 하더라도, '인격'이라는 것이 어떤 정신적 탁월을 가리키는 말임에는 의심의 여지가 없다. 그런데 오늘날 우리의 현실은 물질적 가치에 의하여 크게 압도당하고 있는 까닭에 정신적 가치의 실현을 위해서 성력(誠力)을 기울이기가 매우 어렵다. 비록 마음으로는 올바르게 살기를 원한다 할지라도, 현실의 여건이 그렇지 못한 까닭에, 마음 바닥에서 우러나오는 신념대로 행동하기는 지극히 어렵다.

다행히 어떤 수준의 인격에까지 도달하기에 성공했다 하더라도 그러한 사실을 남에게 인정받기가 매우 어려우며, 그것으로 말미암아 남의 존경을 받기는 더욱 어렵다. 오늘날 그것이 특별히 어려운 이유의 하나는 위선과 불신의 풍조가 미만해 있다는 사실이다. 남의 말이나 행동을 솔직하게 액면대로 받아들이지 않는 경향이 강한 까닭에, 정성을 다해서 하는 말이나 행위까지도 어떤 딴 속셈이 있어서 그렇게 하는 것으로 억측을 당하는 수가 많다.

비교적 선량한 사람으로서 인정을 받는다 하더라도 그것이 반드시 존경을 받는 결과를 가져오지 않을 수도 있다. 선량한 사람이 반드시 '성공'을 하고 출세를 하는 경향이 있다면, 사람들은 선량한 인품에 대해서 존경을 느낄 것이다. 그러나 사실은 그렇지 못한 까닭에 선량하다는 것 자체가 별로 대단한 일이 못되는 것처럼 느껴지는 수가 많다. 심한 경우에는 선량한 사람이 '답답한 사람'으로서 연민의 대상이 되기도 한다.

이상에 서술한 바로부터 불가피하게 풀려나오는 첫째 결론은, "오늘날 우리 사회에서 훈장이라는 직업을 제대로 감당하기는 매우 어렵다"는 명제일 것이다. 실제로 사실이 그런 까닭에, 아무도 이 사실을 부인하지는 못한다. 그러나 이 사실로부터 그 다음에 또 어떠한 결론을 끌어내느냐 하는 것은 우리들의 인생관과 결심에 달려 있는 문제이다. "교사라는 직업은 감당하기가 어려운 까닭에 집어치워야 되겠다"는 결론을 내리는 사람도 있을 것이요, "세상에 보람찬 일 치고 어렵지 않은 일이 없으니, 교사가 어렵다는 사실은 교사라는 직업이 뜻있고 보람찬 직업임을 의미할 따름이다"라는 결론을 내리며 더욱 사명감을 굳히는 사람도 있을 것이다. 그리고 우리 나라의 교사들 또는 교사라는 직업에 관심을 가진 사람들이 위에 말한 두 가지 결론 내지 태도 가운데서 어느 길을 많이 택하느냐에 따라서 한국 교육의 장래가 좌우될 뿐만 아니라, 우리 국가의 운명 자체도 결정될 것이다. 우리의 조국은 지혜와 용기를 가진 사람들이 교단을 지켜 줄 것을 절실히 요망한다.

여성과 철학

어느 나라에 있어서나 대학에서 철학을 전문으로 공부하는 여학생의 수는 비교적 적은 것 같습니다. 그래도 외국에는 간혹 여자 철학 교수가 있고, 학생도 열에 하나쯤 여자가 섞인 대학이 많은데, 우리 나라에서는 철학과 여성의 관계가 그보다도 더욱 먼 것이 아닌가 생각됩니다.

여자로서 철학자가 되기를 희망하는 사람이 적은 데는 그만한 이유가 있을 것입니다. 따라서 함부로 여자들에게 철학을 권고하는 것은 그리 적당한 일이 아니라 하겠습니다. 다만 여기서 말하고 싶은 것은, 철학이라는 것이 어떤 특수한 사람들만을 위해서 있는 괴상한 물건이 아니며, 남녀 노소 누구나가 조금씩은 철학과 인연을 가졌다는 사실입니다.

'철학'이라는 우리 말에 해당하는 영어 '필로서피'는 본래 희랍어 '필로소피아'에서 왔으며, 이 희랍어의 본뜻이 '진리에 대한 사랑'이라는 것은 대개의 철학 교과서 첫머리에 소개되는 이야기입니다. 그러니까 '철학한다' 함은 그 어원으로 따진다면 '진리를 사랑한다'는 것과 같은 뜻이 되겠습니다.

진리를 사랑하는 마음, 이것이 곧 철학을 하는 마음입니다. 세상에 누가 진리를 사랑하지 않겠습니까. 만약 세상 사람이 누구나 그 마음 깊은 바다에 진리에 대한 사랑을 숨기고 있는 것이 사실이라면, 세상의 모든 사람은 철학하는 마음을 가졌다고 말할 수 있을 것입니다. 독자 여러분도 사실은 여러분 나름의 철학을 하고 계시는 것입니다.

진리를 찾는다는 것은 그러나 힘들고 괴로운 일입니다. 또 살피고 또 생각하고 또 물어야 합니다. 생각하면 생각할수록 문제는 점점 더 어려워집니다. 철학이 어렵고 골치아픈 정신 노동이 되고 만 것도 실은 그 때문입니다.

우리는 한편으로 진리를 사랑하면서도 다른 한편으로는 어렵고 골치아픈 일을 싫어합니다. 따라서 우리는 모두 한편으로는 철학을 좋아하면서도 한편으로는 철학을 싫어하는 마음을 가지고 있다고도 말할 수가 있습니다. 다만 진리를 사랑하는 마음과 골치아픈 것을 싫어하는 마음 가운데서 어느 편이 어느 정도 더 강하냐에 따라서 그 개인과 철학과의 관계가 깊어지기도 하고 얕아지기도 할 따름입니다.

우리가 진리를 사랑하는 것은 사실에 대한 지식 그 자체를 사랑하기 때문만이 아니라, 더욱 참되고 더욱 보람 있는 인생을 갈망하기 때문입니다. 참되고 보람 있는 인생을 갈망하는 마음이 여자에게라고 더 약할 리는 없습니다. 어느 면으로 보면 그런 알뜰한 생각이 여자에게 더 많다고 하는 것이 옳을지도 모르겠습니다. 그렇다면 철학에 대한 관심이 여자에게 있어서 비교적 약하다는 사실이 무엇에 연유하는 것인지 궁금하지 않을 수 없습니다.

일부 학설에 의하면, 구체적인 사물에 대한 직감력은 여자에게 더 발달하고, 추상적인 사고력에 있어서는 남자가 더 우세하다고 합니다. 그런데 글로 나타난 철학적 사상은 대개의 경우 추상적인 사고의 기록으로 되어 있습니다. 따라서 추상적 사고에 익숙하지 않은 여자에게 철학적인 논의가 흥미 없는 일이 되는 것이 아닐까 생각됩니다.

더구나 오늘날 전문가들이 하는 철학은 매우 추상적이요 부분적인 문제를 다루는 것이 보통이며 구체적인 인생 문제를 직접 논하는 경우가 극히 적습니다. 따라서 일반적으로 추상적인 것을 좋아하지 않는 여자들에게 철학이 흥미를 일으키기가 힘드는 것이 아닐까 생각됩니다.

그러나 전문가들이 하는 추상적 사고의 논리적 전개만이 철학의 전부는 아닐 것입니다. 여성에게는 여성의 기질에 맞는 철학이 있을 수 있다고 믿습니다. 그리고 그러한 철학은 여성들 자신이 해야 할 것입니다.

여성들에게 남성 전문가들의 철학을 굳이 권하고 싶지는 않습니다. 다만 여성이 여성 자신의 철학을 가져 주기를 바라는 마음만은 간절합니다.

대 화

　재학생 또는 졸업생에게 대학 생활의 소감을 말하라면 "교수와의 대화가 아쉽다"고 입을 모아 대답한다. 이러한 대답이 교수와 가까이 이야기하기를 원한다는 증거로 보아도 좋다면, 대화의 길은 아직도 아주 막히지는 않았다고 낙관할 수 있을 것이다.
　왜 대화가 그토록 어려운 것일까. 원인이 밝혀진다면 앞으로의 대책을 모색하기에 도움이 됨직도 하다.
　첫째로, 오늘의 대학 교수들에게는 마음에도 시간에도 여유가 없다. 박봉에 보태어가며 먹고 살자니 부업적 활동이 불가피하며, 그래도 틈을 타서 연구는 계속해야 하니 학생들과 조용히 차라도 나누며 이야기할 시간이 없다. 설혹 시간이 있다 하더라도 학생들이 갖고 오는 우울한 화제를 다루기에는 기분이 너무 침체하다.
　둘째로, 교수가 의식적으로 노력해서 그 대화라는 것을 열심히 했을 경우에 뒤가 신통치 않다. 대학생들이 갈망하는 대화란 즐겁고 가벼운 얘기가 아니라 정치 문제나 사회 문제 따위의 심각한 이야기들이다. 그리고 학생들이 바라는 것은 단순히 이야기만을 하는데 그치는 것이 아니라 한걸음 나아가 행동까지도 함께 하기를 희망한다. 교수는 학생들의 생각이 전적으로 옳다고만 보지 않는 까닭에, 행동을 같이 하는 데까지 동조하지 않는 것이 보통이다. 다만 학생들의 애국적인 정열과 동기에 대하여 어느 정도의 이해와 동정을 표명함으로써 그들의 흥분을 달랜다. 교수가 그러한 태도를 취했을 때 뒤에 들리는 말은 대개 좋지 않다.

학생들은 그 교수를 '비겁하다'는 말로 평가하며 '어용학자'라고까지 비난한다. 한편 당국에서는 학생들을 선동했다는 혐의로 색안경을 쓰고 노려본다. 이러한 경험을 몇 번 당하고 나면 대개의 교수는 그 '대화'라는 것에 대한 입맛을 잃는다.

교수와 학생의 대화를 방해하는 셋째 사유로서 기성 세대와 젊은 세대 사이에 있는 일반적인 편견, 오해 및 불신을 들 수가 있다. "교수와의 대화가 아쉽다"는 말은 진정으로 교수를 존경하고 진정으로 대화를 갈망하는 학생의 입에서도 나올 수 있지만, 교수와의 대화를 진심으로 시도한 일이 없는 학생이 교수에 대한 불신과 비난을 뒷받침하기 위한 방편으로 사용할 수도 있다. "당신네와 얘기해 봤자……" 하는 선입견이 일부 학생들에게 없다고 단언할 수 있을까.

편견과 불신은 교수들에게도 있다. 마치 학생들이 공부하기 싫어서 또는 사상이 불온해서 정치나 사회 문제를 들고 나서는 줄로 오해한다. "요즈음 학생들은 필요할 때는 추천서를 써달라 취직 알선을 해달라 하며 쫓아다니지만, 자기네의 아쉬운 일이 끝나면 엽서 한장 없다"고 비난하기도 한다. 그렇지 않은 제자들도 많을 터인데 모든 젊은이들이 그런 것처럼 일반화해서 말한다. 대화의 부족은 편견과 불신을 조장하고 편견과 불신은 새로운 대화의 길을 방해한다. 흔히 있는 악순환의 일종이다. 그러나 대화는 역시 필요하다고 믿는다. 길이 저절로 열리기를 기다릴 것이 아니라 힘써 그것을 열어야 한다. 대화의 길을 트는 열쇠는 사랑과 인내, 그리고 상대편의 견지에서 사물을 판단하는 아량이다. 지성인은 '대국적 견지에 설 것'을 요청받고 있다.

세대 간의 갈등

오늘날 어느 나라에 있어서나 새 세대와 묵은 세대 사이에 현격한 가치관의 차이가 있다고 사람들은 생각한다. 그러나 만약 '가치관'이라는 말을 '좋고 나쁜 것 또는 옳고 그른 것에 관한 신념'이라고 이해한다면, 두 세대 사이의 가치관의 차이는 일반이 생각하듯이 그토록 큰 것은 아니다. 오늘의 가장 심각한 문제는 두 세대의 신념이 서로 다르다는 사실에 있기보다는 두 세대가 모두 확고한 신념을 가지고 있지 않다는 사실에 있다. 스스로의 실천의 원리가 될 수 있을 정도의 확고한 신념은 없으나, 남의 행동의 시비를 비판할 정도의 가치의식은 누구나 가지고 있다. 여기서 새 세대는 묵은 세대를 비난하고 묵은 세대는 새 세대를 비난하는 일반적인 현상이 생기거니와, 이때 서로가 서로를 비난하는 평가의 기준은 의외로 비슷하다.

물론, 신구 두 세대 사이에 가치관의 차이가 전혀 없는 것은 아니다. 예컨대 성도덕, 장유 유서, 가정 윤리 등에 관한 가치관의 차이는 상당히 큰 것으로 보아야 할 것이다. 그리고 이러한 차이는 도덕의 본질에 관한 이해의 부족에서 오는 경우가 많으며, 만약 도덕의 본질에 관해서 신구 두 세대가 모두 정확한 인식에 도달한다면, 비록 성도덕이나 가족 윤리의 문제에 있어서까지도 새시대에 적합한 규범이 무엇이냐에 관해서 두 세대가 일치된 결론에 도달하기는 그리 어려운 일이 아닐 것이다.

　신구 두 세대 사이의 갈등이 모두 가치관의 차이에 유래한다고 보는 것은 잘못된 생각이다. 두 세대 사이에는 가치관의 차이 이외의 요인에서 오는 갈등이 있다. 상호 불신, 이해 관계의 대립, 책임 전가의 심리, 지도력의 부족과 방종의 욕구 등도 두 세대 사이의 갈등을 촉진하는 유력한 원인이 될 수 있다.

　'세대와 가치관의 갈등'이라는 막연한 표현 속에 담긴 우리의 문제는 사실은 몇 가지 관련된 문제들의 복합이다. 거기에는 첫째로, '관념과 행동의 유리'라는 심각한 문제가 들어 있다. 둘째로, 신구 두 세대 사이에 실제로 존재하는 가치관의 차이의 문제가 있다. 그리고 셋째로, 가치관의 차이 이외의 요인에서 오는 두 세대 사이의 갈등의 문제가 있다.

　이 가운데서 가장 근본적이고 가장 심각한 것은 '관념과 행동의 유리'의 문제다. 관념 또는 말로는 이 길로 가야 한다고 생각하면서 실제의 행동은 저 길로 가는 자기 모순은 우리 사회에 있어서 일반적인 현상이다. 이것은 모든 위선과 기만 그리고 상호 불신의 원인이며 인격의 자기 분열과 인간의 자아 혐오의 근원인 까닭에, 가장 근본적이고 심각한 문제가 아닐 수 없다.

　관념과 행동의 유리를 극복할 수 있기 위해서는 첫째로 우리의 가치 관념이 확고한 신념으로서 정립되어야 한다. '새로운 가치관의 확립'이라는 표어를 가끔 듣거니와, 이 표어가 암시하는 바의 본의는 여러 가지 가치관 중에서 하나를 선택하는 결단에 그치는 것이 아니라, 막연한 가치 관념을 확고한 신념으로서 정착시키는 작업까지도 포함한다고 보아야 할 것이다. 그리고 그것이 가능하기 위해서는 우리 현실에 대한 정확한 인식과 우리의 내일에 대한 통찰력 있는 전망이 앞서야 할 것이다.

우리의 실천적 행동이 우리의 가치 관념의 지시를 충실하게 따를 수 있기 위해서는 둘째로 사회가 어느 정도의 질서를 유지해야 한다. 가령 전체가 부패한 환경 속에서 혼자만 결백하기는 어렵다. 비록 관념은 '정직하라'고 명령한다 하더라도 만약 정직해 가지고는 살 수 없는 세상이라고 판단된다면, 우리의 실천 행동은 스스로의 관념을 배반할 것이다.

신구 두 세대 사이에 실제로 있는 가치관의 차이를 조정하는 길은 도덕의 본질에 관한 정확한 이해를 출발점으로 삼아야 한다고 이미 언급한 바 있거니와, 도덕이 본래 그 자체에 있어서 신성한 선천적 원리가 아니라, 원만하고 보람 있는 사회 생활 또는 행복한 삶을 위한 경험적 처방이라는 사실이 이해되지 않는 한, 가치관의 차이를 극복하기에 필요한 고차원의 원리를 발견할 길이 없을 것이다.

다음에 필요할 것은, 신구 두 세대가 같은 시대와 같은 사회의 성원이며 따라서 거시적 관점에서 볼 때 흥망을 같이할 공동 운명의 소속이라는 사실에 대한 투철한 인식이다. 이 인식은 '공동 목표의 수립'에로 우리를 이끌 것이며, 세워진 공동 목표는 사소한 관점의 차이에서 생긴 가치관의 차이를 조정하는 고차원의 원리의 구실을 할 것이다.

공동 목표의 수립은 '가치관의 차이 이외의 요인에서 온 두 세대 사이의 갈등'을 극복하기에도 근본적인 토대가 될 것이다. 왜냐 하면 상호 불신, 이해 관계의 대립, 책임 전가의 심리, 방종의 욕구 등 갈등의 요인들은 확고한 공동 목표가 진지하게 추구되는 마당에서는 자연히 세력을 잃을 것이기 때문이다.

교양이란 무엇인가

 교양이란 박식을 의미하는 것은 아니다. 그것은 단순한 지식에 관계하기보다는 전체로서의 인품에 관한 개념이다. 인품이 세련되고 덕이 높을 때 우리는 그를 '교양이 있는 사람'이라고 부른다.
 교양이란 선천적 속성은 아니다. '교양(敎養)' 두 글자가 말하듯이 그것은 가르치고 기르는 가운데 체득되는 경험의 산물이다.
 경험의 산물인 까닭에 어떤 인품을 교양이 있다고 보느냐 하는 것은 그 시대의 가치관의 경향을 따라서 다소의 차이가 있다. 자기가 사는 사회의 관습과 예절, 그리고 시대적 요구 등에 밝아서 언어와 행동거지가 분위기에 어울리는 사람을 우리는 '교양이 있다'고 말한다. 조선 시대의 교양이 높은 선비가 하던 것과 똑같은 언행을 하는 사람이 오늘에 나타났다면, 우리는 아마 그를 교양이 부족한 사람이라고 볼 것이다.
 그러나 시대나 사회의 특수성에 대한 적응은 교양의 가장 깊고 핵심적인 측면은 아니다. 교양의 핵심은 사람의 심덕 또는 삶을 대하는 마음가짐이다. 마음 속에 있는 덕성은 자연히 겉으로도 나타나는 것이어서 우리는 사람의 겉모습을 보고 그의 교양을 짐작하게 된다.
 그러나 사람의 겉모습이 언제나 그의 마음 속을 정직하게 보여주는 것은 아니다. 별다른 배우의 소질을 갖지 않더라도 우리는 어느 정도 그럴듯 하게 보이도록 말과 표정 그리고 몸가짐을 조절할 수가 있다. 교양의 정도가 진실로 나타나는 것은 거짓되게 외모를 꾸미기가 어려운 상황, 즉 사태가 다급하거나 큰 이해가 얽혀 있는 상황에 있어서이다.

우리의 조상들은 '신언서판'(身言書判) 즉 신수와 말씨, 문필과 판단력을 교양의 기준으로 삼았다. '겉볼 속'이라는 말이 있듯이 말씨, 그리고 문필이 높은 수준에 이른 사람들 가운데는 마음의 깊은 곳까지 비범한 인품이 적지 않다. 그러나 앞에서도 말했듯이, 겉과 속이 언제나 일치하는 것은 아닌 까닭에 위의 세 가지에 있어서 탁월한 사람들 가운데도 속이 보잘것 없는 소인이 없지 않다. 그래서 판단은 다른 무엇보다도 중요한 교양인의 조건이다.

신수와 말씨 그리고 문필 세 가지는 교양인을 위한 충분한 조건은 못된다 하더라도, 역시 갖추어야 할 바람직한 조건임에는 틀림이 없을 것으로 생각된다. 말씨가 너무 거칠거나 문필이 너무 졸렬하면 우선 첫인상부터 존경심을 불러일으키지 않는다. 옛날의 선비들이 거의 예외 없이 상당한 수준의 문장력과 서예를 익혔다는 사실에 부러움을 금치 못한다.

오늘은 옛날에 비하면 교육 기관이 발달하고 학교 교육의 연한도 매우 길어졌으나, 참된 의미의 교양의 수준은 멀리 떨어진 느낌이 있다. 대학을 나오고 대학원까지 다닌 사람들 가운데서도 글씨 하나 반듯하게 쓰지 못하는 사람을 찾아보기는 어렵지 않다. 최고의 지성인으로 자처하는 대학 교수들 가운데도 옛날의 시골 선비 수준의 문장력도 갖지 못한 사람들이 허다하다. 우아하게 쓰여진 편지 한장을 받아 보기 어려운 세상이 되었다.

전문적 지식과 특수한 학술에 대한 요구가 앞서다 보니 글이나 글씨에 시간을 나눌 형편이 못되고, 타이프라이터와 전화 등 편리한 기구가 보급되어 굳이 붓을 들어 글을 쓸 필요가 없는 세상이니, 자연 그렇게 될 수밖에 없다면 그뿐이다.

  그러나 우리에게도 시간의 여유가 전혀 없는 것은 아니며, 별로 중요하지 않은 것을 가르치고 배우는 경우도 적지 않다. 무엇이 더 중요하고 무엇이 더 필요한 것인가에 대해서 우리가 다같이 생각해야 할 문제들이 적지 않다.

정신 문화와 물질 문명의 조화

50년 전과 오늘을 견주어 보면 우리의 생활 양식은 크게 변모하고 있다. 국민의 대부분이 농업에 종사하던 그 때에는 옷 한 벌을 장만하는 것도 여간 힘드는 일이 아니었다. 목화를 재배해서 실을 뽑고 그 실로 무명을 짜서 표백한 다음에, 등잔불 밑에서 바지 저고리를 바느질할 때까지의 과정은 이루 말할 수 없을 정도의 인내와 노고를 요구하였다. 이불 한 채를 장만하는 일은 몇 해를 두고 수행해야 하는 장기적 과제였다. 상당한 부자가 아니면 천리 길도 짚신을 갈아 신으면서 걸어가야 했으니, 여행이라는 것도 엄두를 내기 어려운 고역이었다. 음식물도 매우 귀했다. 떡이라는 것은 아주 귀한 별식이어서 집안 싸움으로 우울하던 가정도 그것을 해서 나누어 먹으면 화목을 되찾을 수 있을 정도의 위력을 가졌었다. 엿은 더욱 귀한 음식이어서 그것 한쪽 얻어 먹기는 꿈에 떡맛 보기보다도 어려운 일이었다.

그러나 지금 우리는 그 때와는 비교도 안 될 정도로 편리하고 풍요로운 세상에 살고 있다. 저소득층도 한 달만 일하면 이불 몇 채 값을 버는 것은 어려운 일이 아니다. 옛날엔 걸어서 열흘 걸려야 갈 수 있던 길을 너덧 시간이면 자동차나 기차로 편하게 갈 수가 있다. 요즈음 어린이들 가운데 "그 집도 떡해 먹어야 하겠다"든가 "돈 있거든 엿 사먹어라" 하는 말의 옛날 뜻을 실감하는 어린이는 아주 드물 것이다.

물질이 흔하고 몸이 편하게 되었다는 점에 있어서는 많은 발전이 있었으나, 삶 전체에 대하여 우리가 느끼는 만족감에도 그와 비례하는 상승이 있었다고는 보기 어렵다. 다시 말해서, 물질 생활의 향상에 어울리게 정신 생활의 향상이 병행되지 못한 것이다. 인간에게 참으로 깊은 만족감을 주는 것은 정신 생활에서 찾아야 할 터인데도 불구하고 사람들은 이 정신 생활의 질을 높이는 일에 성공을 거두지 못하였다. 물질이 풍부하고 몸이 편해지는 가운데 정신 상태는 도리어 뒷걸음질하는 경향조차 보이게 되었다.

물질 문명의 발달 그 자체는 바람직한 것이라 하겠다. 우선 오늘 우리들에게 주어진 여건에서 볼 때 물질 문명을 외면하고서는 생존 그 자체를 유지하기가 어렵다. 주위의 나라들이 모두 높은 수준의 물질 문명을 이룩하고 있는 상태에서 우리 나라만 물질 문명의 바탕인 과학과 기술에 뒤떨어져 있다면, 군사적으로 국가를 수호하기가 어려울 뿐 아니라 현재의 많은 인구가 먹고 살 수 있는 경제력을 갖추는 일도 불가능할 것이다. 뿐만 아니라, 우리가 정신적으로 빈곤해지지만 않는다면 가난하고 고생스럽게 사는 것보다는 즐겁고 편안하게 사는 편이 바람직한 일이다.

그러나 물질적 풍요 속에서 몸이 편안하게 사는 것만으로 인간다운 삶이 실현되는 것은 아니다. 인간의 특성은 그의 높은 정신성에 있으며, 인간을 인간답게 하는 것은 그의 높은 정신 생활에 있다. 그런데 우리가 물질의 풍요와 육체의 안락에 지나치게 탐닉하면 정신 상태는 도리어 타락하기가 쉽다. 바로 여기에 우리가 깊이 반성하고 경계해야 할 문제가 있다.

가장 이상적인 것은 물질적 풍요를 발판으로 삼고 그 위에 높은 정신 문화의 금자탑을 세우는 일이다. 그렇게 하기 위해서는 삶의 궁극 목적을 정신적 탁월성 또는 정신 문화의 향상에 두어야 하며, 물질적 풍요를 즐기는 일 그 자체에 몰두해서는 안 된다. 높은 정신 생활 또는 정신 문화를 위한 수단으로서 물질 문명을 활용해야 하는 것이다. 다시 말하면, 물질 문명과 정신 문화의 조화를 이룩해야 한다는 것으로서 여기서 말하는 조화는, 물질과 정신을 동등한 가치로 규정하는 것이 아니라, 물질에 대한 정신의 우위를 확보함으로써 얻어지는 것이다.

우리 한국 사람은 옛날부터 정신 생활 또는 정신 문화를 물질 생활 또는 물질 문명보다 숭상하는 전통 속에 살아 왔다. 유교 문화권에 살았던 우리 조상들은 지상의 현세 생활을 소중히 여겼던 까닭에 물질과 경제의 가치를 가벼이 여기지는 않았다. 그러나 물질 생활에 대한 지나친 애착을 경계했으며, 물질 생활보다 더 소중한 정신 생활에 있어서 높은 경지에 도달할 것을 이상으로 삼았다. 우리 조상들은 학문과 도덕을 존중했으며 예술과 풍류를 숭상하였다. 전체적으로 말해서, 경제적으로 넉넉지 못한 생활 속에서도 멋있는 정신 생활을 즐기는 마음의 여유를 가졌으며 높은 수준의 정신 문화를 창조하는 슬기를 발휘하였다.

그러나 현대에 와서 우리는 정신 문화가 물질 문명에 의해 압도당하는 경향을 나타내고 있다. 돈과 향락을 지나치게 추구하는 산업 사회의 일반적 풍조가 우리 사회에도 밀려들고 있는 것이다. 돈과 향락을 지나치게 추구하다 보면, 본래 정신 문화의 영역으로 알려진 분야에 종사하는 사람들까지도 그 본연의 정신을 망각하고 물질적 가치 획득에 열중하는 경우가 생긴다. 예컨대, 학자나 예술가가 저술의 학술적 가치나 작품의 예술적 가치보다도 그 상품 가치를 더 중요시하는 경우, 또는 성직자나 승려가 교회나 사찰을 경제적 기업의 기구처럼 운영하는 경우가 그것이다. 쉽게 말해서, 정신 문화 자체가 상품화될 염려가 있으며, 그렇게 되면 물질이 정신을 압도하는 주객 전도의 현상이 일어난다. 물질이 정신을 압도하게 되면 인간은 그 본연의 모습을 잃게 되므로, 우리는 최선을 다하여 이 전도 현상을 바로 잡아야 하는 것이다.

아직도 세계 각국은 자기 나라의 이익을 추구하기에 여념이 없다. 제국주의를 공공연하게 들고 나오는 나라는 없지만, 약하고 작은 나라들이 음양으로 받는 피해는 여전하다. 우리 나라도 이러한 상황 속에 놓여 있거니와, 특히 우리 나라는 국토의 분단에 의한 남북의 대결이라는 또 하나의 큰 부담을 안고 있다. 여기서 우리에게 가장 시급한 것은 부강한 국력의 배양이며, 부강한 국력을 배양하기 위해서는 우선 경제 개발에 역점을 두어야 한다. 그러므로 모든 산업에 있어서의 첨단화가 요구되고 있는 것이며, 물질 문명의 고도의 발달이 불가피하다는 결론을 얻게 된다.

그러나 앞에서도 말한 바와 같이, 물질 문명이 정신 문화를 압도하는 본말의 전도가 있어서는 안 될 것이다. 물질 문명과 정신 문화의 조화를 이룸에 있어서 단순히 물질 문명을 억제하고 옛날의 자연 상태로 돌아가는 방향을 추구할 수는 없기 때문에, 고도의 물질 문명을 긍정적으로 수용하면서도 정신 생활의 소중함을 잃지 않는 생활 태도가 필요한 것이다.

이 어려운 과제를 해결함에 있어서 가장 중요한 요소는 국민 전체의 정신적 자세 또는 가치관이다. 국민 대다수가 예술가나 학자 또는 종교가가 됨으로써 정신 문화의 우위를 확보하는 길을 생각할 수도 있을지 모르나, 그것은 우리 현실에 비추어볼 때 실천이 불가능할 뿐더러 반드시 바람직할 길도 아니다. 물질 문명 분야에 종사하는 사람이 많으냐 또는 정신 문화 분야의 전문가가 더 많으냐 하는 것이 중요한 문제가 아니며, 정신 문화의 분야에 종사하는 사람이 물질 문명 분야에 종사하는 사람보다 더 우월하다고 말할 수도 없다. 따라서 우리에게 가장 소중한 것은, 어떠한 직업에 종사하든지 간에 인간을 인간답게 하는 요체는 높은 정신 생활이라는 사실을 잊지 않는 일이다. 다시 말해서, 삶의 궁극 목표로서의 정신 생활에 대한 의지를 견지하는 일이 가장 중요하다.

우리 국민 각자는 저마다의 자질과 능력에 따라서 직업을 선택해야 할 것이다. 경영자 또는 상인으로서 기업에 종사할 수도 있을 것이며, 공장 기술자로서 기계를 다루는 일에 종사할 수도 있을 것이다. 그러나 직업인으로서는 하나의 상인이요 또는 기술자라 하더라도 우리는 한 인간으로서의 뜻을 세우고 살아야 한다. 한 인간으로서의 뜻이라 함은 정신 생활에 대한 의지를 말하는 것이며, 만약 모든 국민이 이 정신 생활에 대한 의지를 간직하고 생활한다면, 나라 전체의 정신 문화는 자연히 높은 수준을 유지하게 될 것이다.

개인의 계발과 문화의 창조

　인간은 누구나 자기 자신을 사랑하고 또 자신의 조국을 사랑한다. 그리고 사랑하는 자신과 조국이 자랑스러운 존재가 되기를 염원한다. 개인으로서 내가 자랑스럽고 또 내가 속해 있는 우리 조국이 자랑스럽다면 그 이상 바랄 것이 없을 것이다. 그렇다면 여기서 우리가 생각하지 않을 수 없는 것은 한 개인을 참으로 자랑스럽게 만드는 조건은 무엇이며, 또한 국가를 자랑스럽게 만드는 조건은 무엇인가 하는 문제이다.
　사람들은 여러 가지 이유로 자신을 자랑한다. 자기가 소유한 집과 가구가 좋다는 것을 자랑하는 사람도 있고, 키가 크고 힘이 세다는 것을 자랑하는 사람도 있으며, 아버지가 높은 관직을 지냈다는 사실을 자랑하는 사람도 있다. 땀 흘려 일한 대가로서 좋은 집과 가구를 장만하게 되었다면 그것도 다소는 자랑거리가 될 것이다. 우람한 체격이나 아름다운 용모도 자랑거리가 될 수 있으며, 아버지나 자신의 지위도 정당하게 얻었을 경우에는 약간은 자랑스러울 것이다. 그러나 한 개인을 참으로 자랑스러운 존재로 만드는 것은 전인(全人)으로서의 인격이다.
　강대국이 약소국을 침략하는 것을 당연한 일 같이 생각하던 제국주의 시대에는 남의 나라를 침공하여 식민지를 마련하고 영토를 넓힌 사실을 제 나라의 자랑거리로 생각한 사람들이 많이 있었다. 현대에도 국토가 넓은 것을 자랑거리로 삼는 사람이 있으며, 지하에 묻힌 자원이 풍부한 것을 자랑하는 사람들도 많이 있다. 국민 총생산 또는 일인당 소득이 높은 것을 자랑하는 사람들도 있고, 기후가 좋은 것을 자랑하는 사람들도 있다. 남의 나라를 침략한 것은 자랑거리가 될 수 없지만 운이 좋아서 자원이 풍부하거나 기후가 쾌적한 것은 다소간 자랑의 이유가 될 것이다. 국민의 근면과 노력으로 국민 소득이 높게 되었다면, 그것은 더욱 떳떳한 자랑거리가 될 것이다. 그러나 한 나라를 참으로 자랑스럽게 만드는 가장 큰 이유가 되는 것은 그 나라의 높은 문화, 특히 훌륭한 정신 문화이다.

여기서 우리가 도달하게 되는 결론은, 한 개인으로서는 전인으로서의 인격을 높이기 위하여 최선을 다해야 하고, 한 국민으로서는 자기 나라가 훌륭한 문화의 나라가 되도록 크게 이바지해야 한다는 것이다. 그렇다면 이 결론을 실천에 옮겨서 구현하기 위하여 우리가 해야 할 일은 무엇일까? 그리고 개개인이 전인으로서의 각자의 인격을 계발하는 일과 한 국가가 훌륭한 문화 대국으로 발전하는 것 사이에는 어떠한 관계가 있는 것일까?

여기서 말하는 '전인으로서의 인격'이라 함은 단순한 도덕적 인품만을 가리키는 것이 아니라 전체로서의 사람됨을 말한다. 한 개인이 함양한 도덕적 인품뿐 아니라 그가 체득한 전문적 지식과 기량 그리고 전문 외의 능력과 성취까지도 포함한 인간적 성장의 모든 것을 포괄하는 넓은 의미의 인격을 가리킨다.

예컨대, 음악을 전문으로 하는 사람의 경우는, 음악가로서의 기량과 업적, 한 가정의 가장 또는 주부로서의 생활 태도, 그리고 한 시민으로서의 품격 등을 모두 포함한 것이 그 음악가의 전인으로서의 인격에 해당한다. 요컨대, 한 개인이 타고난 소질과 천품 가운데서 어떤 부분을 어떻게 계발하느냐에 따라서 그 사람의 전인으로서의 인격의 수준과 양상이 결정된다.

'전인으로서의 인격'을 위에 말한 것과 같은 뜻으로 이해할 때, 국민 각자가 전인으로서의 인격을 계발하는 일과 한 국가가 훌륭한 문화의 나라로서 성장하는 일 사이에는 불가분의 관계가 있음을 알 수 있다. 쉽게 말해서 국민 각자가 타고난 소질을 그 장점에 따라서 유감 없이 계발하는 데 성공한다면, 그러한 개인적 성취가 집대성하여 국가 전체의 문화 수준이 크게 향상하는 것이다.

과학에 소질이 있는 사람은 그 소질을 살려서 큰 과학자가 되고, 사상가로서의 천품을 타고난 사람은 그 천품을 계발하여 위대한 사상가가 되며, 예술적 재능이 뛰어난 사람은 그 재질을 연마하여 훌륭한 예술가가 되는 등, 여러 분야에서 자질이 우수한 사람들이 각각 자기 분야의 전문가로서의 기량을 높인다면, 그러한 업적이 집대성하여 국가 전체의 문화 수준이 높이 올라갈 것은 자명한 일이다. 그러나 이와 같은 결과가 성취되기 위해서는 특수한 재능을 가진 사람들의 개별적 노력만으로는 불충분하며, 국민 전체의 협동적 노력이 뒷받침해야 한다. 이 점을 좀더 구체적으로 생각해 보기로 하자.

한 나라의 예술과 학문 그리고 종교 등 정신 문화가 고도로 발달하기 위해서는 우선 그 발달에 적합한 가치 풍토 내지 가치관이 그 나라 전체에 형성되어야 한다. 쉽게 말해서, 국민의 대부분이 돈과 관능적 향락만을 추구하고 학문이나 사상 또는 예술과 같은 정신적 분야에서의 업적을 대수롭지 않게 여기는 가치 풍토 속에서는 위대한 학자나 사상가 또는 예술가가 나타나기 어렵다. 학문과 예술 또는 종교 등 정신적 분야에 종사하는 사람들까지도 일반적 풍조의 영향을 받고 돈벌이와 물질적 향락의 길로 떨어질 가능성이 있을 뿐 아니라,

강력한 성취 동기와 사회적 지원이 부족한 까닭에 우수한 재질을 타고난 사람들도 그것을 충분히 연마하여 높은 경지로 계발하기가 어려운 것이다.

건전하고 슬기로운 가치 풍토를 형성하는 것은 사상과 학문 또는 예술 등 전문적 정신 문화를 위한 조건이 될 뿐 아니라 그 자체가 벌써 귀중한 정신 문화의 일부가 된다. 알기 쉽게 말해서, 건전하고 슬기로운 가치 풍토의 핵심을 이루는 것은 그 나라의 국민 윤리이며, 건전한 국민 윤리를 줄기로 삼아 슬기로운 가치 풍토 내지 정신 풍토가 형성된다면, 그것만으로도 벌써 그 나라는 훌륭한 정신 문화의 나라라고 해도 무방할 것이다. 특수한 재질을 타고난 사람들만이 정신 문화의 주역이 되는 것이 아니라, 각계 각층의 모든 국민이 각자 그 개성에 따라 주역이 되어야 하는 것이며, 또 그렇게 되는 것이 참되고 이상적인 민주주의 국가의 문화상(文化像)이다.

다음으로 명심해야 할 것은, 오늘의 격동하는 세계 속에서 높은 정신 문화를 꽃피우는 국가를 건설하기 위해서는, 정치와 외교 또는 경제와 군사 등 모든 분야가 충실함으로써 그 나라 전체의 안녕과 질서가 유지되어야 한다는 사실이다. 바꾸어 말하면, 우수한 물질 문명의 뒷받침이 없이는 탁월한 정신 문화를 창조할 수가 없다. 가령 개인의 경우에 있어서, 아무리 우수한 재질을 타고났다 하더라도 가정이 지나치게 빈곤하고 사회에도 지원해 주는 기관이 없을 경우에는 그 재질을 계발하여 훌륭한 인물이 되기 어렵듯이, 국가 전체에 있어서도 경제와 국방 등 기초적 분야가 튼튼하게 뒤를 받쳐 주지 못한다면 그 국민의 자질이 아무리 우수하다 하더라도 훌륭한 정신 문화의 열매를 기약할 수가 없다. 이러한 관점에서만 보아도 모든 분야의 모든 사람들이 정신 문화의 창조를 위한 역군이 아닐 수 없는 것이다.

우리 한민족은 단일 민족으로서 5천 년의 역사를 지켜오는 가운데 고유하고 뛰어난 문화의 전통을 이어왔으며, 오늘의 후손들도 그 타고난 자질에 있어서 탁월한 가능성을 제각기 지니고 있다. 이 자질을 유감없이 연마하고 계발하여 개개인의 전인적 성장을 이룩하는 동시에 국민적 차원의 높은 윤리 의식이 우리 사회를 지배하게 될 때, 우리는 성숙한 정신 문화국임을 서슴없이 자랑할 수 있게 될 것이며, 그것은 이 시대를 사는 우리 모두의 막중한 과제라 아니할 수 없다. 특히 전 세계가 물질 문명의 편중 속에 병들어 가고 있는 현대에 있어서 우리 한국이 정신 문화의 대국으로 성장하게 된다면, 인류 전체를 위해서도 그 세계사적 의의는 더 없이 클 것이다.

삶을 어디서 찾을 것인가

金泰吉 著

저자약력

충북 중원 출생. 청주보고 졸업. 일본 제3고등학교 졸업. 일본 동경대학 법학부 수학. 서울대 철학과 졸업. 서울대 대학원 철학과 졸업. 미국 Johns Hopkins 대학원 철학과 졸업(철학박사). 하와이대학교 East West Center Senior Fellow. 서울대학교 인문대학 철학과 교수 역임.
현재 서울대학교 명예 교수. 학술원 회원. 철학문화연구소 이사장.

주요저서

《윤리학》《변혁시대의 사회철학》《우리 현실 무엇이 문제인가》《마음의 그림자》《흐르지 않는 세월》《삶과 그 보람》《나에 대한 사랑의 길》《체험과 사색》《소설에 나타난 한국인의 가치관》 외 다수

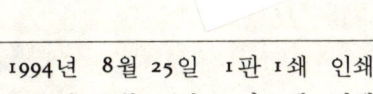

| 1994년 8월 25일 1판 1쇄 인쇄
| 1994년 8월 30일 1판 1쇄 발행

지은이 김 태 길
발행인 전 춘 호
발행처 철학과현실사
   서울 서초구 양재동 338-10
   ☎ (579) 5908, 5909
등 록 1987. 12. 15. 제 1-583호

값 5,500원
ISBN 89-7775-121-7 03810